Jean Markale

Contes populaires de toutes les Bretagne

Éditions Ouest-France

INTRODUCTION

Depuis le XIXe siècle et plus particulièrement depuis l'époque romantique, la notion de **folklore** est devenue à la mode dans toute l'Europe, coïncidant bien souvent avec le réveil des nationalités que l'on peut observer chez tous les peuples coupés de leurs ancêtres pour une raison ou pour une autre. Le **folklore** était à proprement parler « la science populaire », la tradition dans ce qu'elle avait de plus authentique. Du moins voulait-on qu'elle fût authentique, car bien souvent, ce n'était qu'une reconstitution savante, accomplie par de fins lettrés, d'une tradition ancestrale qui n'existait plus que par fragments dans la mémoire des paysans. L'exemple des **Poèmes Ossianiques** de l'Ecossais Macpherson, créés de toutes pièces à partir de quelques chants de montagnards calédoniens, est le plus célèbre, également le plus fécond sur le plan littéraire puisque tous les Romantiques, français, anglais et allemands en furent imprégnés. En Bretagne armoricaine, vers 1840, Hersart de la Villemarqué réédita l'exploit en faisant de son **Barzaz-Breiz** une nouvelle Iliade ou une nouvelle Odyssée à la mesure des chaumières du Vannetais ou de la Cornouaille. Un peu plus tard, Emile Souvestre, qui avait réellement recueilli de nombreux contes oraux dans tous les horizons de la péninsule bretonne, fit de ceux-ci des chefs-d'œuvre d'une littérature vraiment écrite, supprimant ici ce qui paraissait incompatible avec l'esprit nouveau, ajoutant là ce qui semblait utile pour définir la spécificité et l'originalité des histoires. Mais il faut dire qu'il en était partout ainsi et que les pays dits celtiques n'étaient pas les seuls à pratiquer ce qu'on appelle aujourd'hui des « supercheries ». Toute l'Europe vit fleurir des épopées nationales miraculeusement surgies de la nuit des temps et recueillies pieusement par des **folkloristes** sincères. Le **Kalevala** finlandais est né de ce souci essentiel : c'est pourtant une œuvre authentique, on le sait maintenant. Mais ailleurs, combien de faux, combien de malfaçons ?

Tout cela a conduit à considérer le **folklore** sous un aspect plutôt négatif. La grande vague de l'engouement une fois passée, que restait-il de ces grandes fresques de l'humanité ancienne ? Des contes de bonne femme, pour ne pas dire des contes à dormir debout. Vint l'époque où, à la suite de Lévy-Bruhl, on croyait fermement à la « mentalité primitive ». Le **folklore** devenait de ce fait le plus bel exemple de cette mentalité à peine sortie des limbes de la barbarie, dans un univers qui ne s'était pas encore interprété selon les principes de la sacro-sainte logique aristotélicienne. De l'exaltation née des fièvres du romantisme, on tombait dans le mépris, les contes populaires, comme les chants du terroir, n'ayant de valeur que pour appuyer une thèse sociologique.

C'est pourtant de cette époque que date la plus belle moisson de ces œuvres anonymes héritées d'un passé indéfini et constamment réactualisées par les générations qui s'en emparaient. En Bretagne, Jean-Marie Luzel se mit à collecter tout ce qu'il pouvait encore trouver dans la tradition orale. Luzel n'avait guère d'imagination, mais il était honnête : il se contentait de noter fidèlement ce qu'il entendait. Il est incontestable que Luzel nous a apporté une prodigieuse somme de contes populaires bretons dans ce qu'ils ont de plus authentique . Lorsqu'un peu plus tard, Anatole Le Braz reprendra le flambeau, il sera beaucoup moins fidèle, plus littéraire, plus soucieux de donner au public des textes soignés et compréhensibles, toujours selon le critère de la logique dominante.

Ainsi va le monde. Il faut se méfier des collecteurs de contes lorsqu'ils ont trop de talent. Mais est-ce à dire que les textes collectés sont d'un niveau intellectuel défiant toute concurrence, vers le bas naturellement ? On le croyait à la fin du XIXe siècle et au début du XXe. On en est moins certain à présent, pour différentes raisons dont les plus intéressantes se réfèrent à l'analyse en profondeur de ces contes, témoins à la fois d'une civilisation et d'un système de pensée aujourd'hui révolu mais que l'on s'efforce de comprendre comme une des multiples voies de connaissance du monde.

Certes, le danger est grand de ne voir dans les contes populaires qu'une curiosité, une vision anachronique de l'humanité, ou encore un balbutiement sympathique mais mineur. Le tourisme n'est pas loin, et le tourisme réclame des anecdotes pittoresques. On ne s'est pas fait faute de lui en fournir. C'est alors que le **folklore** est devenu un moyen pour attirer les « voyeurs ». La Bretagne, comme de nombreuses autres régions, est devenue une véritable **réserve** où l'on venait voir, non pas des Indiens, mais leurs équivalents, où l'on venait écouter les petits enfants débiter, moyennant quelques sous, les sornettes les plus ahurissantes — et les moins traditionnelles — sur l'origine des menhirs de Carnac. La Bretagne devenait le pays des crêpes, du biniou, des clochers à dentelles et des histoires de revenants, et l'on arrivait par fournées pour savourer, pendant qu'il était encore temps, les fumets d'un pittoresque quelque peu suspect mais parfaitement rentable.

Il faut dénoncer cette pratique, à laquelle certains Bretons se sont associés d'ailleurs, mais qui n'aboutit à présenter de la Bretagne qu'une image stéréotypée, appauvrie et, en dernière analyse, complètement en dehors de la réalité. De trop nombreux livres, publiés au début du XXe siècle, ont malheureusement contribué à faire considérer la tradition populaire comme un produit dégénéré de l'esprit humain ou comme le balbutiement de l'esprit scientifique. Nous n'en sommes plus là et des témoignages solides, comme celui de Pierre-Jakez Hélias, nous prouvent le contraire. On ne regarde plus les Bretons et les habitants des autres pays minoritaires à travers les grilles d'un zoo. Au reste, s'ils ont été parfois dans le passé des bêtes curieuses, c'est à leur corps défendant, et ils ont toujours ressenti cette situation comme un avilissement. Il est fort heureux que Bécassine fasse désormais partie de ces mythes que la société industrielle a sécrétés pendant sa période de triomphalisme mais qu'elle s'efforce de rejeter dans les ténèbres de sa mauvaise conscience.

Car, en définitive, de quoi s'agit-il ? De redonner la parole à un peuple qui, jusqu'à présent, n'avait pas les moyens de se faire entendre autrement que par une attitude passive, pour ne pas dire soumise. Présenter un choix de contes populaires bretons, c'est donner la parole à n'importe quel individu appartenant à ce **pays,** à cette **nation,** à cette **ethnie,** qu'est la Bretagne, qu'on le veuille ou non.

La Bretagne existe en tant qu'entité historique, économique et culturelle. Je voudrais pouvoir dire qu'elle existe en tant qu'entité linguistique, mais ce n'est pas le cas, et cela soulève d'ailleurs bien des problèmes. Bien sûr, la marque bretonne est importante à l'intérieur des limites historiques de l'ancien duché. A partir du IVe siècle de notre ère, des immigrants venus de l'île de Bretagne, et parlant un langage celtique, sont venus s'établir dans la péninsule armoricaine, transformant complètement la physionomie de cette proue du continent. Ils se sont installés de façon inégale, en plusieurs vagues successives. Puis ils ont accompli leur marche vers l'est, conquérant, aux IXe et Xe siècles, les territoires sous domination gallo-franque, pénétrant en Normandie et en Anjou avant de se restreindre au territoire qui constitue actuellement les cinq département bretons (1).

Mais dans tout l'est de ce territoire, la langue était le **roman,** c'est-à-dire l'ancêtre du français. Rennes, Nantes, Vitré et Fougères n'ont jamais parlé la langue bretonne. Et pourtant, ce furent des cités essentiellement bretonnes, Nantes et Rennes étant même les nouveaux pivots de ce royaume de Bretagne ainsi constitué. Cet état de fait qui a d'ailleurs conduit à une lente déceltisation de la Bretagne justifie la division du pays en Haute-Bretagne, francophone (le pays Gallo) et en Basse-Bretagne, celtophone et maintenant bilingue, mais ne détruit en rien la réalité d'une unité culturelle, politique et économique qu'on ressent aussi bien à Fougères qu'à Quimper. De plus, la portion de Bretagne celtophone qui, à partir du XIIe siècle, s'est déceltisée pour devenir francophone (entre Saint-Malo et Paimpol et entre Saint-Nazaire et Vannes) sert de lien entre les deux autres régions. Si, à l'heure actuelle, la limite de la Basse-Bretagne et du pays Gallo se situe entre Paimpol et Vannes, elle est davantage un axe de la vie bretonne plutôt qu'un facteur de désunion. C'est dans cette optique qu'il convient d'examiner les contes populaires bretons-armoricains.

En effet, il est sans doute commode de séparer la tradition de la Bretagne celtophone et de la Bretagne

(1) L'appartenance de la Loire-Atlantique à un vague « Pays de Loire », décidée par le pouvoir central, est une contre-réalité historique et très probablement une monstruosité économique.

francophone. Il est même souhaitable de le faire pour en étudier avec plus de profondeur les différences qui tiennent au génie de la langue et à tout ce que cela comporte de moyens d'expression. Mais cette distinction risque d'amputer considérablement notre connaissance de cette ethnie qui est la Bretagne, diversifiée dans une unité indéniable. Voilà pourquoi il est bon de présenter, dans un même ouvrage, les récits les plus remarquables et les plus caractéristiques de l'une et l'autre Bretagne. On s'apercevra alors que les thèmes sont identiques et que seuls changent les détails spécifiques de chaque expression. D'ailleurs qui voudrait prouver l'originalité foncière des contes bretons risquerait d'être déçu : ils appartiennent à la grande tradition populaire universelle et n'en sont que la réactualisation ou la régionalisation, ce qui n'exclut pas une richesse particulière, due précisément au tempérament breton.

Ces contes sont d'origine complexe. Ils sont le produit d'une civilisation orale et en conservent le caractère narratif, même s'ils sont **rédigés** selon les normes de l'écriture. Ils portent la marque d'un système de pensée qui consiste à constamment remettre en cause les données de la connaissance : en fait, il n'y a pas de **connu,** il n'y a que du **probable.** Et le **probable** n'est que transitoire. Il appartient au domaine du fugitif et du relatif. C'est ce qui donne à ces contes leur aspect féerique et intemporel, bien qu'ils témoignent souvent de l'époque à laquelle ils ont été recueillis et dans laquelle ils se sont incarnés et actualisés. Cela tient au fait que seul le concret peut rendre compte des spéculations intellectuelles. Et, à la base de tous ces contes, il y a effectivement une spéculation intellectuelle. On ne peut pas savoir qui est l'auteur, qui a donné le coup d'envoi. On ne peut pas connaître avec exactitude à partir de quelle date tel thème s'est développé au détriment des autres. Tout est lié de façon si indissoluble qu'il est impossible, en matière de tradition populaire orale, de donner des chiffres. Du reste, ils n'intéresseraient que des maniaques de la chronologie. Et la tradition populaire se moque de la chronologie puisque, par essence même, elle est **anachronique.** Il vaut mieux, dans ce cas, intégrer les contes sans savoir exactement d'où ils surgissent à l'intérieur d'une grande fresque épique : car la tradition orale bretonne est réellement la seule épopée authentique de la Bretagne, celle qui a défié les siècles et qui est toujours vivante dans la mémoire du peuple. Qu'importe si cette mémoire est infidèle : l'infidélité est une des composantes de la création. Et en ce sens, on peut dire que les contes bretons sont une création permanente de l'esprit qui anime ces habitants de l'extrême-occident européen.

C'est à ce titre qu'il fallait les sortir de l'ombre, dût-on être infidèle à l'oralité en les confiant à l'écriture. La connaissance d'une région qui a toujours été à l'écart des grands courants continentaux, ouverte sur l'océan, retranchée dans un promontoire qui n'en faisait pas une route d'invasion mais une « fin de monde », cette connaissance ne peut se faire que grâce à la pensée de ses habitants. Et cette pensée s'exprime, en particulier, par ses contes. Ils sont aussi durables, aussi **authentiques** que les sculptures de ses vieilles églises de granit moussu. Ils assurent la permanence de l'esprit breton, le lien entre le passé et l'avenir qui est la floraison d'un éternel présent.

Bieuzy-Lanvaux, 1976-77.

Haute-Bretagne

LE PETIT TAILLEUR

Il était une fois un petit tailleur qui faisait son apprentissage. Mais il était si maladroit qu'en sept ans il n'avait pas réussi à enfiler une aiguille.

— Ecoute, mon garçon, dit un jour le patron, tu n'es pas assez fin pour apprendre mon métier. Tu ferais mieux de chercher quelque chose qui te convienne mieux.

— Eh bien ! dit le petit tailleur, je vais me mettre à voyager. En parcourant le monde, j'apprendrai quelque chose et je pourrai gagner mon pain.

Ayant donc résolu cela, il partit et emporta une grande aiguille, une alouette et de l'opium. Pourquoi ? Il n'en savait rien, et moi non plus.

Comme il traversait une prairie, il aperçut une grenouille. Il voulut l'écraser, mais la grenouille se trouvait entre les dents d'un râteau : il leva le pied et, tandis que la bête s'échappait, il donna un coup violent sur les dents du râteau tant et si bien que le manche de l'instrument se souleva et heurta violemment la figure du petit tailleur.

— Bien, dit-il. C'est donc idiot de vouloir écraser les grenouilles. Marchons toujours.

Un peu plus loin, il aperçut un énorme essaim de grosses mouches dorées. Il leva ses deux mains pour les écraser, et d'un coup, il en abattit et écrasa soixante-quinze. Il était si heureux de cet exploit qu'à peine arrivé dans la ville voisine il fit écrire sur son chapeau en grandes lettres : « J'en tue soixante-quinze d'un coup, sans être en colère. » Justement la ville était en fête, parce que le roi devait se promener dans les rues. Tout le monde courait pour avoir une bonne place sur le parcours que devait suivre le cortège royal. Mais le petit tailleur était si menu qu'il se glissa sans peine entre les jambes des hauts gaillards de ce pays. Il se trouva ainsi tout près du roi. Celui-ci, voyant l'inscription sur le chapeau de cet étranger, s'écria :

— Dieu ! si tu en massacres soixante-quinze lorsque tu n'es pas en colère, combien en assommes-tu lorsque tu te fâches ?

Et, plein d'admiration, le roi plaça le petit tailleur à l'arrière de sa voiture, parce que toutes les banquettes de devant étaient occupées par de belles demoiselles. Tout en causant, le roi lui dit :

— Dans le bois qui entoure le château, nous avons une ourse grise qui nous gêne beaucoup. Puisque tu es si fort, tu seras bien aimable de nous en débarrasser.

— Rien de plus facile, dit le petit tailleur.

Il alla donc dans le bois. L'ourse, en le voyant s'élança. Aussitôt, il se retira derrière un arbre sur lequel la bête s'abattit. Quant à lui, il enfonça sa grande aiguille dans la patte du monstre, qui fut ainsi retenu. Le roi vint contempler ce spectacle et put tuer tranquillement l'ourse grise.

Mais le roi dit encore :

— Dans une autre forêt, nous avons une biche qui fait beaucoup de ravages : elle met à mort tous ceux qui la poursuivent. D'ailleurs, on ne peut jamais l'atteindre, car elle est d'une légèreté sans pareille.

— Oh ! répondit le petit tailleur, voilà une biche à qui je voudrais donner une bonne leçon !

Il partit et atteignit bientôt la forêt. Dès que la biche le vit, elle se précipita sur lui. Il grimpa dans un arbre élevé dont les branches étaient nombreuses et larges. L'animal hésita un instant, puis grimpa à son tour jusqu'au sommet. Mais le petit tailleur redescendit avec une agilité prodigieuse. La bête voulut alors le suivre, mais plus elle essayait de descendre, plus elle s'embarrassait dans les branches. Elle finit par rester suspendue misérablement. Alors, le petit tailleur alla chercher les soldats qui n'eurent aucune peine à tuer la biche.

— Décidément, dit le roi, tu es un homme précieux. Ecoute : je suis résolu à te donner ma plus belle fille en mariage si tu me délivres des trois géants qui nous causent des ennuis sur la frontière.

Le petit tailleur alla donc voir ces terribles personnages. Ils étaient en train de manger leur soupe.

— En voulez-vous ? dirent-ils au nouveau-venu.

— Oui, un peu dans une assiette.

Quand ils se furent régalés, les géants voulurent s'amuser. Ils décidèrent de jouer aux boules. Malheureusement, ils se servaient de boules grosses comme des tonneaux, et le petit tailleur comprit qu'il ne pouvait lutter avec eux, car sa faiblesse apparaîtrait.

Il joua le tout pour le tout.

— Allons ! dit-il brusquement, gare ! gare ! je vais lancer ma boule ! gare à droite ! gare à gauche ! gare aux moutons qui sont dans les prairies ! j'écrase tout !

— Non ! non ! crièrent les géants. Ne lance pas la boule ! tu ferais trop de dégâts !

— Comme vous voudrez, dit-il. A la place de ce petit jeu-là, voulez-vous lancer des pierres en haut ?

— Oui, oui ! dirent les géants.

— Mais je vous préviens, dit le petit tailleur, que je lance les miennes si haut qu'on ne les voit plus et qu'elles ne retombent pas. Elles restent accrochées au ciel !

Ayant prononcé ces paroles, il lâcha son alouette, qui fila au ciel comme un trait.

— Ne vous l'avais-je pas dit ! cria-t-il d'un ton triomphant.

— Cela vaut la peine de manger des cerises ! répondirent les géants.

Les cerisiers étaient d'une hauteur extraordinaire. Mais de leurs longs bras et avec leurs doigts comme des fourches, les géants abaissaient les branches pour cueillir les fruits. Le petit tailleur voulut y mettre la main. Mais il était trop faible, il ne put retenir la branche qui se redressa d'un coup en l'emportant et qui le fit sauter à une belle hauteur. Quand il retomba, les géants s'écrièrent :

— C'est l'ange Gabriel qui vient du Ciel !

— Mais non, imbéciles ! dit le petit tailleur. Je m'amuse simplement à sauter. Faites-en autant si vous en êtes capables.

Les géants avouèrent qu'ils étaient trop lourds pour ce genre d'exercice.

— Alors, dormez un bon somme et ronflez, dit le petit tailleur.

En même temps, il servit une bonne dose d'opium à deux d'entre eux, ce qui les plongea dans un sommeil écrasant. Et il en profita pour leur couper la tête. Puis il commanda au troisième de le suivre et de lui obéir comme un chien fidèle. L'autre essaya de résister, mais le petit tailleur le menaça de lui faire comme aux deux qu'il avait tués. Il l'emmena ainsi au palais du roi.

— Embrasse-moi ! dit le roi. Tu l'as bien mérité. Tu es un brave, et je te donne ma fille.

Les noces furent célébrées avec magnificence et durèrent plus de huit jours. On dansa et on s'amusa follement. Mais comme je ne suis pas retourné dans le pays depuis des années, je ne sais pas quelle vie on y mène maintenant.

Saint-Malo (Ille-et-Vilaine).

Ce conte est une variante sur le thème du jeune niais qui réussit à se sortir d'aventures périlleuses à cause de son inconscience. Car sa bravoure n'est au fond qu'une témérité due à son manque d'expérience, aucun être intelligent n'acceptant ce genre d'épreuves parce que trop dangereuses ou impossibles.

LES TREIZE GRAINS DE BLÉ NOIR

Il était une fois une veuve qui avait un garçon. Elle l'avait élevé de son mieux pendant plusieurs années, mais il arriva qu'elle se trouva sans ressources. Elle se dit que le temps était venu de se séparer de son fils et de l'envoyer gagner sa vie chez les autres. Certes, ce n'était pas de gaieté de cœur. Elle dit un jour au garçon :

— Mon fils, je vois que nous n'avons plus le moyen de vivre. Il va falloir que tu te mettes en condition.

— Je le veux bien, répondit le garçon à qui le travail ne faisait pas peur.

La mère se mit donc en route et s'en alla de village en village, et de ferme en ferme, chercher une place pour son garçon. Mais, malheureusement, la moisson était déjà faite et les temps étaient durs. Les gens accueillaient la vieille avec beaucoup de politesse, mais ils ne pouvaient rien lui promettre. Ils se contentaient de lui dire de repasser l'année prochaine.

La pauvre veuve était toute triste. Partout on lui faisait la même réponse et elle voyait bien que son garçon et elle passeraient l'hiver dans la plus grande misère. Elle en était là de ses réflexions, lorsqu'à un carrefour de trois routes, elle rencontra un monsieur tout de noir habillé qui l'aborda et qui lui dit :

— Qu'avez-vous donc à pleurer, la mère ?

— C'est que, mon bon monsieur, je cherche une place pour mon garçon et que je n'en trouve point.

— Eh bien ! ma brave femme, répondit l'inconnu, si vous voulez mettre votre garçon en condition chez moi, je ne demande pas mieux que de l'occuper.

La veuve se sentit soulagée d'un grand poids. Sans hésiter, elle accepta l'offre qui lui était faite. Alors l'homme en noir demanda :

— Combien me demanderez-vous pour votre garçon ?

Elle réfléchit un instant, puis elle se décida :

— Oh ! pas moins de cent écus.

Elle s'attendait à ce que l'autre discutât.

— Eh bien ! va pour cent écus, dit-il, mais à une

seule condition : c'est que votre garçon fera un jour de plus que l'année ! (1)

Cette demande parut un peu étrange à la vieille femme, mais après tout, du moment que l'homme en noir avait accepté de donner cent écus, il n'était guère opportun de tergiverser. Elle ne dit rien et rentra chez elle, tout heureuse.

Le garçon fut lui aussi tout heureux d'apprendre la nouvelle. Sa mère lui indiqua le chemin qu'il fallait prendre, le village qu'il fallait traverser et l'endroit où se trouvait le château du monsieur vêtu de noir. Le jeune homme prit congé de la veuve et, sans plus tarder, il se mit en route.

Six mois s'écoulèrent. Un beau jour, la veuve eut envie d'aller voir son fils. Elle se dirigea vers le château. Dès que son garçon l'aperçut, il la salua et lui dit :

— Ma mère, sais-tu à qui tu m'as loué ?

La veuve parut tout interdite. Le garçon continua :

— Eh bien, c'est au diable ! Et en plus, tu ne m'as pas seulement loué mais bel et bien vendu en acceptant que je reste un an et un jour. Lorsque l'année sera accomplie, je ne t'appartiendrai plus et je serai à lui. Tu viendras chercher tes cent écus et il te les donnera, mais dès que tu lui demanderas où je suis, il te répondra que je suis parti et que tu n'as plus de fils.

La mère ne savait plus quoi penser. Elle se mit à pleurer. Le garçon essaya de la consoler.

— Allons, ma mère, ne nous laissons pas aller, dit-il. Depuis que je suis au service du diable, je n'ai pas laissé mes yeux au fond de mes poches et j'ai appris bien des choses qui pourront nous être utiles. Je sais

---

(1) On sait que les contrats de louage des domestiques se faisaient à l'année, jour pour jour. Le fait de demander un jour de plus signifie une véritable prise de possession.

ce qu'il faut faire pour me tirer de là.

— Mais comment ?

— Voici ce que tu feras quand tu viendras toucher tes cent écus. Quand il t'aura payée, au lieu de te laisser abattre par le refus du diable de dire où je me trouve, tu insisteras pour me voir. Le diable t'ouvrira plusieurs pièces et te dira de me chercher. Bien sûr, tu ne me verras pas, mais tu pourras me reconnaître. Je serai enfermé dans une grande cage pleine d'oiseaux de toutes les couleurs, et moi-même sous forme d'un oiseau. Dès qu'on te fera entrer dans la chambre, je battrai des ailes aux barreaux de ma cage. Alors tu demanderas à m'emporter et le diable ne pourra pas refuser.

La bonne femme promit à son fils de suivre ses instructions. Et elle partit, le cœur bien lourd de savoir que son fils était au service du diable et qu'il risquait d'y rester pour toute l'éternité.

Au bout de six mois et un jour, elle s'en retourna au château. Le monsieur, vêtu de noir, l'attendait sur le pas de la porte. La veuve lui dit aussitôt :

— Mon garçon, mon bon monsieur, mon garçon, je viens le chercher !

L'autre lui répondit froidement :

— Bonne femme, voici les cent écus que je vous avais promis. Quant à votre garçon, je ne l'ai plus et je ne sais pas où il est.

— Mais si, insista la veuve, vous l'avez et vous savez où il est !

— Encore une fois, je vous assure qu'il est parti.

Et le diable de fermer la porte. Mais avant que celle-ci fût coincée, la veuve l'avait retenue. Elle s'écria :

— Je veux que vous me laissiez entrer pour m'assurer que mon fils n'est point là.

— Bon, dit l'homme en noir, allez-y, vous ne le trouverez pas.

On la fit entrer dans la maison. C'était une grande maison avec des couloirs qui n'en finissaient pas et des portes partout. Elle se fit ouvrir une des portes. Dans cette pièce, il y avait des gens qui dormaient à même le sol, des gens qui venaient de partout, semblait-il.

— Est-ce que votre fils est parmi ces hommes ? demanda le diable.

— Non, répondit la vieille, mais je veux voir ailleurs.

— Suivez-moi, dit l'homme en noir.

Il la conduisit à une autre chambre. En y pénétrant, la bonne femme fut glacée d'épouvante, car d'innombrables bêtes venimeuses grouillaient et rampaient sur le parquet de cette chambre. Il y avait là des scorpions, des couleuvres, des vipères, des serpents de toutes sortes qui dressaient leurs têtes hideuses et remplissaient l'air de leurs sifflements et de leurs cris. Evidemment, comme vous le pensez, c'étaient des hommes que le diable avait transformés et qui attendaient leur délivrance. Le diable demanda à la bonne femme d'un ton narquois :

— Alors, votre garçon est-il là ?

La veuve allait lui répondre, mais à ce moment, elle entendit des gazouillements d'oiseaux qui paraissaient provenir de l'autre côté de la cloison. Elle écouta plus attentivement et comprit que cela se passait dans la chambre voisine. Elle n'attendit même pas l'autorisation du diable : elle sortit précipitamment de la chambre aux bêtes venimeuses et entra dans la chambre voisine. Elle vit alors une pièce immense, avec des cages un peu partout, suspendues au plafond. Et dans ces cages, il y avait des rossignols, des rouges-gorges, des chardonnerets, des fauvettes et toutes sortes d'oiseaux qui chantaient. Mais la veuve n'avait pas le cœur à jouir de ce concert. Elle remarqua un oiseau qui battait désespérément des ailes contre les barreaux de sa cage et comprit tout de suite que c'était son fils qui l'avertissait de sa présence. Sans plus attendre, elle ouvrit la cage, saisit l'oiseau, le mit sous son tablier et l'emporta.

Elle entendit l'homme en noir grincer des dents derrière elle tandis qu'elle franchissait la porte du château. Cette porte se referma brutalement et il y eut un violent coup de tonnerre. Et aussitôt l'oiseau se transforma, reprenant son aspect humain. La veuve fut joyeuse d'avoir retrouvé son fils. Mais tout en reprenant le chemin de la maison le fils dit à sa mère :

— Une autre fois, ma mère, il faudra te tenir sur tes gardes, et ne plus me gager pour un an et un jour.

— Ne crains rien, mon garçon, répondit la mère, la leçon n'est pas perdue et je serai plus fine la prochaine fois.

— Oh ! dit le fils, je ne te fais pas de reproches, bien au contraire. Au cours de mon séjour chez le diable, j'ai beaucoup appris, et si nous retombons dans la gêne, parbleu ! je saurai bien trouver le moyen de nous en faire sortir !

Les cent écus de l'homme en noir furent vite mangés. Tous les jours, il y avait festin chez la veuve : les échinées de porc succédaient aux épaules de mouton, et au lieu de la piquette d'autrefois, on buvait, soir et matin, le meilleur cidre du pays. Le seigneur de la paroisse n'avait pas une table si bien garnie. Bref, cela dura un certain temps, mais la veuve s'aperçut qu'il ne restait plus rien des cent écus et qu'il n'y avait plus un morceau de pain dans la huche. Elle dit alors à son fils :

— Mon garçon, la bourse est vide, les écus sont envolés. Tu m'avais assurée que tu connaissais des moyens pour nous faire sortir de la gêne, c'est le moment ou jamais de te mettre à la besogne !

— Bien sûr, répondit le jeune homme, ce n'est pas difficile. Ce sera l'affaire d'une minute.

Sans plus tarder, le garçon s'en alla dans la cour. Il prit l'échelle pour monter au grenier. Arrivé là, il saisit trois gerbes de paille et les jeta par la lucarne en s'écriant :

— Que ces trois gerbes de paille deviennent à l'instant trois beaux moutons !

Ces paroles étaient à peine prononcées que les gerbes disparurent par enchantement. A la place, il y avait trois beaux moutons, comme jamais la vieille n'en avait vu de sa vie. Elle se dit en elle-même que tout cela n'était pas très normal, mais après tout, son fils savait bien ce qu'il faisait. Et le garçon prit le chemin de la foire, emmenant ses moutons avec lui.

Il n'était encore qu'à la moitié de la route qu'un monsieur, tout de noir vêtu, suivi de son domestique, le rattrapa.

— Vous avez là de beaux moutons, jeune homme, dit-il en s'approchant.

— Dame, répondit le garçon, il faut ce qu'il faut quand on va vendre ses bêtes.

— Voulez-vous me les vendre ? demanda le monsieur.

— Avec plaisir, si j'en retire un bon prix.

— Combien en voulez-vous ?

— Cent écus.

— C'est bien cher, cent écus, pour ces trois moutons, fit remarquer l'inconnu. Mais enfin, ils sont beaux. C'est d'accord. Voici vos cent écus, donnez-moi les bêtes.

L'homme vêtu de noir prit livraison des moutons et se remit en route. Dès que le garçon fut parti, il dit à son domestique :

— Courtaud ! conduis ces bêtes à la maison ! Cent écus ! peste de l'impertinent ! c'est bien cher payé pour trois bottes de paille ! mais patience ! je finirai par avoir le garçon...

Car vous le pensez bien, l'homme vêtu de noir n'était autre que le diable en personne. Il avait changé son apparence pour que le jeune homme ne pût le reconnaître. Le diable emmena donc les moutons qui n'étaient en réalité que des bottes de paille, et le garçon, tout joyeux d'avoir fait une bonne affaire, s'en retourna chez sa mère.

La mère poussa des cris lorsque son fils lui remit les cent écus. Comme de juste, la bombance recommença de plus belle dans la maison. La mère et le fils s'en donnèrent à cœur joie, mais il y a une limite à tout et les cent écus ne firent pas long feu. Au bout de quelques semaines, le hucher fut encore vide. Et la mère dit au garçon :

— Ah ! mon fils, il faut encore que tu te mettes en campagne, car je n'ai plus un godet de sarrazin pour faire notre galette de demain.

— Sois tranquille, ma mère, dit le garçon, je vais tout de suite nous tirer d'affaire.

Sans perdre de temps, il monta au grenier, saisit trois fagots de genêt bien sec et les jeta dans la cour en s'écriant :

— Que ces trois fagots deviennent trois beaux bœufs !

Dès que les fagots eurent touché le sol, ils disparurent, et à la place apparurent trois bœufs magnifiques, comme jamais la mère n'en avait vu de toute sa vie. Ils s'en allèrent brouter l'herbe du pré, juste devant la maison.

Le lendemain était jour de foire. Le garçon passa une corde au cou de ses trois bêtes, et, une baguette de coudrier à la main, il les poussa devant lui sur la route. Plusieurs marchands s'arrêtèrent et lui demandèrent le prix de ses bœufs.

— C'est mille écus, répondait le jeune homme.

Naturellement, personne ne voulait mettre un pareil prix pour trois bœufs, fussent-ils les plus beaux du monde. Mais chaque fois qu'un marchand voulait discuter, le jeune homme l'arrêtait en disant que c'était son dernier prix et qu'il n'en démordrait pas.

Il arriva ainsi en ville et se dirigeait vers le champ de foire, lorsqu'il fut abordé par un étranger, accompagné d'un valet, qui lui posa la même question que les marchands. Le garçon fit aussitôt la même réponse :

— C'est mille écus, pas un sou de plus, pas un sou de moins.

— Topez-là, fit l'inconnu sans tergiverser davantage.

Il sortit mille écus de sa poche et les donna au jeune homme. Celui-ci s'en retourna. Alors l'acquéreur se tourna vers son valet et lui dit :

— Courtaud ! va vite mener ces bêtes dans mon étable ! quel impertinent ! mille écus, c'est bien cher pour trois maudits fagots de genêt ! enfin, patience, j'aurai le garçon la prochaine fois...

Mais le garçon, qui n'était point trop sot, réfléchissait sur le chemin du retour. Il se disait qu'à chaque fois qu'il vendait ses bêtes très cher, personne n'en voulait, sauf un inconnu qui payait sans discuter. Cela même indiquait que l'inconnu n'était autre que le diable en personne. Mais après tout, autant en profiter.

Chez la veuve, il y eut de nouveaux festins. Mais vint bientôt le temps du dénuement. Et il fallait pourvoir aux besoins du ménage. Un beau matin, la mère dit à son fils :

— Hé ! mon garçon, il n'y a plus rien dans notre hucher. Il est grand temps que tu grimpes à nouveau au grenier et que tu nous tires d'affaire !

Le garçon, cette fois, fit la grimace.

— C'est que, dit-il, je suis au bout de tout ce que je sais.

— Tu ne sais plus rien, s'étonna la mère, mais tu m'avais dit que tu pouvais tout faire ?

— Je ne sais plus qu'une seule chose, dit le garçon.

— Laquelle ? demanda la mère.

— Me changer en poulain.

— Eh bien ! dit la mère, va pour le poulain.

— C'est que, dit le fils, il te faudra bien faire attention à ce que je vais te dire. Quand je me serai changé en poulain, tu me mèneras à la foire pour me vendre. Et tu demanderas mille écus. Personne ne voudra accepter un tel prix. Ils voudront tous discuter et te faire baisser ton prix. Sois intraitable. Alors, un inconnu viendra te dire qu'il accepte et te donnera les mille écus. Mais je sais que cet homme, ce sera le diable. Prends bien garde de ne pas vendre la bride, car sinon, je serai perdu et tu ne me reverras jamais.

La bonne femme promit d'observer tout ce que son fils lui disait. Alors il monta au grenier et se jeta par la lucarne. C'est ainsi qu'il devint un joli poulain. Une fois bridé et sellé, il sautait et gambadait sur la route. De riches maquignons, séduits par son élégance et sa souplesse, abordèrent la veuve et lui demandèrent son prix.

— Mille écus, répondit la bonne femme.

— Oh ! mille écus ! c'est une plaisanterie ! Nous vous en donnerons cent, et ce sera bien payé pour un poulain.

Mais la veuve refusait. Certains offrirent même cent vingt et cent cinquante écus pour le poulain, mais ils ne furent pas mieux reçus. La journée se passa ainsi. Vers le soir, un monsieur très sobrement vêtu de noir arriva sur le champ de foire et se dirigea vers la bonne femme. Il lui proposa mille écus pour son poulain à condition qu'il pût avoir la bride. A cette exigence, la bonne femme reconnut le diable et son premier mouvement fut de refuser. Mais cependant, mille écus, c'était une somme considérable, sans compter que la foire commençait à être sur la fin. Elle essaya de discuter, mais l'autre ne voulut pas en démordre : il lui fallait la bride en même temps que le poulain, sinon l'affaire ne se ferait pas. Alors la veuve lui céda le poulain avec la bride et se sauva avec ses mille écus.

Aussitôt qu'elle fut partie, le diable — car c'était bien lui — se tourna vers son valet et lui dit :

— Courtaud ! va vite mener mon poulain à l'écurie. Surveille-le bien pour qu'il ne te fausse pas compagnie. Tiens solidement la bride et prends bien garde de ne pas monter sur son dos. En route, tu le feras boire à l'étang qui longe le chemin.

Le valet promit tout ce que son maître voulut. Il partit avec le poulain qu'il tenait solidement par la bride. Mais la route était longue vers le château, et de plus, le valet était bien fatigué. Alors, se retournant pour voir si son maître n'était pas en train de l'épier, il n'y tint plus : voyant qu'il était seul, il saisit la crinière d'une poignée, posa le pied gauche sur l'étrier, et, d'un bond, s'installa sur le dos du gentil animal.

Mais il n'avait pas plus tôt enfourché le poulain que celui-ci partit au galop sans que le valet pût le retenir. Il avait beau crier et serrer ses jambes, le poulain semblait enragé. Arrivé sur le bord de l'étang, l'animal s'y précipita. A peine avait-il touché l'eau que le poulain se transforma en un poisson frétillant. Le valet regagna la rive tout penaud au moment même où le diable, inquiet de savoir comment se comportait son valet, arrivait. Il ne prit pas le temps de faire des remontrances au valet. Il se changea immédiatement en une loutre et se précipita dans l'étang. Il fouilla tout de fond en comble et se mit à dévorer tout ce qu'il trouvait : carpes, anguilles, truites et brochets. Tout y passa. Bientôt l'étang fut presque vide de tous ses poissons, et le diable, sous forme de loutre, était toujours à la recherche du garçon qui s'était transformé en poisson. Et bientôt, le seul poisson qui restait, c'était le fils de la veuve. La loutre se précipita pour le saisir entre ses crocs. Alors le poisson sauta hors de l'eau et se changea en pigeon qui se mit à voler à tire-d'aile. Il arriva à une maison et vit une fenêtre ouverte. Il entra dans une chambre où se trouvait une jeune fille couchée dans un lit et en train de dormir. Il alla doucement se poser sur elle. La jeune fille, réveillée par le frôlement, allongea le bras pour chasser l'oiseau importun.

— Ne me chassez pas, mademoiselle, dit le pigeon. Si vous le voulez bien, je vais me changer en un anneau d'or et me mettre à votre doigt. Le diable me poursuit et veut me prendre. Il viendra jusqu'ici et vous proposera des bijoux et beaucoup d'or en échange de votre anneau. Je vous en prie, ne l'écoutez pas, car si le diable me prend, je suis perdu à jamais. Si votre père vous demande de donner ou de vendre l'anneau, n'hésitez pas : ôtez-moi de votre doigt et jetez-moi sur le plancher.

La jeune fille fit comprendre qu'elle acceptait. A ce moment-là, on frappait à la porte de la maison. Le père de la jeune fille alla ouvrir et se trouva en présence de l'homme vêtu de noir. Celui-ci lui demanda de toute urgence de bien vouloir l'accompagner dans la chambre de sa fille.

Le diable s'adressa à la jeune fille, et d'une voix caressante, il la pria de lui donner l'anneau qu'elle portait au doigt. Mais cette demande resta sans effet. L'étranger insista :

— Voici des bagues ornées de saphirs et de turquoi-

ses qui seront bien plus belles à votre doigt que ce misérable anneau. Donnez-le moi et vous aurez tous ces bijoux.

— Gardez-les, dit la jeune fille. Mon anneau est un cadeau de fiançailles et je n'ai pas l'intention de m'en dessaisir.

— Eh bien ! dit le diable, je ferai encore mieux : je remplirai d'or cette chambre, depuis le plancher jusqu'au plafond.

— Vous me donneriez tous les trésors de la terre, je les refuserais, s'obstina la jeune fille.

Le diable était fort déconcerté. Il se tourna vers le père et dit à celui-ci qu'il n'était pas normal qu'on refusât ainsi les richesses qu'il proposait en échange d'un malheureux anneau. Le père, qui n'était pas riche, se sentit enflammé par les propos du visiteur. Il dit à sa fille de donner l'anneau, mais en vain. Toutes les prières ne servaient à rien. Alors il en vint aux menaces et s'écria :

— Puisqu'elle ne veut pas vous donner l'anneau, prenez-le de force !

Evidemment, le diable n'attendait que cette permission. Il bondit vers sa proie, mais la jeune fille, plus prompte que lui, avait fait glisser l'anneau de son doigt et le lança sur le plancher. Le diable se pencha pour le ramasser, mais au moment où ses doigts crochus allaient toucher le cercle d'or, l'anneau disparut et à la place il y eut treize grains de blé noir éparpillés sur le plancher. Qu'auriez-vous fait à la place du diable ? Il se transforma immédiatement en poule noire qui se mit à dévorer les grains l'un après l'autre. Douze d'entre eux avaient déjà disparu dans l'estomac du volatile, et il n'en restait plus qu'un qui avait roulé sous le bahut. La poule se mit à le chercher, et, l'ayant trouvé, elle allongea le cou pour le croquer. Mais alors, le grain se transforma en renard, et le renard se précipita sur la poule. Malheur au diable ! d'un coup de dent, le renard tua la poule noire et l'emporta dans la nuit.

C'est ainsi qu'un jeune homme mangea le diable et fut sauvé. Et on ajoute qu'il épousa la jeune fille qui l'avait si bien aidé.

Pleine-Fougères (Ille-et-Vilaine).

Ce conte, recueilli en 1881 par Oscar Havard, de la bouche d'une femme de Chambleau, village de Pleine-Fougères, laquelle l'avait entendu raconter par sa mère morte en 1870 à 94 ans, est extrêmement ancien dans sa structure. On y trouve des éléments mythologiques de la tradition celtique la plus pure. Le même thème est développé dans un conte du pays bretonnant, *la Saga de Koadalan*, que j'ai publié dans *la Tradition celtique en Bretagne armoricaine*, Payot, Paris, 1975, p. 169-185. L'un des épisodes de ce conte contient les péripéties des transformations dans des conditions analogues. Il en est de même dans un texte gallois archaïsant, *l'Histoire de Taliesin*, que j'ai publié dans *l'Epopée celtique en Bretagne*, Payot, Paris, 2e édition, 1975, p. 94-108. La poursuite accompagnée de changements de formes rappelle également un ancien texte irlandais, *les Deux Porchers*, dont j'ai donné le résumé dans *l'Epopée celtique d'Irlande*, Payot, Paris, 1971, p. 34-38.

LA JEUNE FILLE EN BLANC

Il était une fois un jeune homme dont la famille était si pauvre qu'il était obligé de passer son temps à ramasser du bois mort pour permettre à la maisonnée de se chauffer. Un jour qu'il était dans la forêt à chercher des branches, il rencontra un monsieur qui lui demanda :

— Que fais-tu dans la forêt, mon garçon ?

— Je cherche du bois mort, répondit-il, car chez nous, nous n'avons pas assez d'argent pour acheter de quoi nous chauffer.

— Si tu veux être mon serviteur, dit le monsieur, viens me retrouver ici dans un mois, et je te donnerai de l'argent.

Un mois après, le jeune homme retourna à l'endroit où il avait vu le monsieur, mais il eut beau regarder de tous côtés, il ne le vit pas. Il se mit alors à chercher dans les environs et arriva sur le bord d'un étang. Là, trois jeunes filles se baignaient. Le jeune homme n'osa pas s'avancer parce que les jeunes filles étaient nues. Mais quand elles revinrent sur le rivage et qu'elles se furent habillées, il s'avança vers elles. L'une des jeunes filles était vêtue de blanc, la seconde de gris et la troisième de bleu. Il ôta poliment son bonnet pour leur dire bonjour, et il leur demanda si elles n'avaient pas vu le monsieur qu'il cherchait.

— Certainement, répondit la jeune fille qui était habillée en blanc, je vais t'indiquer le chemin qu'il faut suivre pour aller jusqu'à son château. Lorsque tu le verras, tu lui demanderas s'il a besoin d'un domestique. Mais lorsqu'il aura accepté de te prendre à son service, fais bien attention : il voudra te donner à manger et te présentera lui-même un plat. Il faut que tu refuses. Tu lui diras que c'est toi qui dois le servir. Alors il sera content et t'engagera pour de bon.

Le jeune homme remercia la jeune fille en blanc. Il la trouvait bien jolie et il aurait aimé parler avec elle un peu plus longtemps. Mais il avait à faire. Il suivit le chemin indiqué et parvint bientôt à la porte du château.

C'était un grand château enclos de murailles très hautes, avec une porte de bronze. Comme elle était entrouverte, il entra dans la cour et vit le monsieur qui prenait le frais.

— Ah ! dit le monsieur, je te reconnais : c'est toi que j'ai rencontré dans la forêt, il y a un mois. Veux-tu être mon domestique ?

— Je le veux bien, dit le jeune homme.

Le monsieur le fit entrer dans le château. Puis il présenta un plat de viandes en l'invitant à manger.

— Non, merci, monsieur, dit le jeune homme avec politesse. C'est moi qui suis ici pour vous servir.

Le monsieur insista :

— Prends le plat et ne te fais pas prier.

— Non, monsieur, répondit le jeune homme brusquement. C'est moi qui suis ici pour vous servir.

— Prends, te dis-je !

Cette fois, il prit le plat, le jeta par terre et le brisa.

— Ah ! dit le monsieur sans se fâcher. Voici un domestique qui me plaît. C'est bien. Si tu veux faire les trois choses que je vais te commander, tu auras une de mes trois filles, je te le promets.

Le lendemain, le monsieur donna au jeune homme une hache en plomb, une scie en carton et une brouette en écorce de chêne.

— Voici tes instruments de travail, dit-il. Tu vois ce taillis, là-bas ? Il a sept lieues de tour. Il faut que tu me l'abattes dans la journée, et en plus, que tu mettes le bois en cordes.

— Bien, dit le jeune homme.

Et il partit vers le taillis pour commencer sa besogne. Mais au premier coup qu'il donna, la hache en plomb se brisa et la scie en carton ne résista pas davantage.

Quant à la brouette en écorce de chêne, elle fut écrasée par la petite branche qu'il posa dessus.

Quand il vit cela, il fut désespéré et renonça à travailler davantage. Il s'assit sur le gazon, plongé dans ses tristes pensées.

Cependant, à midi, il vit arriver la jeune fille en blanc, celle qu'il avait rencontrée au bord de l'étang et qui lui avait indiqué le chemin du château. Elle venait lui apporter à déjeuner.

— Comment ? dit-elle en le voyant ainsi. Mon père t'a donné un travail à accomplir et tu restes sans rien faire. Si mon père te voit, il est capable de te tuer.

— Que veux-tu que je fasse, dit le jeune homme. Je n'ai que de mauvais instruments.

— Voici une baguette, dit la jeune fille en blanc. Tu vas la prendre à la main et tu feras le tour du taillis en disant : « que le bois tombe, qu'il soit débité et rangé en cordes ! »

Le jeune homme fit comme le lui avait dit la jeune fille en blanc. Les arbres tombaient si vite que l'ouvrage fut achevé avant la fin de l'après-midi. Le soir, le monsieur lui demanda :

— As-tu accompli ta tâche ?

— Oui, monsieur, vous pouvez aller voir.

Le monsieur alla voir le travail. Il fut un peu étonné.

— C'est bien, dit-il. Demain je te donnerai autre chose à faire.

Le lendemain, le monsieur dit à son domestique :

— Vois-tu la butte, en face du château. Je veux que ce soir il y ait à sa place, un jardin planté d'arbres fruitiers, et, au milieu, un étang rempli de poissons et sur lequel nageront des canards. Voici tes outils.

Il lui présenta une pioche en verre et une bêche en faïence. Le jeune homme s'en alla vers la butte et commença son travail. Mais au premier coup qu'il donna, ses outils se brisèrent en mille morceaux. Il fut désespéré et s'assit sur le gazon en se disant qu'avec de tels instruments, ce n'était pas la peine d'essayer davantage.

A midi, la jeune fille en blanc vint lui apporter son dîner. Quand elle le vit assis sur le gazon, elle s'écria :

— Eh bien ! malheureux ! je te retrouve encore les bras croisés. Si mon père te voyait, il te tuerait sûrement.

— Que veux-tu que je fasse avec une pioche en verre et une bêche en faïence ?

— Tiens, dit la jeune fille en blanc, voici une baguette. Tu vas faire le tour de la butte en disant : « que la butte soit aplanie, et qu'à sa place il y ait un beau jardin planté d'arbres fruitiers, et au milieu un étang poissonneux sur lequel nageront des canards ».

Le jeune homme prit la baguette et s'en alla faire le tour de la butte. Et tout ce qu'il demandait s'accomplit rapidement. Le soir, le monsieur lui demanda :

— Ton ouvrage est-il fini ?

— Oui, répondit-il, vous pouvez aller voir.

Le monsieur alla voir et fut encore plus surpris que la veille. Il y avait là un magnifique verger planté d'arbres les plus robustes, et chargés de fruits, et au milieu, un étang plein de poissons, sur lequel nageaient de jolis canards.

— C'est bien, dit le monsieur. Demain, je te donnerai autre chose à faire. Il y a une tourterelle sur la plus haute tour du château. Cette tour est en marbre poli, mais il faudra que tu ailles me chercher la tourterelle et que tu me la ramènes.

Cependant le monsieur n'était pas dupe. Il pensait bien qu'une de ses filles avait aidé son domestique. Et ce ne pouvait être que la jeune fille en blanc. Alors, il ordonna à celle-ci d'aller en ville pour chercher des provisions. Quand la jeune fille en blanc eut appris cela, elle se retira dans sa chambre et se mit à pleurer. Ses deux sœurs vinrent la voir et lui dirent :

— Qu'as-tu donc à verser des larmes ?

— C'est que notre père veut m'envoyer à la ville, et j'aimerais mieux rester ici.

— Ce n'est que cela ? dirent-elles. Ne t'inquiète pas et ne pleure plus. Nous irons à ta place à la ville et notre père ne s'apercevra de rien.

Le lendemain, à midi, la jeune fille en blanc vint apporter son dîner au jeune homme. Elle le trouva assis au pied de la tour, en train de méditer tristement sur son sort.

— Eh bien ! dit-elle. Je te trouve tous les jours à ne rien faire alors que mon père t'a ordonné de travailler pour lui. S'il te voyait ainsi, il te tuerait sûrement.

Le jeune homme la regarda d'un air accablé :

— Je ne suis pas capable de monter sur cette tour, dit-il, elle est plus glissante que du verre.

— Il est impossible de monter sur cette tour, dit-elle, et la tourterelle ne peut être prise que si elle descend. Mon père t'a demandé une chose impossible, parce que si tu réussissais, il ne pourrait empêcher que je me marie avec toi.

— Est-ce vrai ? dit le jeune homme. Voudrais-tu te marier avec moi ?

— Oui, répondit la jeune fille en blanc. Je vais donc t'aider, mais il faut que tu suives jusqu'au bout les recommandations que je te fais.

— Je t'écoute, dit le jeune homme.

— Ce n'est pas difficile, dit la jeune fille, il suffit que tu prennes un chaudron, que tu me coupes en morceaux et que tu y mettes tous les morceaux.

— C'est impossible, dit le jeune homme. J'aimerais mieux mourir que de faire du mal à une aussi jolie fille que toi.

— Il faut que tu fasses ce que je te dis, c'est le seul moyen. Quand tu auras mis tous mes morceaux dans le chaudron, tu allumeras le feu par-dessous. Alors la tourterelle descendra et tu pourras l'attraper.

— Mais toi ? demanda le jeune homme.

— Ne t'inquiète de rien et obéis-moi.

Le jeune homme finit par se laisser convaincre. Il découpa en petits morceaux la jeune fille en blanc, mais au lieu de mettre tous les morceaux dans le chaudron, il garda l'os du petit doigt du pied gauche. Quand il eut fini de remplir le chaudron, il alluma le feu par-dessous. La fumée s'éleva et devint épaisse, et elle atteignit bientôt le sommet de la tour. Alors la tourterelle descendit au-dessus du chaudron et le jeune homme put la saisir.

Il se demanda ce qui allait arriver à la jeune fille en blanc, mais quand le feu eut cessé de brûler, elle sortit du chaudron, tout entière et encore plus belle qu'elle ne l'était auparavant. Il lui manquait seulement l'extrémité du petit doigt de son pied gauche.

— As-tu bien mis tous les morceaux dans le chaudron ? demanda la jeune fille.

— Non, avoua le jeune homme, j'avais gardé l'os du petit doigt de ton pied gauche.

— Tu as bien fait, dit la jeune fille en blanc, cela pourra nous aider, le moment venu. Garde-le. Maintenant que tu as réussi les épreuves que mon père t'avait imposées, il sera obligé de te donner une de ses filles. Mais il nous présentera à toi de telle façon que tu ne pourras pas me reconnaître autrement que par le petit doigt de mon pied gauche.

Le jeune homme rentra dans le château et il alla

jusqu'à la salle où se trouvait le monsieur. Il lui montra la tourterelle.

— C'est bien, dit le monsieur d'un ton très contrarié. Je t'ai promis de te donner une de mes filles. Ce sera à toi de choisir celle que tu voudras.

Il fit venir les trois jeunes filles. Mais elles étaient voilées, et leur père les avait fait s'habiller autrement que d'habitude. Il aurait été très difficile de reconnaître la jeune fille en blanc. Cependant, grâce au bout du petit doigt qui manquait à son pied gauche, le jeune homme la reconnut aisément. Il alla vers elle sans hésiter, et c'est elle qu'il épousa sur-le-champ.

Mais le monsieur n'était guère satisfait de ce mariage. Il avait bien espéré que son domestique ne réussirait pas les épreuves qu'il lui avait imposées. Le soir des noces, il fit dresser le lit des jeunes époux juste au-dessus d'un souterrain, et il le fit suspendre au plafond par quatre cordes. Quand les jeunes mariés furent couchés le père vint à la chambre et demanda :

— Mon gendre, dors-tu ?

— Non, répondit le jeune homme.

Quelque temps après, le père revint et demanda :

— Mon gendre, est-ce que tu dors ?

— Non, répondit-il.

Il s'en alla, mais il revint une troisième fois et posa la même question. Alors le jeune homme, sur les conseils de sa femme, fit semblant de dormir et ne répondit rien.

Le père était à peine parti que la fille en blanc dit à son mari :

— Ne perds pas de temps. Cours à l'écurie. Là, tu prendras le cheval qui s'appelle Petit-Vent. Tu le selleras rapidement, et quand je te rejoindrai, nous nous enfuirons.

Peu après que le jeune homme fut parti, le maître du château revint à la chambre et demanda :

— Ma fille, dors-tu ?

— Non, mon père.

Il revint une deuxième fois.

— Ma fille, dors-tu ? demanda-t-il encore.

— Non, répondit-elle.

Il revint une troisième fois et posa la même question. Mais il n'eut aucune réponse. Alors le monsieur alla trouver sa femme et lui dit :

— Ils dorment. Viens avec moi. Nous allons nous débarrasser d'eux.

Ils coupèrent les cordes et le lit tomba avec fracas dans le souterrain. Alors, le maître du château, qui n'avait pas pris de lumière pour ne pas réveiller les jeunes mariés, dit à sa femme :

— Maintenant, les voilà tués, et nous ne les reverrons plus.

Cependant, la jeune fille en blanc avait quitté le lit avant que son père ne revînt la troisième fois. Elle se hâta d'aller rejoindre son mari.

— Ah ! malheureux ! dit-elle. Tu as pris Grand-Vent au lieu de Petit-Vent ! Tant pis, nous n'avons plus le temps de nous attarder, mais cela sera cause de la mort de quelqu'un. Sauvons-nous au plus vite.

Le cheval les emporta dans la nuit, plus rapide que le vent. A un moment, la jeune fille en blanc dit à son mari :

— Ne vois-tu rien par derrière nous ?

— Non, je ne vois rien.

Quelque temps après, elle demanda encore :

— Est-ce que tu ne vois rien derrière nous ?

— Non, rien.

— Regarde encore : je suis sûre qu'il y a quelque chose !

— Tu as raison, dit-il, j'aperçois comme un grand nuage de feu.

Alors la jeune fille en blanc prit sa baguette et en frappa trois coups en disant :

— Que Grand-Vent se change en jardin, que je sois changée en poirier et que mon mari soit changé en jardinier.

Le monsieur et sa femme, qui étaient à la poursuite des jeunes époux, s'arrêtèrent près du jardin.

— N'avez-vous pas vu, demandèrent-ils au jardinier, un petit bonhomme à cheval qui passait par là avec une jeune fille en blanc ?

— Trois poires pour un sou, répondit le jardinier.

— Ce n'est pas cela que je demande. Avez-vous vu passer un petit bonhomme et une jeune fille en blanc ?

— Quatre pour un sou parce que c'est vous, répondit le jardinier.

— Est-il bête, cet homme ! dit le monsieur.

Et ils continuèrent leur poursuite.

Quand ils furent partis, la jeune fille en blanc, son mari et Grand-Vent reprirent leur forme naturelle et reprirent leur voyage.

— Ne vois-tu rien derrière nous ? demanda la jeune fille.

— Non, je ne vois rien.

Quelque temps après, elle demanda encore :

— Ne vois-tu rien venir ?

— Si, je vois un grand nuage de feu.

Aussitôt elle prit sa baguette et dit :

— Grand-Vent va se mettre en église, moi en autel, et mon mari en prêtre.

Le monsieur et sa femme, qui poursuivaient toujours les jeunes mariés, entrèrent dans l'église et demandèrent au prêtre :

— N'avez-vous pas vu passer par ici un petit bonhomme avec une fille en blanc ?

— **Dominus vobiscum,** répondit celui qui était à l'autel.

— Je vous demande si vous avez vu ici un petit bonhomme avec une fille en blanc ?

— **Et cum spiritu tuo !**

— Est-il sot, ce prêtre ! murmura le monsieur.

Dès qu'il fut sorti de l'église, la baguette fit encore son office : Grand-Vent et ceux qui le montaient reprirent leur forme naturelle et continuèrent leur route.

— Ne vois-tu rien derrière ? demanda la jeune fille en blanc.

— Non, je ne vois rien.

Au bout d'un certain temps, elle demanda encore :

— Ne vois-tu rien venir, à présent ?

— Non, répondit-il, je ne vois rien.

— Fais bien attention, dit-elle. Regarde loin derrière.

— Oui, dit-il, je vois comme un tourbillon de feu.

Aussitôt la fille en blanc frappa trois coups de sa baguette en disant :

— Que Grand-Vent soit une rivière, que je sois un bateau et que mon mari soit le passeur.

Quand le monsieur et sa femme furent arrivés au bord de la rivière, ils dirent au batelier :

— Passeur, avez-vous vu par ici un petit bonhomme avec une fille en blanc ?

— Oui, répondit-il, je les ai passés il n'y a pas bien longtemps.

Aussitôt, ils entrèrent dans le bateau. Mais quand ils furent au milieu de la rivière, le bateau chavira et le monsieur et sa femme se noyèrent. La baguette joua encore une fois : Grand-Vent et ses cavaliers reprirent leur forme naturelle et revinrent tranquillement au château. Ils eurent toute la fortune du monsieur, et depuis, je ne sais ce qu'ils sont devenus.

Ercé-près-Liffré (Ille-et-Vilaine).

Ce conte a été recueilli en 1879. La version transcrite par P. Sébillot (*Contes Populaires de la Haute-Bretagne*, I, p. 197-205) présente quelques incohérences, notamment dans l'épisode de la tourterelle, qui n'était plus compris, semble-t-il, du locuteur. Il est vrai que cet épisode se réfère à des éléments mythologiques assez anciens. On y retrouve le chaudron de résurrection et de renaissance connu dans la tradition irlandaise et surtout dans la tradition galloise comme archétype du Graal. Le thème du démembrement de la divinité — en l'occurrence la jeune fille en blanc qui est un des aspects de la déesse protectrice — est répandu dans toutes les traditions. Quant à la tourterelle, elle symbolise l'âme de la jeune fille en blanc : grâce à son démembrement, grâce au feu sous le chaudron et grâce à l'intervention du jeune homme, la jeune fille divine retrouve son âme et sa liberté. Tout cet épisode se réfère aux mystérieux rites de *Samain*, la grande fête celtique des Morts, marquée par des cérémonies assez obscures. L'ensemble du conte rappelle un récit recueilli à Ouessant (J. Markale, *la Tradition celtique en Bretagne armoricaine*, p. 186-191), *les Femmes Cygnes* : là les jeunes filles viennent sur l'étang sous forme d'oiseaux. Les deux contes proviennent de la même source.

LA FONTAINE DE MARGATTE

Il y avait autrefois à Combourg un seigneur qui avait fait bâtir un château non loin de l'étang. Un jour qu'il se promenait sur les bords de cet étang et qu'il arrivait du côté de la Fontaine de Margatte, il aperçut un étrange petit homme dans un buisson. C'était un nain, vêtu d'un habit de couleurs vives. Il se débattait au milieu des épines et ne pouvait se dépêtrer des ronces qui déchiraient son habit et le griffaient cruellement.

Le seigneur s'approcha du buisson et vint en aide au petit homme. Il eut toutes les peines du monde à le tirer de là. Il y parvint cependant et le petit homme, après s'être reposé un instant, le remercia.

— Mais que faisais-tu dans ce buisson ? demanda le seigneur.

Le petit homme répondit :

— Il y a une pierre blanche dans ce fourré, une pierre qui peut être bien utile, car il suffit de la placer dans la Fontaine de Margatte pour l'empêcher de déborder. C'est elle que je voulais trouver.

Le seigneur jeta un coup d'œil sur la fontaine : elle coulait doucement et son eau se répandait tranquillement dans l'étang. Il n'était guère possible qu'elle débordât, et en tout cas, si elle débordait, elle ne ferait que remplir un peu plus cet étang dont le niveau était assez bas. Le seigneur se mit à rire.

— Ne ris pas, dit le nain. Tu le regretteras peut-être un jour.

Et il disparut à travers les bois.

A quelque temps de là, le seigneur, qui était à cheval, passait par un chemin étroit. A cette époque, tous les chemins étaient étroits et profonds. Tout à coup, il se trouva en présence d'une vieille femme. Il n'y avait pas la place pour passer. Le seigneur s'arrêta et demanda à la vieille femme de lui céder le passage.

— Non, répondit-elle. C'est à toi de me laisser le passage. Je suis vieille et pauvre. Tu es riche, puissant et jeune, c'est à toi de faire le geste.

Et elle resta droite au milieu du chemin.

Le seigneur, qui était très fier, se mit en colère :

— Comment ? dit-il. Le pays m'appartient, j'en suis le maître, ce n'est donc pas à moi de te laisser passer.

La vieille femme persista dans son attitude.

— Je ne bougerai pas d'ici, dit-elle.

Alors le seigneur leva la main sur elle :

— Attends un peu, vieille sorcière ! cria-t-il. Je saurai bien t'apprendre l'obéissance et le respect.

Il n'eut pas le temps d'achever son geste. Quelque chose retint son bras. Il entendit la vieille femme lui dire :

— Puisque c'est ainsi, tant pis pour toi. Les eaux de la Fontaine de Margatte vont se mettre à couler de telle sorte que personne ne pourra jamais les arrêter. L'étang va déborder, ton château et tout le pays seront engloutis. Ce sera ta punition pour m'avoir insultée.

Et la vieille femme disparut sans que le seigneur pût voir où elle était allée.

Il continua son chemin, mais lorsqu'il arriva en vue du château, sa surprise fut grande. L'étang débordait et les eaux roulaient furieusement dans la vallée. Elles avaient atteint le village et montaient à l'assaut des murailles du château. Le seigneur comprit alors que la vieille femme était une fée, mais il se rappela aussi ce que lui avait dit le petit homme qu'il avait tiré du fourré.

Il fallait absolument trouver la pierre blanche qui empêcherait la Fontaine de Margatte de déborder.

Il se précipita vers le fourré. En s'égratignant et en se déchirant horriblement dans les épines, il chercha si bien qu'au pied du buisson il trouva enfin la pierre blanche. Il alla immédiatement la déposer dans la Fontaine de Margatte, espérant que le nain avait dit vrai et que les eaux allaient arrêter de se déverser.

Or, dès que la pierre blanche eut atteint le fond de la fontaine, celle-ci cessa de couler. Peu à peu, les eaux baissèrent et l'étang reprit son allure normale. Quant à la fontaine, elle coulait doucement, comme elle le faisait depuis des siècles : un mince filet d'eau s'en échappait, suivait un petit ruisseau et atteignait l'étang dans lequel il disparaissait.

Depuis ce temps-là, la Fontaine de Margatte n'a jamais débordé et l'étang de Combourg est toujours aussi calme. Mais c'est parce qu'il y a une pierre blanche dans le fond de la Fontaine de Margatte. Et, sait-on jamais, si quelque imprudent retirait la pierre blanche, il provoquerait sûrement une catastrophe, car la Fontaine se mettrait immédiatement à déborder et tout le pays serait englouti.

Combourg (Ille-et-Vilaine).

Cette légende est une des versions de la Ville d'Is, mais au lieu d'être menacé par l'invasion de la mer, le pays risque d'être inondé par le débordement d'une fontaine ou d'un puits : c'est le thème qu'on rencontre le plus fréquemment dans les Iles Britanniques (voir en particulier *l'Inondation du Lough Neagh* dans J. Markale, *l'Epopée celtique d'Irlande*, p. 39-43) et c'est probablement un souvenir historique très ancien, remontant à la fin de l'Age du Bronze. En effet, il y a eu à cette période un changement de climat qui a provoqué l'élévation générale du niveau des eaux et par conséquent de nombreux engloutissements d'habitations et de villages situés au bord des anciens lacs.

LA MER DE MURIN

Dans la vallée de la Vilaine, à l'endroit où le fleuve s'étale dans une grande plaine où il reçoit les eaux du Don, on peut voir une sorte de lac envahi par les roseaux, peuplé d'oiseaux de passage qui vont et viennent à travers le monde et qui apportent en cette région un peu du grand souffle du large. C'est la Mer de Murin.

Mais ce ne fut pas toujours cette mélancolique étendue d'eaux mortes. Autrefois, à ce qu'on dit, à cet emplacement, s'élevait une épaisse forêt qui couvrait tout le fond de la vallée. Chaque jour, on y entendait le bruit des haches des bûcherons, et tout le pays alentour venait faire des provisions de bois.

Or, il y a bien longtemps de cela, mais le souvenir en est resté très vivace chez ceux qui habitent non loin de la Mer de Murin, il arriva que des païens, venus du nord, et poursuivis par les Bretons, se cachèrent dans cette forêt. Ils s'y trouvaient bien à l'abri, dans des tanières qui ressemblaient à celles des loups, et quand ils en sortaient, c'était pour accomplir toutes sortes d'exactions et de pillages dans les villages avoisinants. Ils inspiraient une telle terreur que personne n'osait plus s'approcher de la forêt et que même les villages se dépeuplaient, car il ne faisait pas bon y vivre.

En ce temps-là, au château du Dreneuc, qui se trouve sur la butte, tout contre le bois, il y avait un seigneur que les païens n'avaient jamais attaqué parce que les murs de sa forteresse étaient solides. Mais il se lamentait de voir que le pays était ravagé. Il décida donc de débarrasser les alentours de ces pillards qui ne connaissaient ni dieu ni diable et qui en faisaient voir de toutes les couleurs à ses malheureux vassaux.

Il demanda à l'abbaye de Redon de lui envoyer un moine. Le moine vint et se bâtit un ermitage non loin du Dreneuc. Pendant tout le jour, il faisait des prières, et il ne mangeait que des racines et des fruits.

Les païens ne voyaient pas cet ermitage d'un bon œil. Ils voulurent faire partir le moine. Pour ce faire, ils arrachèrent des fougères des landes, ils en firent de grands tas autour de sa cabane, puis ils y mirent le feu. Le moine se vit tout à coup entouré de flammes, et comprenant qu'il allait bientôt brûler, il prit de l'eau bénite et la jeta sur le bois. Alors on entendit un grand bruit : les chênes craquèrent comme s'ils avaient été foudroyés par le tonnerre, et tout s'effondra dans un gouffre qui venait de se creuser. Et les eaux de la Vilaine envahirent cet abîme. Voilà pourquoi, depuis ce temps-là, on ne voit plus trace de forêt, mais seulement la grande étendue de la Mer de Murin.

Comme le seigneur du Dreneuc avait aidé à chasser les maudites gens qui peuplaient le bois, son logis ne fut pas englouti par les eaux. Il se dresse encore aujourd'hui sur la même butte, surplombant les marécages. Quant à l'endroit où le moine avait jeté son eau bénite, il y poussa une épine blanche, et cet arbuste fleurit tous les ans dès le temps de la Chandeleur.

Bain-de-Bretagne (Ille-et-Vilaine).

Il s'agit évidemment d'une des versions de la Ville Engloutie, dont la plus célèbre, en Bretagne, est celle d'Is. Ici, ce ne sont pas les eaux de la mer qui engloutissent le site, mais les eaux du fleuve. On notera que le nom *Dreneuc* est une déformation d'un mot breton signifiant « épineux », ce qui doit expliquer l'anecdote de l'épine blanche.

LA DAME ET LES CHATS

Il y avait une fois une vieille dame très riche qui aimait beaucoup les chats. Elle en avait sept ou huit qu'elle faisait manger à table avec elle : chacun avait sa chaise et son assiette. Elle disait toujours que les bêtes valaient mieux que le monde, qu'elle ferait son testament pour ses chats et qu'elle leur laisserait toute sa fortune.

Mais elle avait un neveu qui était prêtre. Il aurait bien voulu hériter de sa tante, et ça l'ennuyait fort de voir toutes ces bêtes-là dans la maison. Quand il venait voir la dame, il ne ratait pas une occasion de lui dire que les chats étaient des bêtes du diable et que c'était un péché de tant les aimer. Peine perdue ! la tante ne faisait que rire de ce que lui disait le prêtre, et elle en chérissait davantage ses chats.

Or, une fois, elle fut obligée de s'absenter pendant huit jours afin d'aller voir ses fermiers. Elle dit à son neveu de venir demeurer chez elle, durant son absence, pour veiller à sa maison, et surtout pour bien soigner ses chats.

Le prêtre vint donc s'installer chez sa tante. Quand l'heure du dîner arriva, il dit à la domestique de mettre le couvert des chats comme à l'ordinaire. Mais quand les chats furent bien installés sur leurs chaises, il fit un grand signe de croix, et, tirant un fouet qu'il avait caché sous sa soutane, il se mit à frapper les pauvres bêtes qui se sauvèrent un peu partout.

Au repas du soir, ce fut la même chose, et tous les jours tant que la dame fut absente.

Quand elle revint, la première chose qu'elle demanda,

ce fut si les chats avaient été bien soignés.

— Certainement, répondit le prêtre, j'ai fait tout ce que je pouvais pour eux, mais ce sont des bêtes maudites : elles ne peuvent pas supporter mon costume, et je vous montrerai tout à l'heure que ce sont vraiment des animaux du diable.

La dame passa dans la salle à manger où le couvert était mis. Les chats, bien contents de retrouver leur maîtresse, se frottaient à sa robe et ronronnaient. Puis, comme la dame prenait place à la table, les chats sautèrent sur leurs chaises.

Le prêtre fit alors le signe de la croix. Les pauvres bêtes, croyant qu'on allait les chasser à coups de fouet comme les autres jours, se précipitèrent au bas de leurs chaises en miaulant.

— Eh bien, ma tante ! dit le prêtre, ne vous avais-je pas dit la vérité. Vous avez vu comme ces maudits animaux craignent le signe de Notre Seigneur ?

La dame fut très étonnée. Et comme elle avait peur du diable, elle renvoya ses chats et laissa tout son bien à son neveu.

Nantes (Loire-Atlantique).

Ce conte facétieux, recueilli en 1858, est dans le ton des chansons quelque peu anticléricales que l'on observe dans la tradition bretonne : un pays religieux ne peut manquer de se moquer des clercs et de montrer la rapacité et la ruse de certains d'entre eux.

LA PETITE SARDINE

Il y avait une fois un homme et une femme qui étaient très pauvres. Un jour, la bonne femme dit à son mari :

— Mon pauvre bonhomme, nous n'avons plus ni pain, ni fricot. Comment pourrions-nous faire ? Il me vient une idée : si tu allais à la pêche, nous vendrions ce que tu prendrais, et alors, nous aurions du pain...

Sans plus tarder, le bonhomme partit à la rivière. Mais il eut beau tendre sa ligne et passer toute sa journée à la pêche, il ne prit rien. Enfin, au moment de s'en aller, il attrapa une belle petite sardine.

Alors la petite sardine se mit à parler et lui dit :

— Bonhomme ! si tu veux me faire grâce et me laisser en vie, je te donnerai tout ce que tu voudras !

— Eh bien ! ma petite sardine, répondit le bonhomme, si tu dis la vérité, tu pourras nous faire beaucoup de bien, car nous sommes bien malheureux, ma femme et moi. Il nous faudrait du fricot et du pain.

— Tu n'as qu'à retourner chez toi, dit la sardine, et tu trouveras une table bien garnie.

Le bonhomme rejeta la sardine à l'eau, et elle se fourra dans un trou. Il retourna alors chez lui, et là, il trouva une table toute couverte de vins fins et de bonnes choses.

Le bonhomme raconta à sa femme ce qui lui était arrivé, et comment c'était la petite sardine qui les régalait si bien. Puis ils se mirent à table, et quand ils eurent bien bu et bien mangé, ils s'en allèrent se coucher, bien contents.

Alors, le lendemain matin, la femme dit à l'homme :

— Nous sommes bien heureux d'avoir eu si bon fricot, mais il nous manque quelque chose : il faudrait que tu retournes à la rivière et que tu demandes à la petite sardine une plus belle maison que celle où nous sommes.

Le bonhomme partit aussitôt. Quand il fut arrivé à la rivière, il s'écria :

— Petite sardine, où es-tu ?

— Dans mon trou, répondit la petite sardine. Que veux-tu ?

— Ma bonne femme m'envoie te dire que nous sommes bien heureux, mais que notre maison n'est pas convenable et qu'il nous en faudrait une plus belle.

— Va-t'en chez toi, répondit la petite sardine. Tu y trouveras ce que tu désires.

Puis elle disparut.

En arrivant chez lui, le bonhomme trouva une belle maison à la place de l'ancienne, et sa bonne femme était déjà dedans, bien contente d'un logis si somptueux.

L'homme et la femme étaient très heureux. Mais cela ne dura que quelques jours. Au bout de ce temps, il leur manqua quelque chose, et la bonne femme dit à son mari :

— Il faut que tu retournes voir la petite sardine. Tu lui demanderas de beaux meubles pour mettre dans la maison, car les nôtres sont trop vieux.

Le bonhomme retourna donc à la rivière et dit :

— Petite sardine, où es-tu ?

— Dans mon trou, répondit la petite sardine. Que veux-tu ?

— Il y a que ma bonne femme aimerait voir de beaux meubles dans la maison que tu nous as obtenue.

— Ils sont en place, dit la sardine.

Et elle disparut tandis que le bonhomme reprit le chemin de sa maison. Effectivement, sa bonne femme était en train d'admirer les beaux meubles qui s'y trouvaient.

Pendant quelque temps, la femme prit plaisir à voir ces meubles neufs et luisants, mais bientôt elle trouva que son linge n'était pas en rapport avec ses belles armoires, et elle envoya encore son mari au bord de la rivière. Quand il fut arrivé, il dit :

— Petite sardine, où es-tu ?

— Dans mon trou. Que veux-tu ?

— Ma femme voudrait avoir du beau linge pour remplir ses armoires.

— Retourne chez toi, dit la petite sardine en plongeant. Ta femme a ce qu'elle demande.

Quand le bonhomme arriva chez lui, il trouva sa femme en admiration devant ses armoires bourrées de fine toile.

Le bonheur dura quelques jours, puis la femme dit à l'homme :

— Mon pauvre bonhomme, nous commençons à être bien vieux et nous ne pourrons bientôt plus marcher. Il nous faut une voiture.

Le bonhomme s'en alla donc une nouvelle fois à la rivière. Il dit :

— Petite sardine, où es-tu ?

— Dans mon trou. Que veux-tu ?

— Ah ! ma pauvre petite sardine ! ma femme est lasse de marcher à pied. Elle voudrait une voiture.

— Retourne chez toi, dit la petite sardine. Il y aura un équipage à ta porte.

Et elle plongea.

Le bonhomme repartit. En arrivant chez lui, il vit,

devant sa porte, une belle voiture toute dorée, avec deux chevaux, un cocher et deux laquais.

A partir de ce jour, le bonhomme et la bonne femme vécurent heureux, comme des rois. Ils passaient leur temps à se promener dans la campagne, grâce à leur belle voiture. Tous ceux du voisinage se mirent à les envier et on se demandait bien d'où cette richesse pouvait venir.

Un jour qu'ils étaient en promenade, ils rencontrèrent une mendiante très vieille, appuyée sur un bâton. Elle leur demanda s'ils voulaient la faire monter en voiture avec eux, parce qu'elle était bien fatiguée et qu'elle ne pouvait plus marcher.

Mais la bonne femme, qui était toute fière de sa belle voiture, tordit le nez en voyant les guenilles de la mendiante. Elle refusa de la laisser monter.

La mendiante s'adressa alors au bonhomme et lui fit la même prière, mais le bonhomme, qui ne voulait pas d'histoires avec sa femme, dit au cocher de fouetter ses chevaux.

Alors, la vieille mendiante se redressa comme si elle n'avait jamais eu le dos voûté. Elle donna un coup de son bâton sur la voiture qui devint, à l'instant, une grosse citrouille, tandis que les chevaux devenaient, l'un, un gros pou, l'autre une grosse puce.

La vieille mendiante, c'était la petite sardine. Et c'était une fée. Elle écrasa les deux vilaines bêtes. Quant au bonhomme et à la bonne femme, en punition de leur mauvais cœur, ils moururent dans la misère.

Nantes (Loire-Atlantique).

Ce conte est construit sur le thème du poisson ou de l'animal qu'on épargne et qui se révèle être un personnage féerique. Il faut noter, d'une part, que le poisson est ici curieusement une sardine, pêchée dans une rivière, et d'autre part, qu'il y a une intention évidente d'édification. Ce conte a été recueilli en 1897 en plein milieu urbain.

LA TETE DE MORT

Il y avait une fois deux jeunes gens qui voulaient aller au Carnaval. Pour cela, l'un d'eux avait acheté un masque, mais l'autre n'avait pas pu parce qu'il n'avait pas assez d'argent. Cependant, il dit à son camarade :

— Je vais me débrouiller. J'en trouverai un qui ne coûtera pas cher.

Comme ils passaient devant le cimetière, il y entra, il prit une tête de mort et la mit sur sa tête.

— Voilà mon masque, dit-il.

— Tu ne devrais pas, dit l'autre. Cela te portera sûrement malheur.

Le jeune homme rit beaucoup des remontrances de son camarade. Toute la journée, il courut avec la tête de mort, et il s'amusait follement en voyant la frayeur qu'il causait à tout le monde.

Le soir, il eut une idée : il alluma deux chandelles qu'il plaça dans les trous des yeux. Il continua à s'amuser toute la nuit, en effrayant les passants.

Au matin, avant de rentrer chez lui, fatigué de son Carnaval, il passa près du cimetière. Il y entra et jeta la tête sur un tas d'ossements en disant :

— Puisque tu m'as permis de bien m'amuser, je t'invite à venir souper chez moi ce soir.

Alors il partit et rentra se coucher. Il passa la journée au lit, tellement il était fatigué de la fête. Il ne se releva que vers le soir. L'esprit quelque peu embrumé, il allait se mettre à table, quand il entendit quelqu'un frapper à la porte.

Il alla ouvrir. Alors il vit un squelette effrayant qui lui dit :

— Tu m'as invité à souper, me voilà.

Il voulut s'enfuir, mais le revenant lui barra le passage. Il tomba mort de saisissement.

Nantes (Loire-Atlantique).

Dans toute la Basse-Bretagne existent des chansons sur le même thème : un jeune homme invite un mort ou un pendu à son repas de noces et le spectre répond à l'invitation.

L'HERITAGE DE GERARD

Il y a bien longtemps, un seigneur de noble famille mourut en laissant deux fils, dont le cadet se nommait Gérard.

Le père, qui avait trois ou quatre châteaux, les laissa tous, avec les terres, à son fils aîné, tandis que Gérard reçut à peine de quoi vivre.

Il était jeune, gai, et aimait le plaisir. Il employa les quelques rentes qui lui avaient été attribuées à s'amuser avec ses amis, tant et si bien qu'il eut bientôt dépensé tout ce qu'il possédait. Il se trouva sans ressources.

Il alla trouver son frère aîné, disant qu'il était bien pauvre et qu'il lui restait à peine de quoi vivre. Son frère réfléchit quelques instants, puis il lui dit :

— Ecoute, je crois que nous allons pouvoir nous arranger. Parmi les châteaux que j'ai hérités de notre père, il s'en trouve un qui est inhabité pour le moment. Il était occupé autrefois par des gens qui sont morts maintenant. Il est même rempli, du haut en bas, de meubles magnifiques, et les héritiers des anciens habitants n'ont jamais réclamé ce riche mobilier. Il est toujours intact.

Ce qu'il ne disait pas, c'est que les habitants du châteaux étaient morts d'une façon mystérieuse, sans qu'on eût jamais pu expliquer comment.

— Donc, Gérard, continua le frère, si tu veux habiter ce château, je t'en fais volontiers cadeau. Il est entouré dit-on, d'un superbe parc, de prairies et de bois. Puisque j'en ai trois autres, je peux bien te donner celui-là.

Gérard fut enchanté de cette proposition et il accepta immédiatement ce cadeau inespéré.

Son frère fit dresser un acte, par lequel il lui cédait tous ses droits sur le domaine. Après l'avoir signé et remercié chaleureusement son frère, le jeune homme courut inviter deux de ses amis intimes pour venir avec lui pendre la crémaillère dans son nouveau château.

Ils partirent donc et arrivèrent tous les trois à la propriété qu'ils visitèrent dans tous les sens. Ils parcoururent le château de la cave au grenier, admirant le superbe mobilier qui le garnissait. Enfin ils se mirent à table et burent tous trois de telle sorte qu'ils eurent la tête un peu échauffée. Et ils jouèrent aux cartes.

Les parties se succédaient les unes aux autres. Tout à coup minuit vint à sonner.

Au même instant, on entendit un bruit infernal de chaînes traînées dans les corridors. Les trois jeunes gens, qui étaient très étourdis par le vin, se sentirent effrayés et commencèrent à se regarder avec inquiétude.

— Ah ! ça ! dit Gérard. Mon frère m'avait affirmé que le château était désert. Je crois qu'il n'en est rien. D'où peut venir ce tapage ?

Au même instant, la porte du salon s'ouvrit à deux battants et un squelette apparut, drapé dans un grand manteau. Ses deux amis tremblaient de tous leurs membres, mais Gérard, qui était plus brave, se leva de sa chaise et regarda l'apparition sans pâlir. Le fantôme s'approcha de lui et lui dit d'une voix caverneuse :

— As-tu peur, Gérard ? As-tu peur ?

— Non, répondit Gérard.

Le squelette lui présenta alors son crâne en disant :

— Boirais-tu dans cette coupe ?

— Pourquoi pas ? dit Gérard.

— As-tu peur, Gérard ? As-tu peur ? répéta le fantôme.

— Non, répondit le jeune homme.

— Si tu n'as pas peur, bois dans ce crâne ! dit le revenant.

Et prenant une bouteille sur la table, il remplit le crâne et le lui tendit.

Gérard prit le crâne et but tandis que ses camarades tombaient évanouis.

— Maintenant, dit le spectre, je sais que tu es brave. Tu vas me suivre.

Gérard se leva, et laissant ses deux amis sans connaissance, il s'avança à la suite du fantôme. Il demanda :

— Où allons-nous ?

— Tu le verras bien !

Le squelette descendit le grand escalier. Une pâle lumière l'enveloppait et se répandait autour de lui. Gérard, en quittant la salle, avait emporté une torche de résine et un briquet qu'il avait dissimulés sous ses vêtements. Ils descendirent jusqu'aux caves. Arrivé à un certain endroit, le spectre ouvrit une porte secrète, toute bardée de fer, que Gérard et ses compagnons n'avaient point aperçue lorsqu'ils avaient visité le château. Il lui fit descendre de nouvelles marches qui conduisaient à un souterrain.

Le squelette s'arrêta et demanda :

— As-tu peur, Gérard ? As-tu peur ?

— Non, répondit Gérard.

— Alors, regarde à tes pieds.

Le jeune homme obéit, et, baissant les yeux, il distingua des pierres tombales.

— Sous l'une de ces pierres, dit le fantôme, sont enfouies des richesses incomparables. Elles te sont réservées puisque ton courage t'a rendu digne de les posséder. Fais creuser à cet endroit et tu trouveras ce qui t'appartient.

Au même instant, la lumière qui entourait le fantôme s'éteignit. Gérard se retrouva dans le noir. Heureusement, il avait son briquet : il s'empressa d'allumer la torche qu'il avait apportée et regarda autour de lui : le squelette avait disparu, il était seul, absolument seul.

Il raviva sa torche, fit une marque à l'endroit que le fantôme lui avait indiqué, et remonta tranquillement retrouver ses amis.

Ceux-ci n'avaient pas encore repris connaissance. Il les ranima en leur faisant boire un peu de vin, et comme ils voulaient partir tout de suite, souhaitant se trouver à cent lieues de ce château maudit, il les pria de rester, même contre leur gré.

— Restez avec moi, leur dit-il, car nous ne nous quitterons plus désormais, et j'aurai besoin de vous pour faire témoignage de tout ce que vous aurez vu ici. Mon frère pourrait, par la suite, contester mes droits à la propriété de ce château, mais heureusement, j'ai sa signature comme preuve du don qu'il m'en a fait en m'en abandonnant l'entière possession.

Les deux amis acceptèrent sans grand enthousiasme. Ils allèrent se coucher, et le reste de la nuit se passa sans aucun bruit.

Le lendemain matin, Gérard fit venir des ouvriers et les conduisit au fond du souterrain afin de desceller la pierre que le spectre lui avait désignée.

On souleva cette pierre. Et là, en dessous, on trouva une cuve remplie d'or et de pierreries d'un prix inestimable.

Le bruit de cette merveilleuse découverte se répandit bientôt et elle arriva aux oreilles du frère de Gérard. Cela ne lui fut pas agréable de savoir que Gérard était dix fois plus riche que lui-même. Comme Gérard l'avait bien pensé, il vint en toute hâte et prétendit que toutes les richesses trouvées dans le château ainsi que le château lui-même devaient lui appartenir en vertu de son droit d'aînesse.

Gérard lui présenta alors l'acte de donation signé par lui. L'aîné voulut alors porter l'affaire devant les tribunaux, mais les juges déclarèrent que l'acte de donation était valable et que le château, avec tout ce qui s'y trouvait, appartenait à Gérard.

Gérard devint donc extrêmement riche. Il garda avec lui ses deux amis qui ne le quittèrent jamais.

Nantes (Loire-Atlantique).

Ce récit, raconté en 1897, est bien dans le ton des légendes de trésors enfouis et gardés par des êtres de l'Autre-Monde. Mais ici, le gardien de ce trésor est bénéfique et récompense le courage d'un audacieux.

LES QUATRE PLEUREUSES

Il y avait une fois à Nantes, sur le quai de la Fosse, un boulanger qui avait fait de mauvaises affaires. Il ne savait plus à quel saint se vouer, et il était bien désolé. Un jour qu'il se promenait pour essayer de trouver de l'ouvrage, il rencontra un homme de sa connaissance, qu'il n'avait pas vu depuis longtemps, et qui était marchand de vin de son état.

— Pourquoi as-tu l'air si triste ? lui demanda celui-ci. Est-ce que tes affaires iraient mal ?

— C'est pire que cela, dit le boulanger. Je suis ruiné, je n'ai pas d'ouvrage, et je ne sais même pas où nous allons loger, ma pauvre femme et moi.

L'autre réfléchit quelques instants, puis il dit :

— J'ai peut-être quelque chose qui fera ton affaire. Je possède une maison à Pont-Rousseau. Elle n'est pas habitée pour le moment. Si vous voulez y loger, ta femme et toi, je vous y recevrai bien volontiers un an ou deux, sans loyer. Tu pourras peut-être ainsi trouver de quoi remonter la pente. De plus, je te donnerai une barrique de vin et tu pourras en vendre aux ouvriers qui vont à leur travail. Tu me paieras quand elle sera finie.

Le boulanger remercia l'homme et accepta son offre avec empressement. Dame ! il n'avait pas le moyen de refuser une telle aubaine ! Il partit donc pour Pont-Rousseau et il visita la maison. A vrai dire, elle était bien isolée, car Pont-Rousseau n'était pas bâti comme à présent. Mais elle était très grande, très commode, et il n'y avait aucune auberge aux environs.

Il alla donc chercher sa femme qui fut bien heureuse de cette chance inattendue. Tous deux s'installèrent dans la maison. Leur petit commerce alla très bien. La femme était avenante, et la première barrique de vin ne leur dura pas longtemps. Lorsqu'elle fut finie, ils la payèrent et on leur en fournit une autre, aux mêmes conditions. Ils se trouvaient donc très heureux et bénissaient chaque jour le généreux ami qui les avait tirés de la peine.

Or, un jour que le mari était allé faire une tournée à Nantes, la femme était occupée à faire son ménage. Tout à coup, elle entendit, au-dessus de sa tête, des pleurs et des gémissements lamentables.

— Comment ? se dit-elle. On nous avait dit que nous serions seuls dans cette maison, et il semble bien qu'il y ait d'autres locataires. Qu'est-ce que cela veut dire ?

Les cris et les pleurs continuaient toujours. Et la brave femme, qui avait un excellent cœur, se dit :

— Mon Dieu ! peut-être que ces personnes sont dans le malheur ! il faut que j'aille voir si elles ont besoin de moi.

Elle monta vite l'escalier, se dirigeant vers l'endroit d'où paraissait provenir le bruit. Elle arriva ainsi à une espèce de grenier dans lequel elle n'était jamais encore entrée.

C'est de là que les cris partaient, plus déchirants que jamais.

Elle frappa à la porte. Pas de réponse. Alors elle entra et aperçut quatre femmes qui tenaient chacune le coin d'un drap étendu, en pleurant et en gémissant. Elle eut une si grande frayeur à voir ce spectacle qu'elle tomba évanouie.

Lorsque le mari rentra, le soir, il fut bien étonné de ne pas trouver sa femme en bas. Il l'appela partout, mais il ne reçut aucune réponse. Alors, très inquiet, il monta l'escalier, et, voyant la porte du grenier ouverte, il y pénétra et aperçut sa femme étendue sur le plancher. Il l'emporta vite dans la chambre, mais il eut beaucoup de peine à la faire revenir à elle.

Quand elle fut mieux, il lui demanda ce qui était arrivé. Après s'être bien fait prier par son mari, elle finit par lui dire que son évanouissement avait été causé par une vision effrayante. Elle lui raconta tout ce qu'elle avait vu.

Son mari lui proposa de remonter au grenier pour s'assurer si cette vision était réelle ou non. La femme refusa.

— Oh, non ! dit-elle. Je n'y retournerai pas ! Je n'y remettrai certainement pas les pieds !

Elle fut pendant quelques jours malade de sa frayeur. Enfin, voulant se débarrasser de l'idée qui la tourmentait, elle alla trouver le curé de la paroisse à qui elle raconta ce qu'elle avait vu.

— Il n'y a qu'une chose à faire, dit le prêtre. Il faut que vous retourniez absolument dans ce grenier pour savoir au juste ce qui s'y trouve, et ce que veut dire l'apparition que vous avez vue.

La femme refusa d'abord. Mais comme les bruits continuaient à se produire et qu'elle seule les entendait, elle retourna chez le curé et lui demanda ce qu'elle devait faire.

— Il faut absolument que vous entriez dans le grenier, dit le prêtre, et que vous parliez aux êtres que vous y trouverez, quels qu'ils soient. C'est le seul moyen de délivrer votre maison et vous-même.

La pauvre femme se décida donc, bien à contrecœur, à suivre le conseil du curé. Le lendemain matin, surmontant mal sa frayeur, elle monta au grenier, d'où s'échappaient des gémissements et des cris perçants. Elle ouvrit la porte en tremblant.

Le même spectacle s'offrit à elle : les quatre femmes, tenant les quatre coins du drap déployé, pleurant et gémissant à faire frémir.

La femme s'avança vers elles et dit :

— Si vous venez de la part de Dieu, répondez. Si vous venez de la part du diable, disparaissez !

Aussitôt, l'une des pleureuses répondit :

— C'est de la part de Dieu que nous venons. Un trésor mal acquis a jadis été caché ici, sous l'emplacement du drap que nous tenons. Il ne doit appartenir qu'à d'honnêtes gens qui ont connu le malheur et qui pourront en faire bon usage. Fouillez donc à cet endroit, et vous trouverez ce trésor qui vous est destiné.

A peine avait-elle achevé ces paroles que toutes les quatre disparurent comme si elles n'avaient jamais existé.

La femme raconta ce qui s'était passé à son mari. Tous deux montèrent au grenier, et ils fouillèrent à l'endroit qui avait été désigné. Ils trouvèrent une grosse somme d'argent qu'ils descendirent chez eux avec le plus grand soin.

La femme fut très longtemps malade des suites de la grande frayeur qu'elle avait eue. Mais à la fin, comme elle n'entendait plus rien et qu'elle n'était plus tourmentée, elle revint à la santé.

Grâce à l'argent qu'ils avaient trouvé, ils achetèrent de la marchandise et leurs affaires prospéraient. Evidemment, tout cela vint aux oreilles du propriétaire de la maison. Un jour, il vint les voir et leur dit :

— Il faut que vous ayez trouvé la pie au nid pour être aussi riches à présent.

L'homme lui raconta tout ce qui s'était passé. Le propriétaire réclama aussitôt la somme qu'ils avaient trouvée, disant que, puisque la maison était à lui, tout ce qui y était lui appartenait de droit, que ce soit de l'argent ou autre chose.

L'homme et la femme refusèrent de la lui donner, disant que les pleureuses avaient bien spécifié que l'argent devait revenir à quelqu'un qui avait connu le malheur. Le propriétaire ne voulut rien entendre et les fit appeler devant le juge de paix. Mais le juge lui donna tort. Il dit au propriétaire qu'il avait très mal agi en cachant que la maison était hantée, alors qu'auparavant personne n'y avait pu rester. Il ajouta aussi que si la femme était morte des suites de sa frayeur, il en aurait été la cause.

— Du reste, conclut le juge, le trésor a été révélé à la femme. Elle est la seule à avoir vu l'apparition, puisque jamais, avant elle, on n'avait compris d'où venaient les cris et les gémissements. C'est elle qui a eu le courage de parler aux pleureuses. Il est juste que ce soit à elle que revienne le trésor.

L'homme et la femme gardèrent donc la somme d'argent. Ils quittèrent la maison de Pont-Rousseau pour aller s'installer ailleurs, et ils vécurent très heureux.

Nantes (Loire-Atlantique).

Ce récit, recueilli en 1897, de la bouche d'une couturière de Nantes, est caractéristique de la croyance aux trésors cachés, gardés par des fantômes et révélés par eux à des humains qui les méritent.

LE CHENE AU DUC

En ce temps-là, les Français venaient faire la guerre aux Bretons dans leur pays. Le duc de Bretagne avait appelé tous ses hommes afin de repousser les ennemis. Tous étaient venus et s'étaient rassemblés dans la forêt du Gâvre. Arrivés là, les gens leur dirent que de l'autre côté du bois, on voyait des soldats et que la campagne en était toute remplie.

Comme la nuit était proche, le duc résolut de coucher au pied d'un gros chêne, à l'endroit qui passe pour être l'exact milieu de la forêt. L'un des compagnons du duc lui dit qu'il avait entendu autrefois parler de ce chêne : on racontait en effet que tous ceux qui passaient la nuit au pied de cet arbre comprenaient le langage d'un oiseau qui chantait sur les branches. Et cet oiseau prédisait l'avenir.

Le duc ne voulut pas croire ce que disait son compagnon. Quand on eut arrangé un bon lit de fougères, avec des branchages par-dessus, à cause de la neige qui tombait, le duc se coucha et, comme il était très fatigué, il s'endormit aussitôt.

Or il venait à peine de sombrer dans le sommeil qu'un gros corbeau vint se percher sur l'arbre et se mit à croasser. Le duc l'entendait dans son sommeil, et le corbeau disait :

— **Conquereu, conquereu, conquereu !**

Et cela dura comme ça toute la nuit.

Au petit jour, alors que le soleil essayait de percer le brouillard, un page, que l'oiseau ennuyait, lui tira une flèche et de façon si adroite que le corbeau fut touché et tomba au pied de l'arbre. Son sang fit une grande tache rouge sur la neige blanche.

Le duc se leva avec ses hommes. Comme il n'était pas encore bien réveillé, il répétait :

— **Conquereu, conquereu, conquereu !**

Et il disait cela exactement comme le corbeau.

Or, entendant le duc répéter toujours la même chose et voyant le sang sur la neige, les soldats crurent de bonne foi qu'il était blessé et qu'il les encourageait au combat. Ils prirent leurs armes et sortirent du bois. Ils se précipitèrent vers **Conquereuil,** qui se trouve au nord de la forêt du Gâvre parce qu'ils croyaient que c'était le nom que prononçait le duc. Arrivés là, ils trouvèrent les Français qui venaient à peine de se réveiller et qui étaient tout gelés par la nuit qu'ils avaient passée en plein air. Les Bretons en profitèrent : ils leur tombèrent dessus d'une ruée si impétueuse et si chaude qu'ils les écrasèrent tout net, et que depuis, ils n'y revinrent plus.

C'est pour cela que le chêne du milieu de la Forêt du Gâvre s'appelle encore le Chêne au Duc. On l'a toujours bien protégé, mais à présent les forestiers ont abattu les arbres autour de lui, et il n'en a plus pour bien longtemps.

Le Gâvre (Loire-Atlantique).

Cette légende a un fond historique : la bataille qui opposa, le 27 juin 992, à Conquereuil, le duc de Bretagne Konan le Tort à Foulques Nerra, comte d'Anjou. Konan n'y fut pas vainqueur, mais bel et bien tué par son adversaire. Quoi qu'il en soit, le chêne était célèbre au XVe siècle, puisque Louis XII le visita, après son mariage avec Anne de Bretagne.

LE TRESOR DES KORRIGANS

Il était une fois, au Bourg de Batz, un paludier du nom de Pierre Cavalin. Un soir qu'il revenait bien fatigué de son travail, par un temps froid où le grand vent balayait la terre et vous transperçait le corps jusqu'aux os, il aperçut, non loin de sa maison, une pauvre petite vieille blottie dans le creux d'un rocher.

Emu de pitié, il invita la pauvre vieille à le suivre dans sa maison. Il fit un grand feu clair dans la cheminée et dit à la vieille de s'installer auprès pour se réchauffer, tandis que lui-même préparait la soupe et découpait des tranches de pain. Dehors le vent mugissait de plus belle. On eût dit qu'il voulait emporter le monde dans ses tourbillons.

Quand la soupe fut prête, Pierre Cavalin donna à la vieille une écuelle remplie de tranches de pain qu'il arrosa avec le bouillon bien chaud. La vieille mangea sa soupe sans rien dire. Pierre, assis devant sa table, la regardait et s'étonnait de son mutisme. Il mangea lui-même sa soupe, lui offrit une beurrée et alla chercher une bouteille de vin qu'il déboucha. Il versa le vin dans deux verres.

— Allons, la mère, dit-il, un coup de vin, il n'y a rien de tel pour réchauffer l'intérieur.

La vieille but le vin d'un seul coup.

— Tu sais, dit Pierre, si tu veux passer la nuit ici, près du feu, il ne faut pas te gêner, j'ai des couvertures. Ce n'est pas la peine de repartir par un temps pareil. D'abord, où irais-tu ?

La vieille le regarda avec des yeux étranges.

— Hein ? répéta Pierre. Où irais-tu ? Et d'abord, d'où viens-tu ?

Il n'attendait même pas de réponse à sa question. Il en avait pris son parti. Ce devait être une vagabonde du pays breton. Elle ne devait pas parler un mot de français. C'est alors que la vieille lui dit :

— Sais-tu qui je suis ?

— Certes, non, répondit Pierre.

— Je suis la reine des Korrigans, dit-elle. Je voulais savoir si tu avais bon cœur et si tu me donnerais l'hospitalité sous ton toit. Je veux te récompenser de ton geste. Connais-tu les rochers de la Grande Côte, près de Cramphore ?

— Certes, oui, répondit le paludier.

— Eh bien, la nuit prochaine, il n'y aura pas de vent. Tu viendras là et je te guiderai vers un endroit où tu trouveras toutes les richesses que tu voudras.

Et la vieille se dirigea vers la porte, l'ouvrit et disparut dans un tourbillon de vent.

Il est inutile de préciser que Pierre Cavalin pensa toute la journée à ce que lui avait dit la reine des Korrigans. Dès la tombée de la nuit, il se trouvait sur la Grande Côte, là où la mer grignote lentement les rochers. La vieille avait dit vrai : il n'y avait pas de vent. Mais le ciel était couvert et la nuit était très obscure. Comme la reine des Korrigans lui avait dit qu'il pourrait ramener tous les trésors qu'il voudrait, Pierre avait pris la précaution de se munir de plusieurs sacs. Il avait bien l'intention d'en profiter.

Minuit sonnait au clocher du Bourg de Batz. Le paludier entendit du bruit près de lui. Dans l'ombre, il reconnut la petite vieille qui lui faisait signe de la suivre. Il lui emboîta le pas sur les rochers glissants qui surplombaient la mer et bientôt ils pénétrèrent dans une grotte assez spacieuse. Pierre pensa tout à coup qu'il avait entendu raconter des histoires à propos de cette grotte. On disait en effet qu'elle servait de refuge à des nains qui possédaient d'immenses trésors, mais qu'il fallait connaître le secret pour faire s'écarter les parois de la grotte afin de pénétrer dans un souterrain.

La vieille se dirigea vers le fond de la grotte. Elle s'arrêta et prononça des paroles incompréhensibles.

Alors la paroi se fendit et de la lumière apparut.

— Viens, dit la vieille à Pierre.

Il entra dans une deuxième grotte bien plus spacieuse que la première. Elle était tout illuminée de feux multicolores, et partout sur le sol étaient étalées des pierreries et des pièces de monnaie en or. Pierre restait bouche bée devant ce spectacle que bien d'autres auraient voulu contempler. Et il entendait de la musique. Bientôt il vit une multitude de petits êtres, hommes et femmes, qui dansaient au son de la vielle, dans le fond de cette seconde grotte. Ils riaient beaucoup en dansant, et leurs mouvements étaient d'une agilité surprenante.

— Vois-tu ces richesses ? dit la reine des Korrigans. Tu peux en emporter autant que tu en veux. Ainsi seras-tu récompensé de ton bon cœur. Mais attention, il ne faut pas que tu t'attardes ici plus longtemps que la nuit, car dès que le coq aura chanté, nous disparaîtrons et les richesses que tu auras amassées disparaîtront aussi.

Après avoir remercié la vieille femme, Pierre Cavalin se mit à remplir ses sacs. Il ne savait quoi choisir : les bijoux, les pierreries, les pièces d'or. Il se demandait ce qui avait le plus de valeur. A la fin, il se décida à ramasser n'importe quoi, et de temps à autre, il s'arrêtait pour regarder les danseurs et écouter le son de la musique.

Mais il pensait bien peu à l'heure. Et le temps passait. Il avait déjà rempli deux de ses sacs et il lui en restait un troisième encore vide. A un moment, il entendit le chant du coq et se rappela ce que lui avait dit la reine des Korrigans. Il se précipita vers la sortie. L'aube blanchissait déjà la mer. Quand il fut parvenu sur la falaise, il fut étonné de la légèreté de ses sacs. Il les ouvrit et constata avec désespoir qu'ils étaient remplis de terre et de petits galets. Alors, la mort dans l'âme, il rentra chez lui.

Il n'eut pas le courage d'aller au travail. Il demeura toute la journée prostré au coin de son foyer où il n'avait même pas allumé de feu. Il était furieux contre lui, furieux de s'être laissé surprendre par le matin alors qu'il était sur le point de devenir fabuleusement riche.

Le soir, il était toujours plongé dans ses sombres pensées, quand on frappa à la porte. Il alla ouvrir et reconnut la vieille femme. Elle entra et lui dit :

— Pierre Cavalin, ne t'avais-je pas dit de faire attention et de ne pas te laisser surprendre par le jour ? Il est maintenant trop tard pour que tu puisses revenir dans notre grotte, car les humains n'y sont admis qu'une fois dans leur vie. Mais j'ai pitié de toi, aussi t'ai-je apporté quelque chose qui compensera quelque peu ta déconvenue.

Et elle lui tendit un plat en terre.

— Conserve ce plat, lui dit-elle, car chaque fois que tu lui demanderas de la nourriture, il te la servira selon ton désir. Adieu, maintenant, nous ne nous reverrons plus jamais.

Et la reine des Korrigans sortit dans la nuit.

Pierre Cavalin conserva le plat des Korrigans toute sa vie. Et toute sa vie, il eut la nourriture qu'il désira. Il fut ainsi toujours à l'abri du besoin même si, par sa légèreté, il avait perdu l'occasion d'être riche.

Mais certaines personnes disent qu'il avait déposé quelques-unes de ses richesses sous le menhir qui se dresse près de la plage Saint-Michel avant que l'aurore paraisse et que le contenu de ses sacs redevienne de la terre et des cailloux. Cependant jamais personne n'a pu le prouver, car on n'a jamais réussi à soulever l'énorme masse du menhir. Et puis, si c'était vrai, on ne trouverait sûrement rien, car Pierre Cavalin serait sûrement venu les chercher, n'est-ce pas ?

Bourg de Batz (Loire-Atlantique).

Le thème de ce conte est celui des trésors que gardent les êtres qui habitent le monde inférieur. Il est répandu dans tous les pays du monde. En Haute et Basse-Bretagne, nombreuses sont les histoires de ce genre, toutes reliées aux grottes et aux monuments mégalithiques, et où les Korrigans, nom général donné aux nains qui vivent sous terre, jouent un rôle important. Par contre, le thème du plat d'abondance se réfère à celui de l'écuelle inépuisable et au chaudron merveilleux de la tradition galloise, et préfigure le thème du Graal.

LA GRANDE BRIERE

La Grande Brière est un vaste marécage, avec des canaux qui drainent les eaux à travers une végétation assez dense. On y entend le cri des oiseaux et le bruit des bêtes qui rôdent dans les roseaux. Mais il n'en fut pas toujours ainsi.

Autrefois, il y a bien longtemps, si longtemps que personne ne se rappelle l'avoir vu, à ce qu'on raconte, à l'emplacement des marais, il y avait un beau château cerné de tours, et puis un grand parc planté d'arbres superbes. Dans ce château vivait un seigneur qui ne fréquentait pas ses semblables : il demeurait chez lui, sans jamais en sortir, et se promenait souvent dans les sentiers de son parc. On disait qu'il avait trouvé le secret de l'immortalité et qu'au cours de sa longue vie, il avait également découvert le moyen de faire de l'or. En tout cas, on disait qu'il était fort riche, et qu'il avait enterré son trésor, quelque part, au pied d'une butte.

Or un jour, un sorcier vint s'établir dans le pays. Il avait entendu parler de la richesse du seigneur, et comme il était très cupide, il décida de s'en emparer.

Grâce à ses pouvoirs magiques, il déclencha une terrible tempête sur la région. Jamais on ne vit une telle violence des vents. Les tourbillons mirent bas tous les arbres de la forêt, et les eaux, soulevées par des rafales, montèrent si haut que tout fut submergé. Le château, bien qu'il fût solidement bâti, fut détruit de fond en comble, de telle sorte qu'il n'en reste plus aucune trace aujourd'hui.

Le sorcier se précipita vers l'endroit où il savait que le trésor était enfoui, mais au moment où il allait en prendre possession, il vit un nain qui s'enfuyait en portant un grand sac. Il le poursuivit, mais le nain courait plus vite que lui, et le sorcier l'aperçut qui se glissait sous le dolmen de Crugo. Il essaya de creuser la terre, mais les eaux montaient si vite que le sorcier, comme tous les habitants de la contrée, fut noyé.

Il n'y eut guère qu'un taureau et une femme qui purent échapper au déluge. Ils se réfugièrent sur la butte du Bois de l'Ile, qui est le seul endroit qui ne fut pas inondé. Quant au trésor, personne n'a jamais osé le chercher sous le dolmen de Crugo, car on craint la malédiction du seigneur.

Et la nuit, quand on se promène sur la Brière, on aperçoit des lueurs qui suivent les **bélins** (1) des Briérons. Certains disent que ce sont les âmes des hommes sacrifiés par les druides sur les rochers qui entourent la Brière, dans les temps où les druides possédaient le pays tout entier. Mais d'autres disent que ce sont les

---

(1) C'est le nom des bateaux plats dont se servent les Briérons pour naviguer dans le marais.

âmes de ceux qui ont péri lors de la grande tempête, et qui reviennent hanter les lieux où ils vivaient.

Quant aux sorciers, ils essayent toujours de trouver le moyen de s'emparer du trésor. Le soir, principalement en été, quiconque se promène sur la Brière entend de temps en temps un sifflement dans l'air. C'est un cortège de sorciers qui passe. Et cela porte malheur de les entendre. C'est pour cela qu'il ne faut point errer dans la Brière, la nuit, car tous les sorciers sont à la chasse au trésor enfui sous le dolmen de Crugo.

Crugo, Bréca et Saint-Lyphard (Loire-Atlantique).

Il est certain que la Grande Brière n'a pas toujours été un marécage. Les troncs d'arbres qu'on retrouve dans le marais nous le prouvent. Ici, la légende, contaminée par le mythe de la Ville d'Is, restitue peut-être la réalité historique : un cataclysme. Mais dans toute la Brière, la croyance aux sorciers est si vivace qu'on ne pouvait donner à ce cataclysme une cause naturelle.

LE LUTIN DE LA BRIERE

La paroisse de La Chapelle-des-Marais se trouve à proximité de la Grande Brière, là où les marais sont les plus profonds, les plus secrets, là où, la nuit, le monde des esprits se réveille sans qu'on puisse savoir les aspects que prennent les êtres de l'ombre quand ils frôlent les humains.

Quand les gens de La Chapelle-des-Marais s'en reviennent le soir, un peu tard, et passent près des marais, ils entendent souvent une voix triste qui sort de la brume, comme si c'était un homme qui se noie, et qui dit :

— A l'aide !

Alors ils courent aussitôt du côté où vient la voix, mais quand ils arrivent à l'endroit, ils n'entendent plus rien et ils ne voient personne. Et à ce moment, de l'autre côté des marais, tout à l'autre bout, une voix recommence à crier :

— A l'aide !

Et toujours comme cela jusqu'à ce que les hommes soient fatigués de courir d'un côté à l'autre et finissent par s'en aller chez eux, voyant bien que ce sont des revenants, ou le lutin qui hante les marais pour les égarer ou leur faire peur.

Un certain soir, le nommé Pierre Leroux rentrait à sa maison. En passant par un chemin qui longeait le marais, il entendit bêler, et il vit un beau mouton bien gras qui semblait perdu.

— Voilà une belle ouaille ! se dit Pierre Leroux. Je n'en ai jamais vu de semblable chez nous. Celui à qui appartient la bête ne serait pas content de la voir passer la nuit dehors. Je vais l'emmener dans mon étable, et demain matin, je saurai sûrement quel est son propriétaire.

Il appela la bête qui le suivit très bien, et il l'emmena. Quand il fut arrivé à l'étable, il la fit entrer en disant :

— Eh bien ! si personne ne vient te réclamer, mon beau mouton, je te garderai bien volontiers !

Il poussa le mouton dans l'étable et en referma soigneusement la porte.

Quelques minutes après, en passant par le même chemin, il aperçut le gros mouton qui bêlait en plein milieu. Il crut avoir mal fermé la porte, repoussa la bête dans l'étable et rentra dans sa maison pour souper.

Mais après avoir mangé, il eut la curiosité de sortir pour voir ce qui se passait. Ce diable de mouton était dehors, en train de bêler au milieu du chemin.

— Cette fois, dit Pierre Leroux, tu coucheras où tu voudras.

Et il rentra chez lui en fermant la porte à double tour. Il entendit alors le mouton s'enfuir en éclatant de rire. C'était sûrement le lutin des marais, celui-là même que les vieux disaient être Misti Courtin, qui avait la réputation de prendre la forme d'un animal égaré, et qui se moque de ceux qui veulent le prendre.

Le lendemain, Pierre Leroux s'en alla à la pêche. Mais il s'endormit dans son bateau au milieu des roseaux.

Il se réveilla tout à coup : il sentait que quelqu'un lui tâtait les jambes et il entendait qu'on disait tout bas :

— Oh ! les bonnes petites jambes !

Et puis, ce furent les cuisses, et l'on disait :

— Oh ! les bonnes petites cuisses !

Et puis ça se mit à crier plus haut :

— Apportez la hache et le petit hachereau !

Pierre Leroux suait de peur. Cependant, il ne remuait pas. Et toujours ça tâtonnait et ça criait :

— Oh ! les bonnes petites jambes ! oh ! les bonnes petites cuisses !

Et enfin, ça cria d'une voix de tonnerre :

— Apportez la hache et le petit hachereau !

Puis, comme rien ne répondait, quelque chose sauta hors du bateau comme un poisson et se mit à nager à grandes brasses. Quand le bruit fut éloigné, Pierre Leroux se glissa hors de son bateau et se dépêcha de se sauver sans attendre que cela recommence, mais il fut malade plus de quinze jours de la frayeur qu'il avait éprouvée.

Une autre fois, il était parti à la chasse depuis le matin. Mais il ne voyait aucun gibier, et il en était fort ennuyé.

A la fin, il fit lever d'un buisson un superbe lièvre qui se mit à courir très vite, et le chasseur courait après, et le lièvre filait, filait, et jamais ne s'arrêtait.

Cela dura si longtemps que Pierre Leroux n'en pouvait plus et voyait le moment où il allait trépasser de fatigue.

Pourtant, le lièvre fit comme s'il voulait s'arrêter. Il ralentit sa folle allure et s'immobilisa au coin d'un champ. Le chasseur s'approcha tout doucement et tira.

Comme le lièvre ne bougeait pas, il crut bien l'avoir tué, et il s'approcha en disant :

— Ah ! bon sang ! il m'a donné bien du mal, mais je l'ai eu !

Alors le lièvre se releva d'un saut, lui passa entre les jambes et lui cria par dérision :

— Gnin, gnin, gnin !

Puis il se sauva à toutes jambes en se moquant de lui. Pas de doute, ce n'était pas un lièvre, c'était Misti Courtin, le lutin des marais, qui lui avait joué ce tour.

Et Pierre Leroux rentra chez lui, furieux, promettant qu'il n'irait plus jamais à la chasse.

La Chapelle-des-Marais (Loire-Atlantique).

Ce récit, recueilli en 1857, témoigne, en Haute-Bretagne, de la croyance aux lutins, pas forcément maléfiques, mais qui s'amusent à égarer les gens et à leur faire peur. Il y a une parenté avec les korrigans ou *ozegannñed* de la Basse-Bretagne, encore que ceux-ci soient généralement plus coopératifs avec les humains.

LA NAISSANCE ET LE MARIAGE DU DIABLE

Il y avait une fois, dans un beau château, une jeune princesse qui se nommait Préserpine. Elle était très riche, mais elle avait le cœur dur, et lorsqu'il venait des pauvres pour demander l'aumône à la porte de son château, elle les faisait assommer à coups de pierres par ses serviteurs.

Un jour qu'elle était allée se promener dans une ville, elle vit sur la place une statue de la Bonne Vierge. Au grand scandale de tous, elle lui fit couper la tête.

Le lendemain, il arriva à son château trois pauvres qui demandèrent l'aumône. C'étaient le Bon Dieu, saint Jean et saint Pierre qui voyageaient sur la terre. La princesse, suivant son habitude, voulut les faire tuer par ses domestiques, mais ceux-ci, ayant attrapé des pierres, ne pouvaient pas bouger et demeuraient sur place comme des bornes. Le Bon Dieu dit à Préserpine :

— Puisque tu as si mauvais cœur, pour ta punition, tu mettras au monde un enfant, et dès qu'il sera né, il sera transformé en une bête qui aura une tête de lion avec des cornes, et des pieds de cheval. Il restera sous cette forme jusqu'à l'âge de seize ans. Après quoi, il pourra prendre toutes les formes qu'il voudra, mais jamais il ne pourra changer ses pieds qui resteront toujours ceux d'un cheval. Il sera appelé le Diable, et je le mettrai dans l'Enfer pour rôtir au milieu des flammes les méchantes gens et les mauvais cœurs comme toi.

Le Bon Dieu disparut après avoir dit ces mots, et ses disciples avec lui. La princesse ne pouvait croire que ce qui lui avait été dit pût se réaliser, et elle rit beaucoup des menaces qu'elle avait entendues. Mais quelques mois après, bien qu'elle ne fût point mariée, elle mit au monde un enfant laid comme le péché, qui avait une tête de lion avec des cornes et des pieds de cheval.

Bien des fois, Préserpine voulut tuer cette vilaine bête, mais elle ne put jamais y réussir et elle fut obligée de l'élever. Quand le monstre eut seize ans, elle lui dit que, désormais, il pouvait prendre toutes les formes qu'il voudrait. Il désira être un homme. Aussitôt sa tête de lion et ses cornes disparurent, et il eut la tête et le corps d'un homme, mais ses pieds restèrent semblables à ceux d'un cheval.

Il était méchant comme sa mère, et souvent, pour faire peur aux gens, il s'amusait à se transformer en animal. Pour cela, il choisissait les formes les plus terribles qu'il pouvait trouver, puis quand il avait bien effrayé les gens, il leur disait en grinçant des dents :

— Bientôt, je vous rôtirai en Enfer !

Dans tout le pays qui avoisinait le château de sa mère, les gens étaient bien ennuyés de ses méchants tours, mais ils ne savaient comment faire pour se débarrasser de lui, car on ne pouvait le tuer.

Un jour qu'il se trouvait dans une maison neuve, un prêtre vint pour bénir les murs. Mais comme il aspergeait tout avec son goupillon, quelques gouttes d'eau bénite tombèrent par hasard sur le Sorcier — c'était ainsi qu'on appelait le Diable en ce temps-là — Dès qu'il eut senti l'eau bénite sur son corps, il sortit de la maison en hurlant à faire trembler. Mais depuis ce jour-là, ses voisins, pour se débarrasser de lui, l'aspergeaient d'eau bénite. Le Sorcier n'y résistait pas et partait sans demander son reste.

A l'âge de vingt ans, il voulut se marier, mais bien qu'il fût très riche, aucune femme ne voulait de lui. Sa mère Préserpine fit publier, au son du tambour, qu'elle donnerait son château et tous ses biens à la jeune fille qui consentirait à épouser son fils. Mais il ne s'en présenta pas une seule. Aucune femme, belle ou laide, jeune ou vieille, riche ou pauvre, ne voulait se marier avec le Diable.

Or le Diable avait une baguette avec laquelle il pouvait faire tout ce qu'il désirait. Quand il vit qu'il ne trouvait aucune femme qui voulût de lui de bon gré, il toucha de sa baguette une jeune fille qui s'appelait Préserpine, comme sa mère et il désira qu'elle fût transformée en ânesse jusqu'à ce qu'elle eût consenti à l'épouser.

La jeune Préserpine fut si contrariée d'être sous la forme de cette bête qu'elle consentit à devenir l'épouse du Diable.

Quand le mariage fut célébré, le Diable fut porté, ainsi que sa mère et sa femme, dans un four plein de feu, aussi grand que le monde et qu'on nomme l'Enfer. Et c'est depuis ce temps-là que le Diable s'appelle aussi Lucifer de l'Enfer. C'est là qu'il rôtit les méchantes gens qui lui sont envoyés : il les retourne avec une fourche à deux dents afin de les brûler de tous les côtés.

Mais le Diable était si méchant qu'il revenait parfois sur la terre pour chercher des gens, et il les emportait tout vivants dans l'Enfer. En voyant cela, le Bon Dieu ne voulut pas qu'il pût tourmenter encore longtemps les vivants, et lui interdit de quitter l'Enfer.

Quand le Diable vit qu'il ne pouvait plus aller chez les humains pour leur faire du mal, il chercha un moyen de tourmenter quand même ceux qui habitaient la terre. Il prit sa baguette et créa une race maudite : c'est celle des lions, des fées et des fétauds. En leur faisant quitter l'Enfer, il leur dit :

— Vous ne mourrez jamais et personne ne pourra jamais rien contre vous. Vous ferez des présents à ceux qui vous plairont, mais vous leur demanderez de vous obéir, et malheur à ceux qui refuseront : vous me les amènerez afin que je les rôtisse. Vous resterez longtemps parmi les hommes, et quand votre temps sera terminé, vous reviendrez ici avec moi.

Les fées vinrent donc sur la terre. Mais au lieu d'habiter sur la terre, dans des maisons, comme les hommes, elles se retirèrent dans des endroits sombres, sous la terre, ou dans des grottes, au bord de la mer. Maintenant, elles ont disparu, mais on dit qu'elles reviendront le siècle prochain. Quant au Diable, il ne pourra jamais revenir sur terre : il restera toujours en Enfer à rôtir des méchantes gens et à les retourner avec sa fourche.

Saint-Cast (Côtes-du-Nord).

Ce conte, recueilli en 1882, est une sorte de condensé des croyances concernant le Diable. On remarquera le nom de Préserpine, déformation de Proserpine (Perséphone-Korê), déesse des Enfers et épouse de Pluton-Hadès dans la mythologie gréco-romaine. Il faut préciser que dans toute la Haute-Bretagne, on donne le nom de Préserpine à des femmes laides et méchantes qui passent pour être quelque peu sorcières.

LE MARIAGE DU SOLEIL

Un jour, dans un petit village, une belle jeune fille se maria avec un époux resplendissant de lumière. Immédiatement après les noces, il emmena la jeune femme avec lui dans son pays. Alors elle s'aperçut qu'elle avait épousé le Soleil.

Quelques mois plus tard, l'aîné des frères de la mariée voulut aller la voir. Il franchit des rivières et des montagnes et parvint enfin au château de son beau-frère. Là, il aperçut sa sœur enfouie jusqu'à la taille dans une cuve de feu.

— Ah ! dit-il, comment faire pour te tirer de là ?

— Il te faudrait parler à mon mari. C'est le Soleil. Mais il est en tournée et ne rentre que le soir.

Il s'en retourna chez lui. Quelque temps après, le second des frères vint voir sa sœur. Après avoir marché longtemps et après avoir franchi des rivières et des montagnes, il parvint jusqu'au château du Soleil. Il vit sa sœur dans le feu, et elle en avait au niveau des épaules.

— Ah ! ma sœur, comment faire pour te tirer de là ?

— Il faudrait, lui répondit-elle, le demander à mon mari, le Soleil. Mais il est en tournée et ne rentre que le soir.

Le garçon attendit le soir. Quand le Soleil revint de sa tournée, il l'accueillit avec bienveillance. Le lendemain matin, au moment où le Soleil repartait pour faire sa tournée, le jeune frère lui demanda la permission de l'accompagner.

— Je le veux bien, répondit le Soleil. Mais quoi que tu puisses voir, il ne faudra pas t'étonner et surtout ne pas me parler avant que nous soyons de retour.

Il s'en alla avec le Soleil. Il vit des vaches grasses et belles dans une pâture où il n'y avait pas plus d'herbes que sur le haut du Méné. Plus loin, il y avait des vaches maigres qui étaient dans l'herbe jusqu'au ventre. Le long de la route, il vit encore deux pigeons qui s'embrassaient, puis deux corbeaux qui se battaient à coups de bec. Mais il se garda de poser une seule question. Le soir, le Soleil lui demanda ce qu'il avait plus particulièrement remarqué.

— J'ai vu, dit-il, des vaches grasses dans une pâture maigre, des vaches maigres dans une pâture grasse, deux pigeons qui s'embrassaient et deux corbeaux qui se battaient.

— Eh bien ! dit le Soleil, puisque tu ne m'as pas

parlé pendant notre voyage, je vais t'expliquer ce que cela signifie. Les vaches grasses dans les pâturages maigres, ce sont les riches qui ont été heureux sur la terre et qui ne le sont point dans l'Autre-Monde. Les vaches maigres dans les gras pâturages, ce sont les pauvres gens qui ont souffert sur la terre et qui sont récompensés dans l'Autre-Vie. Les deux pigeons qui s'embrassaient c'est ta sœur avec moi. Quant aux deux corbeaux qui se battaient, c'est ton père avec ta mère, et qui sont en enfer parce qu'ils ont été méchants durant leur vie.

Alors le jeune homme s'aperçut que sa sœur n'était plus dans le feu et qu'elle était en train de leur préparer à souper.

Penguily (Côtes-du-Nord).

Il s'agit d'une des nombreuses variantes du conte de la Femme qui épouse un Mort ou un être surnaturel. Dans toutes les versions, l'un des frères, le second ou le plus souvent le troisième, connaît le secret de la vie et de la mort et revient dans le monde des humains pour y mourir. Ici, il n'est pas question de cela, mais d'une sorte de rachat par le frère d'une faute qui a été commise par la sœur.

LA BOULE DE FEU

Il était une fois quatre charbonniers, le père et les trois fils. Chacun à leur tour, ils restaient la nuit à garder leur fouée de charbon.

Une nuit que le vieux charbonnier veillait auprès de sa fouée, il vit venir à lui un être étrange qui devenait à volonté boule de feu ou fille. Elle lui demanda s'il voulait l'épouser.

— Non, répondit-il, mais demain soir, mon fils aîné viendra ici pour garder la fouée. Tu pourras lui demander s'il consent à se marier avec toi.

Le lendemain soir, la Boule de Feu arriva et dit à l'aîné des fils du charbonnier :

— Veux-tu m'épouser jeune homme ?

— Non, répondit-il, mais demain, mon second frère viendra ici pour garder la fouée. Tu pourras lui demander s'il consent à se marier avec toi.

La troisième nuit, comme le second fils du charbonnier était là, la Boule de Feu arriva et lui dit :

— Veux-tu m'épouser, jeune homme ?

— Non, répondit-il, mais demain soir, mon jeune frère viendra ici pour garder la fouée, et tu pourras lui demander s'il consent à se marier avec toi.

La quatrième nuit, la Boule de Feu se présenta devant le dernier des fils du charbonnier, et elle lui dit :

— Veux-tu m'épouser, jeune homme ?

— Ma foi, dit-il, je le veux bien.

Ils partirent pour se fiancer. Mais le recteur ne voulait pas les marier. Alors la Boule de Feu se mit en colère. Elle lui dit :

— Si vous ne nous mariez pas tout de suite, je vais vous griller comme un morceau de charbon.

Le recteur prit peur. Il se dépêcha et les maria. Une fois qu'ils furent mariés, la Boule de Feu devint la plus belle femme que la terre eût jamais portée. Et elle emmena le jeune homme dans un beau château, au milieu d'une grande plaine.

Un jour, elle dit à son mari :

— Je vais partir et je serai trois jours absente. Tu resteras à la maison. Je vais te donner toutes les clefs de mes chambres, sauf une. Tu pourras aller partout à ta guise sauf dans celle que je t'interdis.

Le mari se promena partout. Le deuxième jour, comme il commençait à s'ennuyer d'être seul dans ce grand château, il passa devant la chambre dont la Boule de Feu ne lui avait pas donné la clef. Il eut grande envie de regarder par le trou de la serrure. Il y appliqua son œil et il vit sa femme qui se peignait. Or chaque fois que les dents du peigne passaient dans ses cheveux, il y avait des pièces d'or qui tombaient.

Au bout de trois jours, la Boule de Feu revint. Elle dit à son mari :

— Je sais que tu as regardé à travers la serrure. Puisque tu as été trop curieux, je vais repartir, mais cette fois, c'est pour sept ans. Et tu ne pourras pas me revoir avant cette époque.

Elle partit, laissant le jeune homme désespéré.

Au bout de cinq ans, le mari de la Boule de Feu commença vraiment à s'ennuyer. Il n'y avait aucun arbre, ni aucune plante, aux alentours de son château. On aurait dit un véritable désert. Alors, il ne put plus y tenir, il partit à la recherche de sa femme.

Il marchait depuis très longtemps. Il finit par arriver dans une forêt, et dans cette forêt, il remarqua un chêne qui était creux. En le regardant davantage, il vit qu'il y avait un escalier à l'intérieur de ce chêne, par lequel on pouvait monter au sommet. Le mari de la Boule de Feu se dit que peut-être sa femme se trouvait là. Il gravit l'escalier et déboucha dans une sorte de chambre où il y avait un lit. Il pensa que c'était sûrement là qu'elle venait se coucher, et il se cacha sous le lit.

Vers les onze heures, il entendit qu'on montait l'escalier, et il vit un homme qui se jeta sur le lit. Un quart d'heure après, il en arriva un second qui alla rejoindre le premier. Un quart d'heure après, il en vint encore un troisième qui monta sur le lit. Quand minuit sonna, l'un des hommes dit à ses compagnons :

— Qu'avez-vous trouvé aujourd'hui, vous autres ?

— Moi, répondit l'un, j'ai trouvé des bottes qui font cent lieues à chaque pas.

— Moi, dit un autre, j'ai un chapeau : quand je le mets sur ma tête, je deviens invisible.

— Quant à moi, dit le premier qui avait parlé, j'ai trouvé un sabre qui ne rate jamais son coup.

Et ils s'endormirent en ronflant très fort. Le mari de la Boule de Feu, qui avait tout entendu, se hâta de chercher les objets dont ils avaient parlé. Il mit le chapeau sur sa tête, chaussa les bottes de cent lieues et s'empara du sabre. Après quoi, il prit le large, laissant les compagnons dans le chêne.

Il arriva chez une vieille bonne femme et lui demanda s'il pouvait loger dans sa maison.

— Je le voudrais bien, lui répondit-elle, mais je suis la mère de Gelée, Vent et Pluie. Mes trois fils vont arriver bientôt, et si tu restais ici, tu serais gelé, emporté par le vent ou mouillé par la pluie.

— Cela ne fait rien, dit-il. Donnez-moi un bon lit et ne vous inquiétez pas du reste.

Elle lui donna le meilleur lit de la maison. Il s'y coucha tranquillement. Peu après, la porte s'ouvrit et Gelée fit son entrée : il y eut un froid terrible. Le mari de la Boule de Feu se leva alors et demanda à Vent, qui entrait en soufflant, s'il n'avait pas vu sur son passage une princesse qui s'était mariée sept ans auparavant et qui était sans doute sur le point de prendre un nouveau mari.

— Oui, répondit Vent, j'en ai vu une.

— Dis-moi donc où elle se trouve.

— Je vais de branche en branche à travers le monde

entier. C'est bien loin d'ici !

— Aucune importance, j'ai des bottes de cent lieues.

— Alors, demain matin, tu viendras avec moi. Si tu peux me suivre, je te montrerai l'endroit.

A la suite de Vent, le mari de la Boule de Feu arriva auprès du château où la princesse devait se marier. Il mit alors son chapeau et entra dans le château. Comme il traversait la cour, il vit la princesse à sa fenêtre. Il ôta son chapeau pour la saluer, et comme il était redevenu visible, elle le reconnut.

Il y avait un repas avant le mariage. La Boule de Feu dit aux invités :

— Si une personne a deux clefs, une vieille et une neuve, laquelle des deux doit-elle le mieux respecter ?

Ils se mirent tous à répondre :

— C'est la vieille.

— Non, non, s'écria le fiancé de la princesse. C'est la neuve.

A peine avait-il dit ces mots que le mari de la Boule de Feu lui fit sauter la tête d'un coup de son sabre. Il leva alors son chapeau et redevint visible. La Boule de Feu le reconnaissait bien et elle en fut tout heureuse.

Ils célébrèrent de nouvelles noces, puis ils retournèrent à leur château. Depuis ce temps-là, ils ne se sont jamais quittés.

Penguilly (Côtes-du-Nord).

Il y a de nombreux thèmes réunis dans ce conte, notamment celui de la Mère des Vents et celui de Mélusine, la fée qu'on ne doit point voir pendant certains jours parce qu'elle appartient à l'Autre-Monde. Les bottes de cent lieues et les objets magiques sont évidemment trouvés par hasard — ou volés — par le héros qui s'en sert pour récupérer son épouse disparue.

LE DOMESTIQUE DU DIABLE

Il y avait une fois un petit garçon que l'on appelait Féfé, et qui était berger dans une grande métairie. Un jour, il perdit une des plus belles brebis de son troupeau. Jusqu'au soir, il la chercha, se demandant comment il rentrerait au logis, car son maître était dur et méchant. Effectivement, quand il s'aperçut qu'il manquait une brebis, il ne battit pas Féfé, mais il le jeta dehors en disant :

— Va-t-en, va-t-en ! et ne reviens que lorsque tu auras retrouvé la brebis que tu m'as perdue !

Le pauvre Féfé errait dans la nuit, bien malheureux, bien triste, et pleurant toutes les larmes de ses yeux, quand il vit devant lui un beau monsieur, magnifiquement vêtu, qui lui demanda :

— Que cherches-tu ainsi dans la nuit ?

— Je cherche une brebis que j'ai perdue. J'ai bien faim et aussi bien peur.

— Allons, allons ! dit le monsieur. Ne t'inquiète pas pour cette brebis. Si tu veux, je te prends à mon service, et sois sûr que je te soignerai bien.

Féfé accepta la proposition avec grande joie, et il suivit le monsieur. Seulement, il faut vous dire que le monsieur était le Diable en personne. Il voulait mener Féfé en enfer, mais il ne le pouvait pas, parce que l'enfant n'était pas mort et surtout parce qu'il n'avait jamais commis de péché. Il se contenta de le conduire dans son écurie, et là, il lui dit :

— Voici trois chevaux et un âne que tu soigneras tous les jours. Aux chevaux, tu donneras du foin et de l'avoine que tu trouveras ici, mais pour l'âne, tu te garderas bien de lui donner à manger : il faudra le brosser

avec soin, mais c'est tout. Souviens-toi de ce que je te dis, car si jamais tu donnais à manger à l'âne, les plus grands malheurs fondraient sur toi.

Le soir même, Féfé commença son travail. Il soigna consciencieusement les chevaux, mais l'âne le regardait tristement, avec l'air de lui dire : « Je t'en prie, donne-moi quelque chose ! » Le petit berger ne put en dormir de la nuit.

Le lendemain matin, il reprit son service, mais devant le regard si douloureux du pauvre âne, il n'y put plus tenir et lui donna un bon picotin d'avoine. Puis il nettoya bien l'endroit où l'âne avait mangé, et quand le maître vint pour vérifier le travail, il ne remarqua rien. Féfé était bien content, d'autant plus que l'âne le regardait avec des yeux qui paraissaient très heureux.

Le soir venu, le monsieur voulut assister au repas des animaux. Féfé ne put rien donner à l'âne, mais il mit dans sa poche tout le pain de son dîner à lui, et quand la nuit fut tout à fait tombée, il alla le porter à l'animal. Aussitôt une grande clarté jaillit au-dessus de la tête de l'âne, et Féfé lut ces mots : « monte sur mon dos et ne t'inquiète de rien ».

Sans plus réfléchir, Féfé monta sur le dos de l'âne. A peine y était-il que celui-ci passa par une fenêtre, si étroite que le pauvre garçon aurait bien cru ne jamais pouvoir y passer sa tête. Ils se retrouvèrent dans un immense jardin tout enclos de murs. Le petit berger, qui se croyait perdu, vit avec stupeur l'âne donner trois coups de sabot dans le mur et ouvrir ainsi un passage plus grand qu'il n'était besoin. Alors, l'âne, le portant toujours sur son dos, se précipita par la brèche et s'enfuit dans une course si rapide que les bottes de sept lieues n'étaient rien à côté.

Ils arrivèrent ainsi sur les bords d'une rivière bien plus grande que la Rance à Taden, enfin si grande qu'on aurait dit la mer. L'eau était si claire et limpide que Féfé, qui mourait de faim et de soif, demanda à l'âne de le laisser descendre afin qu'il pût y boire. Mais l'âne ne lui répondit même pas. Il se contenta de frapper l'eau de son sabot. Alors, du fond de la rivière surgit un grand bateau tout blanc. Il n'y avait personne à bord. D'un bond, l'âne s'y précipita avec son cavalier. Aussitôt, la rivière si jolie et si claire devint noire et se mit à rouler des vagues grosses comme des collines. On entendait gronder le tonnerre et on ne cessait de voir des éclairs effrayants dans la nuit sombre. Féfé n'arrêtait pas de faire des signes de croix et de dire des prières. Mais il était si fatigué qu'à la fin il s'endormit sans se rendre compte de ce qui se passait.

Cependant le bateau aborda l'autre rive. C'est à cet instant que Féfé se réveilla. En se levant, il fut stupéfait de voir qu'il n'avait plus la même taille qu'auparavant : il était devenu grand, comme un beau jeune homme. Il regarda autour de lui, inquiet de savoir ce qui était arrivé à l'âne, mais il le vit à ses côtés.

Le bateau était maintenant immobilisé contre la rive. Alors l'âne sauta sur la terre ferme, et d'un seul coup il se transforma en un seigneur vêtu d'une façon éblouissante, avec un manteau tout en or et une couronne ornée de diamants. Féfé était abasourdi et se demandait bien ce qui arrivait. Alors le seigneur lui dit :

— Féfé, je suis un roi puissant qu'un mauvais génie avait condamné à finir ses jours à la porte de l'Enfer. Il m'avait donné à Satan qui espérait que le désespoir lui livrerait mon âme. Mais j'ai résisté tant que j'ai pu. Lorsque tu es arrivé au château, il y avait deux ans que je souffrais ainsi. Satan espérait avoir également ton âme en endurcissant ton cœur, mais tu es bon et tu es resté bon. Tu as eu pitié de moi. Or la pitié ne peut pas rester à la porte de l'Enfer, voilà pourquoi nous avons pu nous enfuir. Nous avons couru pendant neuf ans. Satan, qui voulait nous reprendre, en a été empêché par tes prières. Maintenant je vais retourner dans mon royaume. Je t'emmène avec moi et je te donnerai une de mes filles en mariage.

Ayant ainsi parlé, le roi frappa la terre de son pied, et tous les seigneurs de la cour, toutes les belles dames aussi, apparurent. Ses filles étaient là. Féfé choisit la plus belle de toutes, il l'épousa et fut bien heureux avec elle.

Quévert près Dinan (Côtes-du-Nord).

Le début de ce conte fait penser à *la Saga de Koadalan* que j'ai publié dans ma *Tradition celtique en Bretagne armoricaine,* p. 169. Le reste du conte s'apparente aux *Treize Grains de Blé Noir* et à différents récits qui montrent la fuite du héros hors du château d'un magicien ou d'un être féerique.

LE CORPS SANS AME

Il était une fois trois frères qui n'avaient pas de pain. Ils en étaient réduits à s'en aller sur les routes pour essayer de trouver du travail. Mais ils n'en trouvaient pas. Ils vivaient dans les bois, se nourrissaient de fruits sauvages. Un jour, ils arrivèrent dans une grande forêt et se dirent qu'ils pourraient devenir charbonniers. Ils abattirent des arbres pour faire une grande fouée de charbon.

Quand elle fut faite et allumée, ils décidèrent entre eux que chacun à son tour passerait la nuit à surveiller le feu pour éviter qu'il ne s'éteignît. La première nuit, ce fut l'aîné qui se chargea de la surveillance. Quelques instants avant minuit, il vit approcher un petit homme qui lui dit :

— Que fais-tu là ?

— Tu le vois, je garde ma fouée.

— Alors fais bien attention à toi, dit le nain, car à minuit, le Corps sans Ame va venir. C'est un géant qui se plaît à faire le mal partout où il passe. Il voudra éteindre ta fouée. Mais n'aie pas peur de lui, car en réalité il ne peut rien contre toi. Si tu ne te laisses pas effrayer et si tu te défends avec courage, il ne te fera aucun mal et partira sans avoir éteint ton feu.

Le petit homme disparut dans la forêt. Il faisait très sombre et il n'y avait pas de lune. A minuit, l'aîné des frères entendit du bruit à travers les arbres. C'était le Corps sans Ame. Il était aussi haut qu'un chêne et il cria d'une voix à rendre sourd :

— Que fais-tu là, petit ver de terre, poussière de mes mains ?

— Tu le vois, je garde ma fouée.

— Je vais l'éteindre. Va-t'en, ou tu t'en trouveras mal !

L'aîné des frères prit un bâton et se prépara à combattre.

— Nous allons bien voir, dit-il.

Il se défendit si bien que le Corps sans Ame ne put parvenir à éteindre son feu. Il s'en alla tout penaud à travers la forêt en faisant craquer les branches autour de lui.

Au matin, les deux frères vinrent retrouver leur aîné et lui demandèrent comment il avait passé la nuit. Comme il avait peur de les effrayer, il ne leur dit rien au sujet du Corps sans Ame.

La nuit suivante, ce fut au tour du cadet d'être de garde. Un peu avant minuit, il vit surgir le petit homme qui lui dit :

— Que fais-tu là ?

— Tu le vois, je garde ma fouée.

— Alors fais attention à toi, dit le petit homme, car à minuit, le Corps sans Ame va venir pour t'effrayer et éteindre ton feu. Garde-toi bien d'avoir peur et tiens-lui tête, car il ne peut rien contre toi bien que ce soit un géant à l'aspect redoutable. Si tu n'as pas peur, il s'en ira sans te faire de mal.

Le petit homme s'éloigna dans l'obscurité. Minuit venait de sonner à l'horloge d'un lointain village quand le cadet entendit un grand bruit de branches brisées. C'était le Corps sans Ame qui arrivait. Il était aussi haut qu'un chêne et il cria d'une voix terrible :

— Que fais-tu là, petit ver de terre, poussière de mes mains ?

— Tu le vois, répondit tranquillement le cadet, je garde ma fouée.

— Laisse-moi l'éteindre, ou je vais te hacher menu comme chair à pâté !

— Si tu le peux, répondit le garçon.

Il prit un gros bâton et commença à se défendre. Le Corps sans Ame ne put éteindre le feu et il s'en alla en bousculant les arbres autour de lui.

Quand le matin fut venu, les deux frères demandèrent à leur cadet comment la nuit s'était passée.

— Très bien, répondit-il, ne voulant pas les effrayer en racontant ce qui lui était arrivé.

La troisième nuit, ce fut le plus jeune qui monta la garde. Mais le petit homme ne vint pas le prévenir. Minuit était à peine passé quand le Corps sans Ame se présenta devant lui en criant comme un enragé :

— Que fais-tu là, petit ver de terre, poussière de mes mains ?

Le garçon tremblait comme une feuille en voyant ce

géant presque aussi haut que le plus haut des chênes.

— Je garde ma fouée, répondit-il.

— Je veux l'éteindre, dit le géant. Laisse-moi faire ou je te hacherai menu comme chair à pâté !

Le garçon n'insista pas, car il avait très peur du Corps sans Ame. Il s'éloigna du plus vite qu'il put, et le Corps sans Ame éteignit le feu.

Le matin, lorsque les deux frères arrivèrent, ils virent le garçon qui pleurait devant le feu mort et éparpillé. Ils furent très désappointés et lui dirent qu'il était un propre à rien puisqu'il n'était même pas capable de garder un feu.

— C'est bon, dit le garçon. Puisque vous êtes en colère contre moi, je vais vous laisser et j'irai tout seul chercher fortune.

Les deux frères répondirent :

— C'est ça, et bon vent ! tu ne ferais que nous embarrasser.

Le garçon les quitta et se mit en route sans trop savoir où il irait. Il arriva sur le bord d'un étang et vit une lavandière qui travaillait. C'était la femme du Corps sans Ame, mais cela, le garçon ne le savait pas. En tout cas, c'était une chrétienne, comme le garçon. Il s'approcha d'elle et la salua.

— Pourriez-vous m'indiquer un endroit où je trouverais de l'ouvrage et du pain, demanda-t-il. Je voyageais avec mes deux frères, mais ils m'ont chassé parce que j'ai laissé un géant éteindre le feu.

La femme se releva et lui répondit :

— Viens avec moi au château que tu vois là-bas. Je te donnerai à boire et à manger tant que tu voudras. Le géant que tu as vu et qui a éteint ton feu, c'est mon mari, le Corps sans Ame. Il dort vingt-quatre heures de suite sans s'éveiller lorsqu'il a fait un bon repas, et il vient juste de s'endormir.

— Pourquoi votre mari est-il appelé le Corps sans Ame ? demanda le garçon un peu surpris.

— C'est, répondit-elle, parce que son âme n'habite point son corps. Il possède un lion effrayant dans le corps duquel se trouve un loup. Ce loup a dans son ventre un lièvre qui lui-même renferme une perdrix, et la perdrix a treize œufs. C'est dans le treizième œuf que se trouve l'âme de mon mari. Je voudrais bien rencontrer un homme assez courageux pour tuer le lion et ôter les œufs du corps de la perdrix, car ce maudit géant m'a enlevée et je souhaite qu'il soit puni pour toutes les mauvaises actions qu'il a commises. As-tu assez de courage pour tenter l'aventure ?

— Je vais essayer, dit le garçon.

Il alla au château où la dame le traita du mieux qu'elle le put. Il resta en sa compagnie jusqu'au moment où le Corps sans Ame fut sur le point de se réveiller. Alors la femme cacha le garçon avec soin.

Quand le géant se leva, il se mit à remuer les narines comme s'il sentait quelque chose et regarda tout autour de lui.

— Qu'y a-t-il de nouveau ? demanda-t-il.

— Rien de nouveau, que je sache, répondit-elle.

Le Corps sans Ame se mit à table. Il mangea et but copieusement comme à son ordinaire, puis il retourna se coucher et bientôt on l'entendit ronfler bruyamment.

Alors la femme fit sortir le jeune homme de sa cachette. Elle lui donna un sabre bien affûté et le conduisit à la chambre où le lion était enfermé. Dès que la porte fut ouverte, le lion se mit à rugir d'une façon effroyable et il s'approcha du garçon. Mais celui-ci ne se laissa pas effrayer. Il s'y prit si habilement qu'il lui enfonça son arme dans le cœur.

Quand le lion fut bien mort, le jeune homme vint retrouver la femme qui lui donna à boire et à manger pour le réconforter. Il eut bientôt fait de récupérer. Alors il retourna à la chambre et fendit le corps du lion. Aussitôt un loup en sortit, grinçant des dents, et se précipitant sur lui pour le mettre en pièces. Le jeune homme recula. Il avait toujours son sabre à la main et, après un long combat, il tua le loup en lui coupant la tête.

Mais le temps avait passé et le Corps sans Ame était sur le point de s'éveiller. Le garçon alla boire et manger pour se réconforter et la femme le cacha du mieux qu'elle put.

En se réveillant, le Corps sans Ame renifla comme s'il flairait quelque chose.

— Je sens de la chair fraîche, dit-il.

— Sûrement pas, répondit la femme, il n'y a personne ici en dehors de vous et de moi.

Mais le Corps sans Ame insista :

— Je suis sûr de sentir de la chair chrétienne, dit-il.

— Vous vous trompez, dit la femme. Ce sont les petits cochons qui sont dans l'étable. Mais votre repas est prêt, venez boire et manger. J'espère que vous trouverez tout à votre goût.

Le géant ne se fit pas prier davantage. Il avait faim et soif. Quand il se fut repu, il s'endormit encore pour vingt-quatre heures. Dès qu'on l'entendit ronfler, le jeune homme sortit de sa cachette et alla ouvrir le corps du loup. Il en sortit un lièvre qui courait aussi vite que le vent. Le garçon se mit à sa poursuite, et quand il l'eut attrapé, il l'étrangla.

— Faut-il l'ouvrir ? demanda-t-il à la femme.

— Non, répondit-elle, pas encore. Nous avons le

temps. Viens te reposer et te rafraîchir, car tu es tout en sueur.

Le jeune homme but et mangea pour reprendre des forces. Ensuite, il alla ouvrir le ventre du lièvre : il en sortit une perdrix qu'il attrapa aussitôt et il lui ôta les treize œufs que la femme rangea précieusement dans une boîte.

— A présent, dit-elle, je peux me débarrasser de lui quand je le veux. Mais il ne faut pas qu'il meure sans m'avoir parlé. Ce sera ma façon de me venger de lui.

Au bout de vingt-quatre heures, le Corps sans Ame s'était réveillé. Il se mit à table à côté de la femme. Celle-ci lui dit :

— Dites-moi, mon Corps sans Ame, ne m'aviez-vous pas assuré que vous ne pouviez pas mourir ?

— Bien sûr, dit-il, je ne peux pas mourir puisque mon âme n'est pas dans mon corps. Et mon âme est bien gardée. Elle se trouve dans le treizième œuf d'une perdrix qui est contenue dans un lièvre qu'aucun chasseur ne peut atteindre. Et de plus, ce lièvre est dans le corps d'un terrible loup qui dévore tout ce qu'il voit. Et ce loup se trouve dans le ventre d'un lion que personne n'oserait affronter. Vous voyez bien qu'il est impossible que je meure.

Alors la femme lui dit :

— L'autre jour, j'ai trouvé un nid de perdrix. Est-ce dans un de ces œufs que se trouve votre âme ?

Elle se leva, prit la boîte et montra les treize œufs. Le Corps sans Ame ne dit rien. Alors la femme prit les œufs un par un et, à chaque fois, elle demanda à son mari :

— Est-ce dans cet œuf que se trouve votre âme ?

— Non, répondait le Corps sans Ame.

Il ne restait plus qu'un seul œuf. Lorsqu'elle le lui

présenta, le Corps sans Ame pâlit affreusement.

— C'est celui-ci, dit-il d'une voix brisée. Qui donc a pu vous donner cet œuf ?

La femme ne répondit rien, mais d'un simple geste, elle écrasa le treizième œuf. Dès que l'œuf fut écrasé, le Corps sans Ame s'effondra et mourut.

Le jeune homme resta dans le château avec la veuve du Corps sans Ame. Il se maria avec elle et ils vécurent heureux jusqu'à la fin de leurs jours.

Collinée (Côtes-du-Nord).

Raconté par un menuisier en 1879, ce récit est une des nombreuses variantes sur le sujet du Corps sans Ame, sujet répandu dans toutes les traditions orales. J'ai publié dans *la Tradition Celtique en Bretagne Armoricaine,* Payot, Paris, 1975, p. 201-208, une des versions de ce conte, provenant du pays bretonnant, version beaucoup plus complexe et chargée d'éléments disparates. Ici le thème est traité de façon très simple et rappelle étrangement un ancien récit irlandais, *la Mort de Cûroi* (*l'Epopée celtique d'Irlande,* Payot, Paris, 1971, p. 128-131), où la femme du géant Cûroi mac Dairé trahit son époux au profit du héros Cûchulainn.

HISTOIRE DE JEAN LE SOLDAT

Il était une fois un soldat du nom de Jean. Pendant qu'il était dans les armées, il obtint une permission, et il se hâta de revenir au pays, car il aimait bien sa mère. Cependant, comme ils étaient pauvres tous les deux et qu'ils n'avaient rien à manger dans leur maison, ils décidèrent d'aller sur la route pour chercher de quoi se nourrir.

Ils passèrent dans une forêt. Jean aperçut un petit couteau qui était fiché sur le tronc d'un arbre. Il s'approcha en se disant que c'était une aubaine. Comme il avait appris à lire, pendant qu'il était aux armées, il vit ces mots écrits sur la lame : « Celui qui m'aura vainqueur sera ». Il prit le couteau et le mit dans sa poche. Mais sa mère n'avait pas remarqué ce qu'il avait fait.

Au milieu de la forêt, une troupe de voleurs se précipita sur eux pour les attaquer. La mère dit à son fils :

— Nous sommes perdus, mon pauvre Jean.

— Que non ! répondit Jean. N'aie pas peur, j'ai assez de force pour les tuer tous.

Les voleurs s'approchèrent. Ils les menaçaient avec leurs sabres et leur demandaient de leur donner de l'argent, sinon, ils les tueraient. Mais Jean tira son couteau de sa poche et se précipita sur les brigands. En un instant, ils furent tous à terre, égorgés de la belle manière, et il ne restait plus que le chef de valide. Jean voulait l'égorger comme les autres afin de débarrasser la terre d'un malfaiteur, mais le chef des voleurs était joli garçon, et il avait donné dans l'œil de sa mère. Aussi le supplia-t-elle de l'épargner.

Jean, qui ne voulait pas contrarier sa mère laissa la vie sauve au chef des voleurs. Mais il y eut mieux : la mère se sentait tellement attirée par le voleur qu'elle lui demanda de venir avec eux. Alors le voleur dit à Jean et à sa mère de venir chez lui, car ils seraient bien traités et ne manqueraient de rien.

Tous les trois allèrent donc dans la maison du voleur, et ils eurent une vie agréable et ne se privèrent de rien.

Cependant la mère n'était pas très fière, d'autant plus qu'elle voulait vivre avec le voleur et qu'elle savait que Jean n'y consentirait point. Elle chercha donc un moyen de se débarrasser de son fils.

— Comment faire ? demanda-t-elle au voleur.

— C'est facile, répondit le voleur. Il faut lui dire que tu es malade et que pour guérir, tu dois manger une pomme qui pousse dans un verger que je connais. Ce verger est habité par des géants qui gardent les pommiers et qui tuent tous ceux qui ont le malheur de s'aventurer trop près.

La mère se mit au lit et fit semblant d'être malade. Jean se demanda ce qu'elle avait et il vint à son chevet.

— Je suis bien malade, dit-elle, et je suis sur le point de mourir, à moins que tu n'ailles chercher une pomme dans un verger. C'est la seule façon de me guérir.

— J'y vais, dit Jean, car il n'y a rien que je ne ferais pour vous.

Le voleur lui indiqua le chemin qu'il fallait prendre pour aller jusqu'au verger où se trouvaient les pommes. Il y alla sans plus tarder. Dès qu'il entra dans le verger, il vit paraître des géants aussi hauts que des maisons et qui portaient des pièces de canon sur leurs épaules. Les géants se précipitèrent sur Jean, voulant le mettre en pièces. Jean ne fut pas effrayé pour autant. Il sortit son petit couteau de poche et s'avança vers eux. Ils ne lui firent pas de mal, mais il les tua tous. Puis il cueillit des pommes et les rapporta tout joyeux à sa mère.

Quand sa mère vit que Jean n'était pas mort, elle fut bien ennuyée. Elle demanda à son voleur s'il connaissait un autre moyen pour se débarrasser de son fils.

— Oui, dit le voleur. Il faut que tu prétendes encore que tu es malade et que tu ne peux guérir si tu ne bois pas l'eau d'une fontaine qui donne la santé. Tu lui diras d'aller chercher une bouteille d'eau de cette fontaine. Je lui indiquerai le chemin. Pour y arriver, il faut traverser une rivière glacée, puis une rivière d'eau bouillante, puis une troisième remplie de poissons qui dévorent les imprudents qui y plongent. Ce sera un miracle s'il en réchappe cette fois-ci.

La mère se remit au lit. Lorsque Jean alla voir si elle allait mieux, elle lui dit :

— Hélas ! je suis encore bien malade, mais peut-être guérirais-je si je pouvais boire un peu de l'eau de la fontaine qui donne la santé. Veux-tu aller m'en chercher une bouteille ?

— Oui, ma mère, dit Jean. J'irais jusqu'au bout du monde s'il le fallait.

Le voleur lui indiqua quelle direction il devait prendre. Il se mit en route. Mais sur le chemin, il aperçut une petite baguette qui paraissait avoir été travaillée. Il la ramassa et vit qu'il y avait des paroles gravées sur le bois. Et ces paroles étaient les suivantes : « celui qui m'aura par tout chemin passera ». Il se dit que la baguette pouvait lui être utile. Et il continua sa route.

Il arriva à la rivière dont l'eau était froide comme de la glace. Il mit la main dedans, et bien qu'il la trouvât glacée, il résolut de la traverser. Mais alors, au lieu d'enfoncer dans l'eau, il marchait dessus comme si c'eût été de la terre solide.

— C'est grâce à la baguette que j'ai trouvée,se dit-il.

Il arriva à la deuxième rivière, celle qui était bouillante. Il la traversa de la même façon et n'y subit aucun dommage. Quand il arriva à la troisième, les eaux s'ouvrirent, et à droite et à gauche, il vit des poissons de toutes sortes, des requins, des cachalots, des baleines, qui se rangeaient pour le laisser passer. Il traversa donc cette rivière sans aucun dommage.

Il arriva ainsi en vue de la fontaine qui donnait la santé. Mais il y avait devant la fontaine deux rochers énormes qui basculaient, et qui, à chaque instant, se heurtaient comme deux béliers en train de se combattre. Il n'y avait pas d'autre chemin pour aller jusqu'à la fontaine, il fallait passer par ces rochers au risque de se faire écraser. Alors il se dit que sa baguette le préserverait de tout danger. Il la leva devant lui et s'approcha des rochers. Ceux-ci se tinrent aussitôt immobiles. Il puisa tranquillement de l'eau à la fontaine, revint en arrière sans encombre, repassa de même les trois rivières et rapporta la bouteille d'eau à sa mère.

La mère fut bien surprise de voir arriver son fils sain et sauf, et elle en fut bien ennuyée. Elle demanda à son ami le voleur s'il ne connaissait pas quelque autre moyen de perdre Jean.

— J'en connais un, dit le voleur. Il y a dans une forêt qui est toute proche une terrible lionne qui dévore tous ceux qui osent s'approcher d'elle. Tu n'as qu'à prétendre que tu es malade et qu'il te faut du lait de cette lionne. Ainsi, il te proposera d'aller te chercher du lait et il se fera dévorer par la lionne.

La mère fit comme le voleur le lui avait conseillé. Lorsque Jean vint voir comment elle allait, elle lui dit :

— Hélas ! mon fils ! je suis toujours malade, mais je suis sûre que je serais guérie si tu pouvais m'apporter un peu du lait de la lionne qui se trouve dans la forêt.

— J'y vais, répondit Jean. Pour toi, je ferais tout ce qui est possible.

Il arriva à l'endroit de la forêt où se tenait la lionne. En l'apercevant, elle se mit à rugir, secoua sa queue et se planta sur ses pattes de derrière pour bondir. Mais Jean, qui avait sorti son petit couteau de sa poche, se lança contre elle et la tua. Après quoi, il lui prit du lait qu'il mit dans une fiole et il la rapporta à sa mère.

La mère était de plus en plus furieuse. Jean semblait réussir tout ce qui était impossible pour les autres. Et comme elle avait de plus en plus envie de se débarrasser de Jean, elle demanda à son voleur :

— Comment faire pour en finir une fois pour toutes avec lui ?

Le voleur répondit :

— Il doit avoir quelque charme ou quelque talisman qui le met à l'abri des dangers. Dis-lui que tu es malade et que tu peux guérir s'il vient coucher à côté de toi. Quand il sera déshabillé, tu verras bien s'il porte quelque talisman.

La mère de Jean lui dit :

— Pour me guérir tout à fait, il faut que tu couches auprès de moi.

— Ce n'est pas convenable, ma mère, dit Jean. Mais puisqu'il le faut, je le ferai.

Jean se déshabilla et vint se coucher dans le lit, auprès de sa mère. Quand il fut endormi, elle regarda s'il portait quelque chose. Elle remarqua, pendu à son cou, le petit couteau et lut ce qu'il y avait écrit dessus la lame. Elle appela le voleur qui accourut aussitôt.

— Nous le tenons, maintenant, dit le voleur. Que faut-il en faire ? Faut-il le tuer ?

— C'est inutile, dit la mère. Arrache-lui les yeux, et nous lui dirons de s'en aller sur la route.

Le voleur creva les yeux de Jean. Puis il lui mit à la main une corde attachée au collier d'un petit chien et il le laissa aller à la grâce de Dieu.

Jean le Soldat se mit en route. Il avait le cœur bien gros de la méchanceté de sa mère. Il se laissait conduire par son chien et il arriva ainsi dans une ville. Or, au même moment, le roi de ce pays se promenait avec sa fille.

En le voyant, la princesse dit à son père :

— Ah ! mon père, est-ce que tu n'as pas fait construire une grande maison pour les aveugles ? Il faut y mettre ce pauvre jeune homme.

Le roi ordonna qu'on conduisît Jean à la Maison des Aveugles. Mais la princesse, qui avait pris beaucoup d'intérêt pour lui, l'envoyait souvent chercher pour le promener dans le jardin de son père. Elle prenait grand plaisir à faire la conversation avec lui, et elle finit par tant l'aimer qu'elle dit au roi :

— Père, voilà celui que j'épouserai.

Le roi ne répondit rien, croyant que sa fille plaisantait. Mais bientôt, elle obtint que Jean restât au château. Un jour qu'ils étaient tous les deux à se promener dans le jardin, la princesse dit à Jean :

— Attendez-moi ici. J'ai oublié ma broderie et je vais aller la chercher.

Comme elle mettait un peu de temps, Jean se mit à marcher dans le jardin, mais son pied s'embarrassa dans une racine, et il tomba la tête la première dans une fontaine qui se trouvait là.

Or, dès que l'eau eut touché ses yeux, ceux-ci redevinrent sains et il vit aussi clair qu'avant d'avoir été mutilé par le voleur.

Quand la princesse revint, elle ne le reconnut pas. Elle lui demanda comme si elle s'adressait à un passant :

— N'avez-vous pas vu un pauvre aveugle par ici ?

— L'aveugle, c'est moi, répondit Jean.

Alors elle le reconnut et fut toute joyeuse qu'il ait retrouvé la vue. Elle l'emmena avec elle et alla trouver son père.

— Voici mon mari, lui dit-elle.

Le roi lui répondit :

— Tu prétendais que tu te marierais avec un aveugle, mais celui-ci fait bon usage de ses deux yeux.

— Ah ! certes, dit-elle, mais il est guéri.

Et elle raconta au roi comment Jean était tombé dans la fontaine et comment l'eau lui avait rendu la vue.

C'est ainsi que la princesse se maria avec Jean le soldat. Il y eut de belles noces où rien ne manqua, ni nourriture, ni boisson.

Jean demeura un certain temps avec sa femme. Puis un jour, il se dit :

— Vraiment, il faut que je tire quelque vengeance de ma mère et du voleur, car ils ont été trop méchants envers moi.

Sans rien dire à personne, il se mit en route. Arrivé près de l'endroit où sa mère demeurait avec son voleur, il se déguisa en ramoneur, puis il frappa à la porte, demandant à ramoner les cheminées de la maison. On lui dit qu'il pouvait faire son travail.

Il le fit durer jusqu'au soir. Il dit à sa mère qui ne l'avait pas reconnu :

— Ne pourriez-vous me loger quelque part pour cette nuit ?

— Oui, répondit-elle, il y a de la place dans le grenier.

Jean monta au grenier et fit semblant de dormir. Il attendit que la nuit fût bien noire et vint écouter à la porte. Il entendit ronfler sa mère et le voleur. Alors il entra sans bruit dans la chambre, il alluma une chandelle, et il aperçut, au-dessus du lit, le petit couteau que le voleur lui avait dérobé et avec lequel il lui avait crevé les yeux.

Il se saisit du couteau, et quand il l'eut dans la main, il s'écria :

— Maintenant, vous êtes en mon pouvoir et vous ne m'échapperez pas !

Ils se réveillèrent en sursaut et furent saisis de crainte.

— Ah ! mon fils ! lui dit sa mère. C'est donc toi !

— Oui, ma mère, répondit Jean. Je sais ce que tu m'as fait et je suis venu te faire subir le châtiment que tu mérites.

Il creva les yeux à sa mère et au voleur, et il les chassa sur la route en pleine nuit.

Puis il rentra au château du roi retrouver sa femme, la princesse. Et s'il n'est pas mort, il vit encore.

Saint-Cast (Côtes-du-Nord).

Ce conte a été recueilli en 1880. Il présente de nombreux thèmes communs au folklore universel, en particulier la baguette magique qui permet de franchir les obstacles et le couteau qui rend invincible. Ce qui est plus rare, c'est l'antagonisme entre la mère et le fils : d'ordinaire le héros est en butte aux tracasseries d'une méchante sœur qui est jalouse de lui ou qui veut lui ravir son pouvoir. Cependant une histoire assez semblable se retrouve dans un conte du pays bretonnant, *Aventures d'un Prince,* que j'ai publié dans *la Tradition celtique en Bretagne armoricaine,* p. 267-272. Dans ce conte, le complice de la mère est un Korrigan.

LE PECHEUR DE SAINT-CAST

Il y avait jadis à Saint-Cast un homme pauvre qui vivait seul dans sa cabane au bord de la mer. Il était fils de pêcheur. A l'âge de dix-huit ans, il avait hérité de son père cinq ou six vieux paniers de pêche, deux ou trois filets, et une vieille jument qui avait grandi avec lui et qui, lorsque la pêche avait été bonne, portait le poisson à la ville.

Une certaine nuit, alors qu'il était allé relever ses filets, il trouva dedans un énorme poisson d'une espèce qui lui était inconnue. Il recula de frayeur, saisit un pieu et revint pour l'assommer. Mais il n'acheva pas son geste, car le poisson se mit à lui parler, lui disant :

— Je suis le roi des Poissons. J'ai voulu visiter mes Etats sans être accompagné de quiconque, comme un simple particulier. Je me suis égaré. Fatigué du voyage, je me suis endormi sur ces algues, et la mer, en se retirant, m'a laissé dans tes filets. Ma vie t'appartient donc, mais que feras-tu de moi ? Je suis inconnu aux humains et nul ne voudra m'acheter. Laisse-moi donc la vie et ne me fais pas de mal. Rends-moi la liberté, et si jamais tu as besoin de moi, tu peux compter sur mon secours. Dans ce cas, tu n'as qu'à venir à la côte et à m'appeler de la façon suivante : « Roi des Poissons ! viens à moi, j'ai besoin de ton secours ! Roi des Poissons ! m'abandonneras-tu dans le danger quand je t'ai laissé la vie ! Roi des Poissons ! je n'ai d'espoir qu'en toi, et si tu ne viens pas, la mort m'attend ! rends-moi ce que je t'ai donné ! » Crois-moi, pêcheur, tous les services qu'il sera en mon pouvoir de te rendre seront rendus. Si tu étais éloigné de la mer, demande de l'eau, et sur le rebord d'un bassin, appelle-moi comme tu ferais au bord de la mer. Et ensuite, lance cette eau aux quatre coins du monde. Cela me sera dit sur l'heure, et je volerai à ton secours, mettant ta cause entre les mains des puissances de l'air.

Ainsi parla le roi des Poissons. Le pêcheur ouvrit alors ses filets et le laissa aller. Le roi des Poissons le remercia et lui dit encore :

— Va chez toi. Ta vieille jument est pleine. Elle te donnera un poulain qui fera ta fortune. Va, et ne m'oublie pas.

Le pêcheur rentra chez lui. Quelque temps après, sa vieille jument donna un poulain qu'il sevra. Puis il vendit la mère et décida d'entreprendre un long voyage, en compagnie du poulain.

Il voyageait déjà depuis un mois. Une certaine nuit, il vit, sur la route qu'il suivait, briller un objet qui lui apparut comme un cercle de lumière. Il descendit de cheval, s'approcha et vit que c'était une chaîne d'or enrichie de pierreries et qui rayonnait comme un soleil couchant. Il se baissa, la regarda un instant et la mit dans sa poche. A cet instant, son petit cheval frappa du sabot sur le sol, et, à sa grande surprise, il lui dit ces paroles :

— Laisse donc cette chaîne où elle est. Elle sera reconnue tôt ou tard et causera beaucoup d'ennuis à son possesseur. Rappelle-toi, mon maître, que bien d'autrui ne fructifie pas.

Mais n'écoutant que son désir de posséder un aussi bel objet, il remonta sur son cheval, l'emportant avec lui, se disant que ce serait une grande économie de chandelle que la possession de cette chaîne, et que les ennuis ne pouvaient être grands : après tout, c'est lui qui avait trouvé cette chaîne, et d'ailleurs, il ne la montrerait à personne.

Tout en faisant ces réflexions, il était arrivé près d'un beau château. Il pénétra à l'intérieur et fit demander au maître de l'admettre parmi ses ouvriers du parc, ne demandant pour tout salaire que sa nourriture et un peu d'avoine pour son cheval dont il avait fait le vœu de ne jamais se séparer.

Le maître, curieux de voir ce mendiant à cheval, et ce qu'il savait faire, accepta la proposition et lui assigna un logement isolé pour lui et son compagnon.

Peu de temps après leur installation au château, le maître, en se promenant, remarqua que le cheval du pêcheur était plus gras, plus propre, plus luisant que les siens, pour l'entretien desquels ses palefreniers employaient une grande quantité de fourrage, d'avoine, de son, de brosses, d'étrilles, de chandelle et d'huile. Il les appela sur-le-champ et leur reprocha leur prodigalité et leur négligence.

— Voyez, dit-il, le cheval du pêcheur, comme il est beau et luisant, et cependant il n'emploie ni savon, ni chandelle, et il ne se nourrit que d'un peu d'avoine. Allez, et veillez à ce que je ne vous prenne plus en défaut à l'avenir.

Les palefreniers, vexés et confus d'un reproche qu'ils reconnaissaient avoir mérité, résolurent d'observer le pêcheur dans les soins qu'il donnait à son cheval. Ils firent donc un trou dans le mur du logement qu'on lui avait donné, et restèrent ébahis de le voir resplendissant de lumière sans qu'il y eût cependant de lampe ni de chandelle, et n'y découvrant que le pêcheur dormant près de son cheval.

Ils allèrent immédiatement prévenir leur maître. Celui-ci vint à l'instant même s'assurer de ce qu'ils venaient de lui raconter. Il aperçut dans un coin de la pièce la chaîne suspendue au mur et brillant plus que les étoiles du Ciel. Il entra chez le pêcheur, et, l'éveillant en sursaut, il lui dit en lui désignant le mur :

— D'où te vient cette chaîne, et pourquoi as-tu fait un secret de sa possession ? Parle, ou tu es un homme mort !

— Maître, répondit le pêcheur, je l'ai trouvée sur la route. Si elle est à vous, reprenez-la. Je vous la remets de grand cœur, et vous l'auriez déjà si j'avais pu prévoir qu'elle vous appartenait.

— Elle n'est pas à moi, dit le maître. Elle appartient à une princesse, reine d'une île éloignée. Elle l'a perdue sur mes terres, quand elle s'est sauvée de chez son oncle alors que j'allais l'épouser. Si tu tiens à la vie, il faut que tu la retrouves et que tu me l'amènes ici. Je suis un roi, tel que tu me vois. Je cache ma puissance pour pouvoir retrouver plus facilement la princesse. Ce n'est pas que je l'aime, mais elle a de grands biens, et il me les faut pour enrichir mes Etats. Réfléchis, entreprends de la retrouver, ou bien meurs. Tu me donneras ta réponse demain.

Et il sortit, laissant le pauvre pêcheur pleurant de désespoir et ne songeant guère à son ami le roi des Poissons.

Son petit cheval, témoin de ses larmes, lui dit :

— Je t'avais prévenu que le bien d'autrui ne porte pas bonheur, tu ne m'as pas écouté. Le mal est fait maintenant, il ne s'agit plus de pleurer. Ecoute-moi, et, cette fois, suis bien mes conseils : va dire au roi que tu entreprendras le voyage. Il faut qu'il mette à ta disposition le plus beau de tous ses bateaux. Ainsi tu pourras lui ramener la princesse. Quel que soit le lieu où elle se trouve, nous finirons bien par la découvrir.

Le roi donna son meilleur vaisseau au pêcheur et ordonna à l'équipage de lui obéir en tout. En prenant congé de lui, il lui dit que la princesse s'appelait Dore et qu'elle était la fille unique et héritière du roi Montargent, souverain des îles du Mont d'Or, près des côtes de Diamant, dans la mer des Perles.

Ils naviguèrent très longtemps. Un jour, le petit cheval dit au pêcheur :

— Fais monter quelqu'un en haut du mât. Si l'on voit une terre, c'est celle que nous cherchons. Il faudra donc y aborder. Tu te feras connaître comme un ambassadeur, mais tu te garderas bien de nommer celui qui t'envoie, car la princesse te ferait jeter en prison.

Un instant plus tard, un matelot vint dire au pêcheur que l'on apercevait une île que dominait un superbe palais, il donna l'ordre d'aborder. Puis il se fit conduire au palais, où il arriva monté sur son petit cheval, suivi de l'équipage du bateau. Après avoir dit qu'il était l'envoyé secret d'un puissant roi, il demanda à être introduit près de la princesse.

La princesse Dore donna l'ordre de le recevoir. Elle l'attendait dans son salon d'honneur, assise sur son trône, et quoique le petit cheval l'eût prévenu et instruit, le pauvre pêcheur de Saint-Cast, peu habitué à traiter les affaires d'Etat, et qui n'avait vu d'autre salon que celui de la revendeuse qui, jadis, achetait son poisson, resta ébloui par la magnificence des pièces par lesquelles il passait. Il faillit même s'évanouir quand il arriva devant la princesse, tellement l'éclat de l'or et des pierreries qui la couvraient blessa ses regards. Heureusement, un hennissement de son petit cheval le remit tout à fait. Il donna à la princesse des lettres dont il ignorait le contenu, car c'est le cheval qui les lui avait procurées. La princesse les lut et parut fort satisfaite : elle invita l'ambassadeur à dîner au palais. Elle le plaça d'ailleurs auprès d'elle et lui fit mille attentions. Le pauvre pêcheur n'osait pas desserrer les dents : il se sentait bien mal à l'aise, et sans les hennissements de son petit cheval, il se fût certainement mal tiré de l'affaire. Enfin, il réussit à persuader la princesse de venir le lendemain sur son bateau pour le visiter et partager son repas. La princesse accepta.

Le lendemain donc, pendant que les convives étaient à table dans le bateau, sur l'ordre du pêcheur, on leva l'ancre et on largua les amarres. La princesse sentit que le bateau bougeait et elle demanda ce que cela signifiait. Le pêcheur lui répondit que le vent s'était mis à souffler plus fort et que la mer était devenue grosse : ainsi le bateau était-il soulevé par les lames qui passaient sous le bateau. La princesse fut rassurée et termina tranquillement son repas, mais lorsqu'elle sortit sur le pont, elle connut la vérité et comprit qu'elle s'était fait prendre au piège.

— Ah ! s'écria-t-elle, je suis encore trahie ! Eh bien ! vous n'en serez pas plus riche, car voici ce que je fais des clefs de mes trésors !

Elle sortit des clefs d'or qu'elle lança dans la mer.

Lorsqu'elle fut arrivée chez le roi, celui-ci la fit enfermer dans une tour. Et au lieu de remercier le pêcheur d'avoir accompli la mission qu'il lui avait confiée, il le regarda de travers :

— Comment ? dit-il. Tu conduis la princesse sans ses clefs ! Eh bien ! retourne les chercher, sinon tu mourras !

— Sire, dit le pêcheur, vous oubliez que la princesse les a jetées à la mer.

— Serviteur peu vigilant, il fallait l'en empêcher ! tu ne l'as pas fait. Rends-moi les clefs de ses trésors ou tu mourras.

Et le roi le menaça de son grand sabre.

— Très bien, dit le pêcheur, j'irai.

Quand il fut seul avec son petit cheval, celui-ci lui dit :

— Demande au roi une frégate très rapide, et partons le plus vite possible. La princesse n'a rien à craindre ici : il ne lui manque que la liberté.

Ils se mirent donc en mer, pour se promener seulement, car ils débarquèrent sur les côtes du Portugal. Lorsqu'ils furent à terre, le petit cheval dit à son maître :

— Souviens-toi que lorsque tu étais pêcheur à Saint-Cast tu as pris un jour un poisson dans tes filets. Mais ce poisson qui s'était égaré de sa route était le roi des Poissons. Tu l'as remis en liberté, et en reconnaissance, il a juré de te rendre de grands services. C'est le moment ou jamais d'avoir recours à lui : appelle-le et demande-lui de tenir ses promesses. Ainsi ton voyage sera fini.

Le pêcheur obéit, et le roi des Poissons apparut sur-le-champ, lui demandant ce qu'il désirait.

— Roi des Poissons, je voudrais les clefs des trésors de la princesse des îles du Mont d'Or. Elle les a jetées au fond de la mer et je ne sais pas où elles se trouvent.

Le roi des Poissons répondit :

— La mer est grande, mais la police est bien faite dans mes Etats, et les clefs seront retrouvées. A cet effet, je vais faire publier un édit par lequel j'obligerai mes sujets à les chercher et à les rendre sur l'heure. Reviens demain.

Le lendemain, le pêcheur fut fidèle au rendez-vous. Il attendit le roi des Poissons. Enfin celui-ci apparut et dit :

— J'ai fait battre le tambour deux fois. Tous mes sujets ont répondu à l'appel sauf un général, le plus petit, mais le plus malin de mes fidèles serviteurs. Je ne puis te répondre. Reviens demain.

Le lendemain, le roi des Poissons dit au pêcheur :

— Tu n'auras pas encore les clefs aujourd'hui. Mon général a paru, et il sait où elles se trouvent, car il a dormi dessus. Mais il est si petit que j'ai dû lui donner une escorte et des poissons de corvée pour rapporter les clefs, qui sont très lourdes.

Le quatrième jour, le roi des Poissons apparut et remit les clefs au pêcheur. Il remercia vivement le roi des Poissons et fit aussitôt mettre à la voile. Il alla déposer les précieux objets aux pieds du roi, gardien de la princesse Dore. Mais celui-ci, au lieu de lui manifester sa reconnaissance, ne parut guère satisfait. Il exigea que le pêcheur se remît en campagne le lendemain.

Cette fois, le but du voyage n'était pas des plus faciles. Il s'agissait d'aller dans la forêt de Chausey à la rencontre d'un cheval fougueux et indomptable. Il errait dans ces bois sans fin sans que nul n'eût pu s'en rendre maître, ni même l'approcher à plus de quelques brasses.

Le pêcheur revint annoncer cette nouvelle corvée à son petit cheval. Celui-ci lui dit :

— Cela n'est rien et me regarde. Partons. Mais auparavant, Il faut que tu achètes neuf peaux de bœufs, que tu les couses l'une sur l'autre afin que, lorsque nous serons dans la forêt, tu me couvres avec, et que tu me les noues autour du ventre. C'est pour éviter que les morsures du cheval ne me fassent du mal, car je l'appellerai et nous nous battrons. Au plus fort du combat, tu sortiras de ta cachette, tu lui passeras un nœud coulant aux pieds de devant. Alors je me jetterai sur lui, tu lui mettras un baillon et une bride, et nous le conduirons au roi.

Dès qu'ils furent arrivés dans la forêt, le cheval hennit et le pêcheur se cacha. La bataille eut lieu. Le cheval indompté fut pris, garrotté et amené aux pieds du roi. Mais celui-ci, au lieu de féliciter le pêcheur, le regarda de travers. Enfin, il lui dit :

— Chien de Breton ! puisque tu es si habile à surmonter les difficultés et à esquiver les dangers, je t'ordonne d'aller dans ton pays me chercher, dans les caves du Menez-Bré, l'eau qui fait vivre, l'eau qui fait mourir et l'eau qui redonne la jeunesse.

Le pêcheur avait bien entendu parler de ces caves et des eaux qui faisaient vivre, qui faisaient mourir et qui redonnaient la jeunesse. Mais comment allait-il pouvoir s'en emparer ? Elles étaient gardées par un grand sorcier qu'on appelait Merlin, et qui interdisait à quiconque d'approcher de cet endroit. On disait aussi que les eaux provenaient de trois fontaines surveillées par des dragons à sept têtes dont les gueules vomissaient du feu, du soufre, de la poix brûlante et de la vapeur. Le pêcheur, en imaginant ce qui allait se passer, se crut déjà mort, et il vint, en pleurant, conter ses malheurs à son petit cheval. Mais celui-ci lui dit :

— Partons ! je connais l'entrée secrète de ces caves. Prends dans ma mangeoire trois boules que tu partageras et que tu jetteras aux dragons. Ainsi ils s'endormiront. Aussitôt tu rempliras tes fioles et tu viendras me rejoindre à l'entrée des caves que je garderai. Sois tranquille, cette expédition est sans danger, et je profiterai du moment où Merlin se repose pour t'y conduire.

Le pêcheur et son cheval partirent pour la Bretagne (1). Ils attendirent le moment favorable et le pêcheur pénétra dans les caves du Menez-Bré, jeta les boules aux dragons qui cessèrent aussitôt leurs sifflements pour se les disputer : bientôt ils s'endormirent d'un lourd sommeil.

Le pêcheur de Saint-Cast remplit ses bouteilles avec l'eau des fontaines et revint vers l'entrée où son cheval montait la garde. Celui-ci lui dit alors :

— Nous touchons au moment où il faudra nous quitter. Mais ne t'inquiète de rien. Tu vas garder ces eaux pour toi et tu ne les donneras pas au roi, car il ne les mérite pas. Bois une goutte de l'eau qui fait vivre et, ainsi, nul ne pourra t'ôter la vie. Lave-toi avec l'eau qui rajeunit et, ainsi, tu seras le plus beau des hommes. Ensuite, quand nous serons rentrés, tu demanderas la main de la princesse Dore. Elle t'a causé assez de mal pour que tu en sois récompensé. Mais avant de t'épouser, elle exigera que tu ailles tuer le cheval fougueux en combat singulier, car ce cheval est en réalité

(1) Dans de nombreuses régions du Pays Gallo, la **Bretagne** désigne la **Basse-Bretagne**, là où l'on parle la langue bretonne.

un prince féroce qui a enlevé sa sœur et l'a fait mourir de chagrin. C'est pourquoi sa marraine, une fée, a changé le prince en cheval afin de le punir. Mais si tu veux le tuer, il faut que tu jettes une goutte de l'eau qui fait mourir sur sa tête.

Le pêcheur revint donc à la cour du mauvais roi. Celui-ci ne le reconnut pas, tellement il était devenu beau grâce à l'eau de la fontaine qui faisait rajeunir. Il se fit cependant reconnaître. Le roi, avec beaucoup de hâte, lui demanda ses bouteilles, et il lui en prit une sans même s'assurer de son effet : il voulait rajeunir, lui aussi, et il la porta à ses lèvres. Malheureusement, c'était la fiole qui contenait l'eau qui faisait mourir, et il expira aussitôt. Le pêcheur ne perdit pas son temps à pleurer le roi. Il délivra immédiatement la princesse et la demanda en mariage. La princesse accepta de l'épouser sous réserve qu'il réussît à tuer le cheval fougueux. Le pêcheur alla donc dans l'endroit où l'on retenait le cheval fougueux et lui versa quelques gouttes de l'eau fatale. Le cheval fougueux mourut.

Il épousa donc la princesse Dore et devint roi des îles du Mont d'Or. Il fit le bonheur de ses sujets et gouverna si sagement son royaume que celui-ci devint le premier de toute la terre.

Quant au petit cheval, qui était le neveu du roi des Poissons, il reprit sa forme première de génie ailé. Après le mariage du pêcheur, il resta encore un an avec lui, et ayant été parrain de son premier enfant qu'il dota de toutes les vertus, il retourna au royaume des Fées d'où il était venu.

Saint-Jacut (Côtes-du-Nord).

Ce récit, recueilli en 1856, est la version gallo de *la Saga de Yann* que j'ai publiée dans ma *Tradition celtique en Bretagne armoricaine*, p. 148-168. La version bretonne est plus riche d'éléments mythologiques d'origines diverses, mais ce récit de Haute-Bretagne présente cependant l'essentiel du thème : comment un homme astucieux et protégé par des puissances surnaturelles parvient à s'emparer d'un pouvoir auquel il n'a pas droit.

LA DAME BLANCHE DE TRECESSON

Allain, le braconnier, venait de Beauvais. Sur la hauteur, près de la chapelle Saint-Jean, il prit un sentier à peine tracé dans la lande et descendit vers les bois de Trécesson. Là, au cours de la nuit précédente, il avait caché de nombreux collets et il avait maintenant hâte d'aller les relever.

Quand il pénétra dans le bois, il entendit l'horloge de l'église de Campénéac sonner onze coups. La lune s'était levée et, comme le ciel était dégagé, elle éclairait les arbres de sa lueur froide. Allain n'aimait pas cela : il préférait travailler dans l'obscurité complète, à l'abri des regards indiscrets. Mais il était trop tard pour reculer. Il se dirigea vers ses pièges et se baissa plusieurs fois. En vain : ils étaient vides. Avec une sorte de rage mêlée de consternation, il se précipita vers ceux qu'il avait posés le plus près possible du château, mais ceux-là aussi étaient vides. Allain n'en revenait pas, car c'était la première fois qu'une telle chose arrivait.

Pour comble de malchance, il entendit du bruit. D'un bond, il se plaqua contre le tronc d'un arbre. Là, il attendit, dressant l'oreille, le moindre pas, le moindre frémissement de feuille. Combien étaient-ils ? Alors il respira avec soulagement : c'était une charrette sur le chemin, et qui devait rentrer dans une ferme. Allain avait cru que c'étaient des hommes du château qui, ayant découvert ses pièges, voulaient mettre la main sur lui. Et, en ce temps-là, la justice était sans pitié pour les braconniers : Allain savait fort bien que, s'il se faisait prendre, il serait condamné aux galères.

Cependant le bruit se rapprochait, venant de la route de Campénéac.

— Ce n'est pas une charrette, se dit Allain, redevenu soudain inquiet. Qui peut venir au château à cette heure ?

Intrigué, le braconnier regardait de tous ses yeux du côté de la route, à travers les arbres, devant la masse féodale du château. La lune se reflétait sur l'étang, éclaboussant les eaux de son instable lumière et y découpant l'ombre des tours en cernes fantastiques. A l'intérieur du bâtiment, tout dormait, semblait-il, et nulle lueur n'en perçait les épaisses murailles. Les chiens, qu'on lâchait d'habitude chaque nuit dans la cour, n'aboyaient même pas, et pourtant le bruit se rapprochait. Bientôt Allain aperçut un carrosse tiré par cinq chevaux noirs comme la nuit d'où ils venaient de surgir. Après avoir dépassé l'entrée du château, les chevaux s'arrêtèrent net, et le carrosse s'immobilisa sans bruit sur le bord de la route.

Alors les portières s'ouvrirent et une étrange procession surgit du carrosse : plusieurs jeunes gens, vêtus de sombre, coiffés de larges chapeaux dont les plumes formaient un halo vaporeux au-dessus de leurs têtes, tous portant des pelles et des pioches. Ils s'en allaient vers la grande prairie, derrière les murailles du château. Et, spectacle inattendu, fermant la marche, il y avait une forme féminine enveloppée d'un long manteau blanc. Elle passa si près d'Allain que celui-ci put distinguer son visage blanc comme la cire d'un cierge : elle était jeune et très belle, les yeux constamment baissés vers le sol. On aurait dit qu'elle portait une robe de mariée, mais vers quelle cérémonie marchait-elle ? Que

signifiait cette noce silencieuse où personne ne faisait le moindre bruit, à tel point que tous ces êtres semblaient glisser sur l'herbe, comme des spectres issus d'un cauchemar ?

Au milieu de la prairie, les jeunes gens s'arrêtèrent et se mirent à creuser la terre à coups de pioche et de pelle. Allain les voyait travailler et se démener, mais il n'entendait pas le choc des outils sur le sol : c'était à croire qu'il y avait quelque sorcellerie là-dessous. Au bout d'un moment, qui parut très long au braconnier, les jeunes gens eurent creusé une fosse profonde et ils jetèrent leurs instruments. La jeune femme était près d'eux, immobile dans son vêtement blanc que le léger vent qui soufflait du nord faisait onduler sous la lune. Alors, brusquement, les jeunes gens se précipitèrent vers elle, la saisirent par les épaules et la firent basculer dans la fosse où elle disparut sans un cri. Puis ils ramassèrent leurs pelles et leurs pioches, et, avec une incroyable frénésie, rejetèrent la terre dans la fosse. Quand ils l'eurent comblée, ils piétinèrent le sol pour le tasser : on eût dit une danse de sorciers sur le cadavre d'une victime de leurs effroyables pratiques. La scène était étrange et sauvage : le braconnier se signa, terrifié, ne sachant pas si ceux qu'il voyait étaient des hommes ou des démons.

Enfin, les jeunes gens ramassèrent leurs instruments, puis repartirent aussi lentement et silencieusement qu'ils étaient arrivés. Ils montèrent dans le carrosse. Les portières se refermèrent. Fouettés par un cocher invisible, les chevaux se mirent en branle, tournèrent autour du véhicule en accomplissant un demi-cercle, et le carrosse disparut dans la nuit, sur la route de Campénéac.

Des nuages venaient de mordre la lune et la lumière disparut pour faire place à des ténèbres épaisses. Allain, le braconnier, entendait le pas des chevaux, bien loin vers l'ouest, martelé par l'écho des landes et des collines. Le braconnier s'enfuit à toutes jambes à travers les bois, en direction de Beauvais.

Le lendemain, de bonne heure, Allain se présentait au château de Trécesson. A l'intendant qui lui demandait ce qu'il voulait, il répondit qu'il ne parlerait qu'au seigneur lui-même. L'intendant refusa de déranger son maître pour un homme qui n'en valait pas la peine, mais le braconnier fit tant de bruit que le seigneur l'entendit et s'enquit de ce qui se passait. Le seigneur de Trécesson était de fort bonne humeur, ce matin-là, et il se plut à écouter le récit que lui fit Allain des événements de la nuit. Il est utile de préciser qu'Allain se garda bien de parler de ses pièges et qu'il prétendit avoir assisté à la scène depuis la route. Quand il eut tout entendu, le seigneur de Trécesson se mit à rire bruyamment :

— Bonhomme, dit-il, tu as dû t'endormir ou bien tu t'es arrêté plus que de raison dans les auberges de Campénéac avant de rentrer chez toi ! C'est une histoire invraisemblable. En admettant que tu aies dit la vérité, comment se fait-il qu'on n'ait rien entendu du château ?

Le braconnier jura par tous les saints du Paradis qu'il n'avait pas rêvé et qu'il n'avait rien bu la veille. Devant de telles démonstrations, le seigneur de Trécesson haussa les épaules.

— Eh bien, dit-il, viens me montrer l'endroit !

Allain accompagna le maître du château jusqu'au milieu de la prairie et lui désigna l'endroit où il avait vu enterrer la jeune femme en blanc. Il était visible que la terre avait été retournée, car l'herbe manquait sur une certaine surface, et tout autour, on pouvait observer de nombreuses traces de pas. Le seigneur de Trécesson fut saisi d'un doute, fit appeler ses valets et leur ordonna de creuser. Quand ils eurent enlevé la terre bouleversée, les hommes poussèrent un cri de stupeur, et le maître se pencha. Allain avait bien dit la vérité : au fond de la fosse, se trouvait une jeune femme très belle, recouverte d'un long manteau blanc maculé de terre. Elle paraissait dormir. Mais tout à coup, tous reculèrent, épouvantés : le corps de la jeune femme venait de tressaillir. On la vit se redresser sur son séant, on vit ses yeux s'ouvrir à la lumière du jour, sous les rayons dorés du soleil qui faisaient paraître son visage encore plus pâle. Puis ses yeux se refermèrent, comme éblouis. Elle poussa un long et douloureux soupir et retomba inerte au fond de la fosse. Elle était morte.

On ne sut jamais qui était la Dame blanche de Trécesson, ni quel était l'étrange et sinistre cortège qui l'avait conduite à sa tombe de terre.

Tréhorenteuc (Morbihan).

J'ai entendu ce récit plusieurs fois dans la région de Tréhorenteuc et de Campénéac. Il s'agit vraisemblablement du souvenir d'un fait divers remontant aux environs de 1750, mais on n'en trouve aucune trace dans les documents d'époque. Et le mystère continue de rôder sur cette étrange dame blanche, enterrée vive, et que, paraît-il, on rencontre parfois sur la lande, les soirs de pleine lune.

MENOU LE HERQUELLIER

Menou, de Beauvais, ce village au milieu de Brocéliande, était herquellier : il allait de bourg en bourg, de ville en hameau, avec sa charrette tirée par un cheval maigre et noir, pour vendre des balais de bruyère ou de genêt et des paniers de bourdaine qu'il fabriquait lui-même avec des branches cueillies dans la forêt. Menou était vieux garçon, car aucune femme n'aurait voulu de cet homme qui jurait et blasphémait à longueur de journée, qui ne mettait jamais les pieds à l'église, mais qui, par contre, hantait les auberges de Paimpont, de Campénéac et de Tréhorenteuc.

Un jour, Menou revenait de la foire de Ploërmel, l'esprit quelque peu embrumé par les bouteilles qu'il avait vidées en compagnie de gens de son espèce. Il venait de dépasser Campénéac et arrivait à la Croix de Trécesson, quand l'orage se déchaîna, un orage épouvantable, avec des éclairs plus lumineux que le soleil de juin, et de la pluie comme si le déluge recommençait. Le herquellier fit presser le pas à son cheval : en un instant, il se trouva près de la ferme attenante au château. Il conduisit le cheval dans le hangar et pénétra lui-même dans la salle où se trouvaient réunis les fermiers et un trimardeur venu s'abriter de la pluie.

— Tiens, Menou ! dit le fermier. Tu boiras bien une bolée avec nous ?

— Ce n'est pas de refus ! grommela le herquellier.

Il s'assit sur la bancelle, les deux coudes sur la table.

Cependant l'orage ne cessait pas. Les coups de tonnerre se succédaient sans trêve, et la pluie rageait contre les toits. A chaque éclair, la fermière reculait dans l'angle le plus sombre de la pièce et murmurait comme une litanie :

— Sainte Barbe ! Sainte Fleur ! la couronne de Mon Seigneur ! quand le tonnerre tombera, Sainte Barbe nous protégera !...

Les hommes se signaient seulement, sauf Menou, qui se contentait, à chaque fois, de glousser, étouffant ainsi un ricanement. Le trimardeur le regardait d'un air inquiet : avec ses grosses moustaches et ses joues envahies par une barbe de trois jours, avec ses yeux luisants et ses vêtements sombres, Menou n'était-il pas le diable en personne ? N'était-ce pas lui qui avait déclenché cet orage par ses maléfices, et qui, maintenant, s'en réjouissait ?

— Je sens comme du soufre ! dit le fermier. J'ai l'impression que le tonnerre n'est pas tombé bien loin !

Et les litanies de la fermière reprirent de plus belle.

Au bout d'une demi-heure, la pluie devint moins forte, mais les éclairs déchiraient toujours le ciel. Menou se leva.

— Bon ! dit-il, je m'en vais.

— Tu n'es pas fou ? dit le fermier en se dirigeant vers la fenêtre. Ce n'est pas fini. Tu vas te faire brûler !

Menou ricana :

— Sacré nom de Dieu ! Je me fous pas mal du tonnerre ! je serai moins mouillé !

La fermière s'était signée. Le trimardeur dit :

— Attention, Menou ! il ne faut pas blasphémer !

Menou éclata d'un rire strident :

— Je m'en fous pas mal de votre bon Dieu ou de votre diable ! Ils n'ont qu'à venir un peu, ils recevront ma main sur la gueule !

Et Menou sortit. Il prit son cheval par la bride et le bruit de la carriole se perdit dans les grondements du tonnerre.

Une heure après que l'orage fut terminé, le trimardeur, ayant dépassé la chapelle Saint-Jean, se préparait à descendre la côte qui menait vers Beauvais, quand il vit la charrette de Menou arrêtée sur le bord de la route. Il s'approcha et découvrit un spectacle à vous donner la chair de poule : le cheval était affaissé, inerte, et, sur la carriole, recroquevillé sur lui-même et noir comme du charbon, Menou le herquellier gisait, foudroyé.

On conduisit le corps de Menou dans sa maison et on l'étendit sur la bancelle, devant le lit. La nuit tombait ; on avait allumé une chandelle de résine dont la lumière vacillante crépitait de façon sinistre en remplissant la pièce d'une fumée âcre et suffocante. Sur la table, une écuelle renversée et des débris de nourriture. La fenêtre avait des vitres sales et recouvertes de toiles d'araignées.L'un des carreaux était cassé et avait été remplacé par une motte de paille. Tout dénotait un laisser-aller complet, une crasse repoussante. Des poules entraient et sortaient en caquetant et en picorant sur la terre battue. Telle était la demeure de Menou, le herquellier, l'homme qui faisait peur quand on le rencontrait au sortir d'un chemin creux.

Pendant la nuit, le corps du foudroyé fut veillé par quelques voisines. C'était un mauvais homme, ce Menou, mais c'était tout de même un baptisé : on ne pouvait pas le laisser sans prières. Et les bonnes femmes vinrent dire leur chapelet. Et entre les chapelets, pour se donner du courage, elles firent un sort à la bouteille d'**alambic** qu'elles avaient découverte dans le buffet du défunt. Mais ce n'était pas une mauvaise action, puisque c'était pour mieux prier. Pauvre Menou, quand même !

L'enterrement eut lieu le surlendemain, de bonne heure. On mit le cercueil sur un vieux char tiré par un cheval maigre. Le porteur de croix arriva : on avait pris la plus vieille croix de la paroisse ; le métal en était rongé par le vert-de-gris, mais peu importait du moment qu'on avait une croix. Et puis, c'était bien assez bon pour un herquellier sans dévotion et qui ne payait jamais son denier du culte.

Précédés du porteur d'échelettes qui agitait en cadence les deux cloches, l'une au son grêle, l'autre au son grave, la charrette s'ébranla en grinçant abominablement. Une douzaine de voisins environ, tous des hommes, s'étaient fait un devoir de charité d'accompagner le herquellier jusqu'à sa dernière demeure.

Le chemin est long de Beauvais à Paimpont, où se trouve l'église paroissiale : il faut traverser la partie la plus haute de la forêt. Le soleil était déjà très chaud. Vers le sud, quelques nuages noirs s'amoncelaient. Les hommes commencèrent à réciter une dizaine de chapelet pour le repos de l'âme de Menou. En tête du cortège, l'homme aux échelettes agitait ses cloches pour avertir les gens du passage du convoi funèbre.

On venait de dépasser l'étang de Chatenay, au bas duquel tournait, indifférente, la roue du moulin. On commençait à gravir la pente de Hucheloup, quand un terrible coup de tonnerre se fit entendre.

Il y eut un mouvement d'hésitation parmi ceux qui suivaient la charrette. L'orage éclatait : or, c'était un foudroyé que l'on portait en terre. Deux hommes quittèrent le cortège et rebroussèrent chemin avec beaucoup de hâte. Un éclair aveuglant fut immédiatement suivi d'un craquement très sec : la foudre venait de tomber sur un arbre, en bordure de la route. Et ce fut la pluie brutale et drue. Les hommes baissèrent leur chapeau sur leurs yeux et continuèrent à prier d'une voix plus forte.

A l'entrée de la forêt, devant la croix du calvaire, l'homme aux échelettes s'arrêta, et tous firent de même. Il s'écria :

— Nous allons dire un **pater** et un **ave.**

Ils se mirent à genoux. Pendant le temps que dura le recueillement, il n'y eut aucun coup de tonnerre, mais dès que le cortège se remit en marche dans la forêt, le ciel recommença à crépiter de toutes parts. Le cheval se cabrait, ruait et le conducteur avait du mal à le retenir. Chaque fois que les hommes baissaient la tête, l'eau qui s'était amassée sur le rebord de leur chapeau dégoulinait en abondance. Les sabots glissaient sur le sol mouillé.

Le cortège arriva au carrefour de Haute-Forêt. Là encore, il y avait un calvaire et l'homme aux échelettes fit arrêter tout le monde pour réciter une dizaine de chapelet. Durant ce temps, le ciel s'éclaircit légèrement, la pluie devint insignifiante et le tonnerre ne gronda pas. Mais dès qu'on eut repris la route, tout recommença de plus belle. Les hommes, trempés et aveuglés marchaient stoïquement derrière la charrette tandis que celle-ci dévalait rapidement la pente qui aboutissait au bourg de Paimpont. Et tous se disaient qu'ils en avaient pour peu de temps à présent, car la plus grande partie du chemin était accomplie.

Au détour de la route, là où commence l'étang et où on aperçoit les bâtiments de l'abbaye, la foudre tomba sur l'eau, à quelques mètres de la charrette. Le cheval faillit s'emballer et manqua de renverser le véhicule. Celui qui était chargé de la croix la portait sous son bras de peur d'attirer le tonnerre. L'homme aux échelettes avait posé celles-ci sur ses épaules et ne recommença à les faire tinter que lorsqu'on pénétra dans le bourg de Paimpont.

A l'église, le sacristain s'impatientait de ne point voir arriver le cortège funèbre. Il s'était purgé le matin et aurait voulu en finir avec cette cérémonie afin de disposer de son temps. Aussi fut-ce avec soulagement qu'il entendit le son aigre et grave des échelettes. Et ce fut également un soulagement pour les hommes qui suivaient la charrette lorsqu'ils pénétrèrent dans l'église. Pendant la messe — oh ! une toute petite messe basse ! Menou ne valait pas une grand-messe chantée ! — l'orage cessa tout à fait et on vit même du soleil filtrer à travers les vitraux coloriés. La messe achevée, le recteur, qui avait jugé bon d'épargner ses chants, ne ménagea pas l'eau bénite au moment de l'absoute, et chacun arrosa copieusement le cercueil, persuadé qu'ainsi le diable s'éloignerait, sinon de Menou lui-même, mais du moins de ceux qui avaient eu le courage de suivre son cortège.

Les rues inondées étaient vides lorsque la charrette prit le chemin du cimetière, et le temps, qui s'était pourtant éclairci, redevint sombre et menaçant, au moment où l'on aperçut les croix par-dessus le mur blanc. Tous craignaient le retour de l'orage, y compris le sacristain qui portait l'eau bénite et qui aurait voulu être à cent lieues, y compris le recteur qui avait peur d'abîmer son beau surplis tout neuf. Quant aux autres, ils commençaient à penser qu'il y avait quelque chose de bizarre dans ces intempestives manifestations du ciel.

On arriva cependant sans encombre au cimetière, et on descendit le cercueil dans la fosse qui avait été creusée à cet effet. On fit encore une aspersion d'eau bénite, et chacun, le chapeau à la main, se préparait à repartir, quand un formidable coup de tonnerre, accompagné d'un éclair rougeâtre, ébranla l'air et la terre. Après un instant de désarroi et de stupeur, les assistants virent que la foudre était tombée dans la fosse et qu'elle avait fendu en deux le cercueil de Menou le herquellier.

Et jamais de mémoire d'homme, il n'y eut de plus belle fin de journée que celle-là : les nuages furent balayés par un grand vent qui venait de la mer, là-bas, à travers les landes et les bois chargés des parfums de l'été. Le soleil brilla comme un diamant magnifique et le ciel devint plus bleu que la mer en des pays d'éternelle jeunesse.

Tréhorenteuc (Morbihan).

Cette histoire m'a été racontée en 1960 et on m'a garanti qu'elle était vraie. On me demanda d'ailleurs de changer le nom du personnage parce qu'il avait encore de la famille. Il est fort possible, en effet, qu'un tel événement se soit produit il y a peu d'années, mais le récit, en passant de bouche à oreille, s'est chargé, comme bien d'autres, d'éléments édifiants.

LES LAVANDIERES DU RAUCO

N'avez-vous jamais entendu, la nuit, en rentrant chez vous, des claquements derrière les haies, près des ruisseaux, comme des coups de battoir contre le linge ? Si vous les entendez, signez-vous et passez votre chemin sans regarder du côté d'où vient le bruit. Rentrez chez vous en toute hâte, si vous ne voulez pas rencontrer les lavandières de nuit.

Un soir de fête, Guillo, de la Touche-Robert, apprit à ses dépens ce qu'il en coûte de rencontrer les lavandières. Guillo était un bon à rien. Paresseux du matin jusqu'au soir, il ne savait que boire. Et après boire, il chantait à tue-tête dans le bourg de Tréhorenteuc, à tel point qu'il recevait des seaux d'eau sur la figure lorsque les habitants en avaient assez de l'entendre s'égosiller. Or, ce soir-là, le vent en poupe, Guillo s'en retournait vers sa demeure. Il n'avait d'autres auditeurs que la lune entre deux nuages et les hiboux qui s'enfuyaient à son approche. Au lieu de prendre le raccourci à travers pré qui l'aurait mené droit à la Touche-Robert, il s'était engagé sur la route qui montait vers Trébottu.

Lorsqu'il parvint au petit pont sur le Rauco, ce ruisseau qui descend du Val sans Retour, il entendit des battements, vers la gauche, en direction du Val, sans doute près du moulin en ruine. Intrigué, il cessa de chanter, mais son ivresse n'était pas suffisamment dissipée pour qu'il pût discerner ce qu'était en réalité le bruit qu'il entendait. Quittant la route, il longa le ruisseau pendant un long moment, se heurtant aux souches d'arbres, glissant sur les racines, pataugeant dans l'eau et la boue.

Alors il aperçut deux femmes à genoux sur le bord du ruisseau : elles étaient vêtues de blanc et elles lavaient un grand drap qu'elles frappaient de leurs battoirs. Guillo ne put en croire ses yeux : était-ce une heure pour laver du linge, alors que tout dormait et que l'ombre emplissait les lisières de la forêt ? Il haussa les épaules et voulut repartir, mais son pied buta dans une pierre qui tomba à l'eau. Les deux lavandières sursautèrent et tournèrent leurs visages vers Guillo. Ah ! quels visages ! la lumière de la lune, en les frappant, soulignait leurs traits sans vie et leurs yeux creux qui semblaient vides. Guillo fut horrifié et bondit pour fuir au plus vite, mais l'une des femmes cria :

— Approche ! viens nous aider !

En titubant, Guillo approcha. Quelque chose l'attirait dans la direction de la voix. Il se tint, les bras ballants, ne sachant que faire. Les lavandières lui tendirent le drap qu'elles venaient de laver et qui était tout ruisselant d'eau.

— Eh bien ! dit l'une d'elles, qu'attends-tu ? aide-nous à tordre ce drap !

Machinalement, Guillo saisit l'extrémité du drap. A l'autre bout, les lavandières tordaient l'étoffe, mais Guillo ne bougeait pas. Il parvint à dire avec quelque peine :

— Qui êtes-vous ? pourquoi lavez-vous ce drap si tard dans la nuit ?

L'une des lavandières répondit :

— Nous lavons le linceul d'un homme qui doit mourir cette nuit, et si nous ne faisons pas ce travail, il n'aura pas de linceul.

Sur le coup, la plaisanterie parut si drôle à Guillo qu'il éclata de rire. Et pour montrer sa bonne humeur, il tordit le drap de gauche à droite.

— Malheur ! s'écria l'une des femmes. Malheur ! il a tordu le drap dans le sens maléfique !

— Malheur ! malheur ! répéta l'autre.

Les cris résonnèrent dans les arbres. Un oiseau réveillé frôla la tête de Guillo en s'envolant, et l'air déplacé par le battement des ailes sembla déchaîner un vent de tempête qui parcourut les cimes de la forêt. Quand Guillo se fut un peu remis de sa frayeur, il ne vit plus les deux lavandières : elles avaient disparu. Guillo s'imagina avoir rêvé, mais il sentit un froid humide lui pénétrer le corps. Alors il vit qu'il portait dans ses bras le grand drap mouillé.

Tout à fait dégrisé, Guillo n'eut plus qu'une pensée : courir jusqu'à la plus proche maison et s'y réfugier. Il avait peur, terriblement peur. Mais il n'eut pas le temps de mettre son projet à exécution : il entendit un grincement dans les bois, le grincement d'une charrette dont les roues n'avaient point été graissées depuis longtemps.

Incapable de faire le moindre pas, le moindre geste, Guillo attendit. D'où venait cette charrette ? Il n'y avait pourtant pas de chemin carrossable dans le bois, tout au plus quelque méchant sentier encombré de buissons et de souches. Cependant la charrette approchait dans la nuit, et aux bruits des roues grinçantes, s'ajoutaient le choc sourd des pas du cheval et le craquement des branches brisées. A tout instant, Guillo, immobile, le drap dans ses bras, croyait la voir surgir des fourrés.

Il y eut un hennissement. Sur le bord du Rauco, faiblement découpée par la lueur de la lune, la charrette venait de s'arrêter, et le cheval se penchait vers l'eau pour étancher sa soif. Un personnage vêtu d'un habit noir s'approcha de Guillo, un fouet à la main :

— Holà ! l'homme ! cria-t-il. Je cherche un nommé Guillo ! est-ce que tu l'aurais vu par hasard ?

Guillo ne répondit pas. Ses dents claquaient, à cause de la terreur, plus qu'à cause du froid qui le saisissait. Le mystérieux personnage tourna autour de lui et dit d'une voix rauque :

— Mais, je ne me trompe pas ! tu portes ton linceul dans tes bras ! c'est donc toi, Guillo de la Touche-Robert !

Le visage du personnage fut soudain violemment éclairé par la lune, et Guillo, avec une indicible épouvante, vit que c'était le visage de l'**Ankou,** le Serviteur de la Mort. Alors, ne pouvant supporter cette vision, il tomba sur le sol. Il y eut un ricanement qui se prolongea dans les arbres et sur la lande, il y eut un grand bruit de branches brisées. Le cheval hennit trois fois, et la charrette, en grinçant, s'évanouit dans la nuit, tandis que mille étoiles brillaient sur l'eau du ruisseau.

Tréhorenteuc (Morbihan).

Ce récit est une des nombreuses versions des Lavandières de nuit, conte répandu dans la Haute et la Basse-Bretagne, avec quelques variantes et des localisations précises.

LE TAUREAU BLEU

Il était une fois, au village de Saint-Léry, près de Mauron, une petite fille nommée Yzole. Yzole était bien malheureuse, car elle avait perdu très tôt sa mère, et son père s'était remarié avec une vilaine femme qui la détestait et lui causait beaucoup de tourments. La soupe n'était-elle pas cuite, le lait n'était-il pas écrémé, le pain n'était-il pas levé ? C'était invariablement la faute d'Yzole. Le père, homme bon, mais faible et sans jugement, croyait tout ce que sa femme lui racontait. Et Yzole recevait quelques gifles avant d'aller se coucher dans l'étable, sans souper.

C'était en effet dans l'étable qu'Yzole dormait, sur la paille, en compagnie des bêtes. Mais Yzole ne s'en plaignait pas, car son seul ami était un taureau bleu, grand et fort, très vieux déjà. Chaque fois que la petite fille arrivait en pleurant et se jetait sur la paille, le taureau bleu se penchait sur elle. Elle sentait son souffle chaud sécher ses larmes et elle entendait le taureau bleu lui murmurer :

— Yzole ! Yzole ! ne pleure pas. Regarde plutôt dans mon oreille, tu y trouveras du pain beurré.

Et la petite fille regardait dans l'oreille du taureau bleu. Et dans l'oreille du taureau bleu, il y avait toujours une tartine de pain beurré. Yzole dévorait le pain, remerciait le taureau bleu, lui caressait son échine soyeuse, et puis s'endormait, les bras serrés autour du cou de l'animal.

Or, un jour, tandis qu'elle lavait le linge dans le ruisseau, derrière la ferme, Yzole entendit sa marâtre qui discutait avec un voisin. Pendant la discussion, Yzole entendit ces mots :

— Demain matin, nous tuerons le taureau bleu. Il est maintenant trop vieux et bon à rien.

Yzole lâcha le linge qu'elle tenait, tant elle fut terrifiée par ce qu'elle venait d'entendre. On allait tuer le taureau bleu, son seul ami... Des larmes coulèrent le long de ses joues. Mais elle se ressaisit : il fallait faire quelque chose. Elle se faufila dans l'étable en prenant grand soin de n'être point vue. Le taureau bleu était là, couché sur la paille mêlée d'ajoncs et de fougères. Il ruminait paisiblement.

— Taureau bleu ! mon taureau bleu ! s'écria la petite fille. On veut te tuer demain matin, car on trouve que tu n'es plus bon à rien !

Le taureau bleu continua à ruminer.

— Taureau bleu ! mon taureau bleu ! s'écria encore Yzole. Il nous faut partir. Je te sauverai, je t'emmènerai et nous irons bien loin !

Le taureau bleu lui répondit :

— Oui, nous partirons, mais tout à l'heure, quand tu nous auras menés en champ. Ne t'inquiète pas et ne pleure pas.

La petite fille revint à son linge, mais ce fut sans entrain qu'elle reprit son travail. Enfin le moment arriva où elle devait conduire les bêtes en champ. Yzole rassembla son troupeau et se dirigea vers le grand pré, en bordure de la Doueff. Là, elle fit sortir le taureau bleu dans un chemin creux, abandonnant les vaches qui broutaient et qui ne s'étaient aperçues de rien.

Mais où aller ? Vers Mauron ? ce n'était pas possible, on les retrouverait tout de suite. Vers Gaël ? Yzole ne connaissait pas le chemin. Vers Concoret ? là aussi, on les retrouverait sûrement. Il ne restait plus que la forêt, au sud, mais Yzole avait peur de la forêt. On racontait tant de choses sur cette forêt et sur ce qui s'y passait.

— Ne t'inquiète pas, dit le taureau bleu. Allons vers la forêt et je te protégerai.

Ils partirent par les chemins creux et les prairies, franchissant des haies d'aubépines et d'ajoncs. Ils arrivèrent au Haligan sans rencontrer personne et évitèrent les maisons du hameau. Puis ils pénétrèrent dans la forêt par une lande parsemée de pins, où chantaient de beaux oiseaux. Au bout de la lande, il y avait un bois touffu et un petit sentier qui s'engageait à travers les arbres. Et tous les arbres de ce bois avaient des feuilles en cuivre.

— Prends garde, dit le taureau bleu. Ne touche pas ces feuilles, car si l'une d'elles vient à tomber, il nous arrivera malheur.

La petite fille suivit le taureau bleu dans l'étroit sentier. Il faisait très sombre. On n'entendait ni chants d'oiseaux, ni bourdonnements d'insectes. Yzole fit bien attention de ne pas frôler les branches, et tous deux sortirent du bois sans encombre.

— Je suis fatiguée, murmura la petite fille.

— Viens sur mon dos, dit le taureau bleu.

La petite fille monta sur le dos du taureau bleu. Ils continuèrent leur route à travers les landes de Lambrun. Ils passèrent devant la Fontaine de Barenton et s'arrêtèrent un instant pour boire l'eau qui sourdait sous le perron de granit. Le soir tombait et une lumière très rouge irisait les arbres tout autour. Les oiseaux chantaient follement pour saluer Yzole et son ami le taureau bleu. Ils arrivèrent ensuite devant un bois profond dans lequel s'ouvrait un sentier très étroit et tortueux. Les arbres avaient des feuilles d'argent qui scintillaient sous les derniers rayons du jour. Le taureau bleu fit descendre la petite fille.

— Suis-moi, dit-il, et prends garde de ne toucher aucune de ces feuilles, car si l'une d'elles venait à tomber, il nous arriverait malheur.

Ils traversèrent le bois sans encombre, mais au dernier arbre, la petite fille, tout heureuse de se retrouver dans un large espace, heurta l'une des feuilles d'argent qui tomba sur le sol. Aussitôt, des bruits étranges se firent entendre au fond des taillis et d'affreuses bêtes velues comme des araignées surgirent.

— Ecarte-toi ! dit le taureau bleu.

Et, de ses sabots, il martela longtemps le sol jusqu'à ce qu'il eût écrasé toutes ces vilaines bêtes.

— Mon pauvre taureau bleu, dit Yzole, tu dois être bien fatigué. Et tout cela est de ma faute.

— Ce n'est rien, dit le taureau bleu. Continuons notre route.

Ils repartirent dans le crépuscule. La lune se levait déjà. Ils dépassèrent Pertuis-Nanti et les maisons de Fermu, toutes closes et silencieuses. Sous les éclats froids de la lune, au fond d'un ravin, ils virent un bois avec un petit sentier, et les arbres de ce bois avaient des feuilles en or, ruisselantes de lumière.

— Prends garde, dit le taureau bleu. Ne touche pas à ces feuilles, sinon il nous arrivera malheur.

Ils s'engagèrent sur le sentier. Au-dessus d'eux, une voûte merveilleuse jetait des feux de toutes les couleurs. La petite fille était si émerveillée qu'au sortir du bois, elle ne put résister à l'envie de toucher à l'une de ces feuilles. Mais la feuille tomba sur le sol avec un bruit sourd. A ce bruit, dans les entrailles du bois, répondirent des rugissements, et trois ou quatre lions surgirent de chaque côté du sentier.

Yzole poussa un cri de terreur, mais déjà le taureau bleu fonçait, cornes en avant. Il abattit un lion, puis deux, puis trois. Toute la forêt retentissait des hurlements des lions frappés à mort. Cependant, le quatrième lion fut le plus difficile à vaincre, et ce ne fut que bien longtemps après que le taureau bleu put pousser un mugissement de triomphe. Mais dans quel état était-il ! ruisselant de sang, la respiration haletante, il avait reçu tant de coups et de morsures qu'il était à bout de forces. Il s'effondra aux pieds de la petite fille.

— Taureau bleu ! mon taureau bleu ! s'écria Yzole, qu'allons-nous devenir ?

Le taureau bleu leva sa tête vers Yzole et murmura doucement, très doucement, en la regardant de ses yeux tristes :

— Ce n'est rien, ce n'est rien, je vais seulement mourir.

Yzole éclata en sanglots et mit ses bras autour du cou du taureau bleu.

— Mais je ne veux pas que tu meures, mon taureau bleu ! dit-elle.

— Ne t'inquiète pas, dit le taureau bleu. Tous tes ennuis sont terminés. Tu mettras sur moi de la terre et des pierres bleues comme on en trouve dans la forêt, et tu te souviendras de l'endroit où nous sommes. Chaque fois que tu auras besoin de quelque chose, tu viendras ici sur ma tombe, et tu me le demanderas. Et tout ce que tu demanderas, je te le donnerai. N'aie pas peur, petite fille, toi qui m'as donné ton amitié. Reviens ici chaque fois que tu auras besoin de moi...

L'étoile du Berger était basse à l'horizon quand mourut le taureau bleu. La petite fille en larmes mit de la terre et des pierres bleues sur le pauvre taureau bleu, à la sortie du ravin où les arbres avaient des feuilles d'or. L'aube pointait de l'autre côté de la forêt, très blanche. La petite fille reprit son chemin, le cœur bien gros, son chemin qui menait vers la vallée.

On raconte qu'Yzole fut recueillie par un fermier du bourg de Tréhorenteuc. Il était pauvre, mais il avait bon cœur. Et du jour où il recueillit la petite fille, rien ne lui manqua, ni vêtement, ni vaisselle, ni moissons, et il devint le plus riche de tout le pays, et il aima Yzole comme si c'était sa propre fille, et Yzole l'aima comme si c'était son père.

Mais certains disent que les nuits de pleine lune, ceux qui reviennent de la forêt, la hache sur l'épaule, aperçoivent parfois une petite fille à genoux près d'un monticule de pierres bleues, à l'orée d'un bois très sombre à l'intérieur duquel personne ne se risque jamais. Et cette petite fille murmure :

— Taureau bleu ! mon taureau bleu !...

Tréhorenteuc (Morbihan).

Il existe de ce très beau conte plusieurs autres versions, notamment dans la partie gallo des Côtes-du-Nord. En fait, le récit demeure assez mystérieux : il faut y voir le souvenir d'une antique tradition concernant le culte du Taureau, non pas tel qu'on le trouve dans la religion de Mithra, mais plutôt tel qu'il apparaît dans certaines épopées irlandaises d'Ulster, en particulier la fameuse *Razzia des Bœufs de Cualngé,* où l'enjeu de toutes les batailles est un taureau unique en son genre. Mais si l'on comprend bien le conte, il s'agit d'une divinité sacrifiée et démembrée qui, par-delà la mort, continue à protéger ses fidèles et à leur procurer l'abondance et la fécondité. Le thème remonte donc assez loin dans la proto-histoire et est sans doute dû aux premiers Celtes, éleveurs de bétail, qui vinrent s'installer dans l'Europe occidentale.

Basse-Bretagne

L'ERMITE DU MENEZ-BRE

Autrefois, il y a bien longtemps, à ce qu'on m'a dit, habitait un ermite au manoir de Rûn-ar-Goff, sur le versant occidental de la montagne qu'on appelle le Menez-Bré. Cet ermite se nommait Gwenc'hlan et on disait aussi qu'il était prophète, qu'il pouvait lire dans les étoiles et que ceux qui allaient le consulter ne revenaient jamais sans quelque certitude concernant le destin des hommes. Gwenc'hlan ne ressemblait à personne. Son physique même n'était pas comme celui des autres mortels. On aurait dit qu'en lui brillait une lumière surnaturelle, étrange, un peu comme la lumière qu'on aperçoit, la nuit, le long des murs des cimetières. Pourtant Gwenc'hlan était un homme comme vous et moi. Il mangeait du pain, buvait de l'eau, ou du cidre lorsqu'il en avait, et il parlait le langage des autres hommes. On racontait seulement qu'il avait la tête mobile sur les épaules et que, pour voir derrière lui, il n'avait pas besoin de tourner le corps. Ainsi, rien ne lui échappait : il avait les yeux partout à la fois. Il était comme le Menez qui, sans bouger, regarde le ciel en ses quatre horizons. Ce qui était sûr, c'est qu'il parlait aussi le langage des animaux, car on l'avait souvent vu converser avec eux. Les corbeaux ne regagnaient jamais leur gîte dans les bois, le soir, sans venir lui rendre visite, faisant ainsi leur rapport sur ce qu'ils avaient observé durant la journée. Les oiseaux de passage s'arrêtaient sur le rebord de sa fenêtre et lui racontaient tous les événements insolites dont ils avaient été les témoins dans les pays qu'ils avaient survolés. Les renards et même les loups entraient dans sa cour, et Gwenc'hlan les écoutait avec attention quand ils avaient quelque chose d'important à lui dire.

Une année, il fut informé par les oiseaux qu'une troupe innombrable de guerriers saxons s'apprêtait à faire irruption sur les côtes de Bretagne. Dédaignant de répondre à ses gens qui le harcelaient de questions, il revêtit son harnois de guerre, ceignit sa lourde épée qui, d'habitude, reposait étendue dans sa chambre, et toujours silencieux, le visage plus impénétrable encore que de coutume, il s'en alla tout seul sur la montagne. Une fois parvenu au sommet, il commença par brandir en l'air, tout autour de sa tête, sa longue épée en poussant des cris et en se démenant avec une ardeur farouche comme s'il avait affaire à des milliers d'assaillants invisibles. Et ce manège dura de l'aube au coucher du soleil : sans paraître se fatiguer, il ferraillait de la sorte, le métal de son épée flamboyant aux rayons du soleil, et les coups étaient si brusques, si rapides que, d'en bas, on eût dit un perpétuel jaillissement d'éclairs. Quand la nuit s'approcha, il arrêta son combat, il puisa de l'eau de pluie dans le creux d'une roche et lava son visage trempé de sueur. Puis il descendit de la montagne.

Ses gens le regardaient d'un air effaré, se demandant ce qu'il avait accompli. Il lut dans leurs yeux qu'ils ne comprenaient pas. Alors, d'un geste, il leur montra le ciel et la mer lointaine qui ruisselaient des pourpres sombres du couchant. Les nuages avaient l'air de traîner leurs franges dans du sang, et le vent qui venait du nord charriait avec lui de fades odeurs, les mêmes qui s'exhalent des grands champs de bataille après que le dernier guerrier de l'armée ennemie a fui dans les ténèbres et la peur. Et à cette odeur de sang et de mort, ils comprirent ce qu'avait accompli l'ermite du Menez-Bré : Gwenc'hlan avait exterminé jusqu'au dernier ceux qui devaient envahir la terre de Bretagne.

Cet exploit le rendit encore plus célèbre. Les voyageurs venaient le trouver. Souvent Gwenc'hlan ne leur parlait même pas. Il leur suffisait qu'ils pussent le voir. Ils s'en allaient, réconfortés par la lumière étrange qui émanait de cet homme qui n'était pas comme tout le monde. Et d'autres venaient le consulter : il leur répondait par des paroles qu'il était difficile de comprendre. L'ermite du Menez-Bré voyait les choses d'ici-bas et les choses de l'Autre-Monde. C'était le visionnaire d'un monde inconnu, et on le respectait comme si on sentait qu'il avait des pouvoirs sur les êtres et les choses, comme s'il avait le pouvoir de déplacer les grandes pierres qui parsemaient les landes, du côté du couchant étincelant.

Un jour, un aigle de mer vint lui annoncer que l'heure fatidique allait sonner pour lui. Il arracha une plume à l'aile de l'oiseau et c'est avec cette plume qu'il écrivit ce qui allait être son testament :

« Je vais disparaître », disait-il, « et je ne veux point qu'on recherche ma tombe. Il ne sera au pouvoir de personne de savoir le lieu où je serai dans le sein de la terre. Je veux dormir en paix dans une sépulture inconnue de tous. Qu'on ne cherche pas davantage mes livres et les secrets qu'ils contiennent. Je les emporte avec moi pour me servir d'oreiller dans ma froide tombe. Quant à mes richesses, qui sont immenses, je les aurais volontiers données à ceux de Bretagne, mais si je le faisais, je ne leur ferais qu'un présent funeste. Que les Bretons gardent leur pauvreté, car elle est la source de la joie et du courage ».

Ayant ainsi fait, il plia le papier sur lequel il venait d'écrire et le jeta au vent. Puis, lorsque la nuit fut venue, il se mit en route vers le Menez. Derrière lui venaient les douze chariots de Rûn-ar-Goff, chargés de tonnes d'or, d'argent et de pierres précieuses. Gwenc'hlan avait pris ses précautions : il avait bandé les yeux des conducteurs des chariots de façon à ce que ceux-ci ne pussent voir où ils allaient. Ils voyageaient ainsi à l'aveuglette, réglant leur marche sur celle des chevaux, évitant seulement que les chariots ne versassent dans les fossés. Ils racontèrent, le lendemain, qu'ils avaient dû accomplir un très long trajet. En fait, c'est que Gwenc'hlan, pour mieux les dépister, leur avait fait faire plusieurs fois le tour de la montagne. Et à un certain moment, les attelages s'étaient brusquement arrêtés. Sans qu'on pût savoir comment, les chariots s'étaient vidés de leur chargement. On eût dit que tous les trésors de Gwenc'hlan s'étaient engloutis dans un puits sans fond. Après quoi, les conducteurs, toujours aveuglés par leurs bandeaux, avaient entendu comme une sorte de mélopée s'élever dans la nuit : c'était une psalmodie, comme on en entendait dans l'ancien temps, triste et sereine à la fois, violente et insinuante comme le chant des bardes qui accompagnaient nos ancêtres dans les combats. Enfin, on avait entendu un grand soupir, et puis plus rien. Les conducteurs des chariots avaient enlevé leurs bandeaux. Ils n'avaient plus vu Gwenc'hlan : il semblait s'être évanoui dans la nuit et la brume qui environnait le Menez-Bré. Mais, les soirs d'automne et d'hiver, surtout pendant les **mois noirs,** on entend une voix dans le vent qui souffle sur la montagne. Et cette voix dit :

— Je suis Gwenc'hlan, l'ermite du Menez-Bré, celui qui vous a aidés pendant qu'il était vivant. Maintenant je suis dans une froide tombe, quelque part dans le sol de Bretagne, mais je suis toujours celui que vous avez connu et je protège la montagne contre tous les guerriers du monde qui voudraient s'en emparer...

Et le vent continue de hurler sur les rochers, le long des pentes de la montagne, pendant que la nuit s'écoule, dans la brume et les nuages, comme une grande ombre qui s'étend sur la terre.

Pluzunet (Côtes-du-Nord).

Ce récit, recueilli à la fin du XIXe siècle de la bouche de Marc'harid Phulup, la reine des conteuses, ne semble pas entièrement populaire, du moins quant à son origine. En effet, le nom de Gwenc'hlan et la personnalité du prophète doivent beaucoup au *Barzaz-Breiz* de La Villemarqué. En fait, il s'agit d'un ermite nommé Guiclaff, dont le souvenir nous a été transmis par un texte du XVe siècle qui nous le montre en train de prophétiser pour le roi Arthur. Il y a là conjonction de la tradition littéraire et de la tradition populaire.

LES AVENTURES DE YANN BAZ-HOUARN

Yann était resté trois ans dans le ventre de sa mère, et quand il vint au monde, il était l'enfant le plus fort qu'on eût jamais vu.

Quand il eut quatorze ans, on lui fabriqua un bâton de fer qui pesait cinq cents livres, et il s'en alla voyager avec ce bâton.

Il marchait depuis longtemps lorsque, dans un bois, il recontra une vieille femme dont l'aspect était horrible. Elle avait des dents à faire peur, des dents longues et aiguës.

— Comme vous avez des dents longues, grand-mère ! lui dit-il.

— Et comme elles sont aiguës, mon fils ! répondit la vieille.

— Mordez à mon bâton, pour voir.

Il éleva son bâton à la hauteur de la bouche de la vieille femme. Elle y mordit et emporta un morceau.

Yann était fort mécontent de voir son bâton entamé. Il le souleva encore une fois et lui en donna un coup sur la tête.

— Tiens, dit-elle, on dirait qu'il tombe de la grêle.

Elle ne paraissait pas autrement incommodée par le coup de bâton. Yann lui en donna un second, puis un troisième. A la fin, il la tua et lui cassa trois dents. De la première dent, il sortit une boule d'or creuse, et des deux autres une boule d'or pleine.

Puis Yann continua sa route tranquillement, comme si rien ne lui était arrivé. Il se trouva bientôt dans un grand bois très sombre. Au milieu de ce bois, il vit un château et une autre vieille femme qui semblait l'habiter. La vieille lui dit :

— Tu as tué ma sœur, mais à présent, tu vas avoir affaire à moi !

Elle était très menaçante et s'avançait vers Yann. Sans rien répondre, Yann lui déchargea un grand coup de son bâton sur la tête, et il la tua comme l'autre. Puis il la jeta dans une grande marmite d'eau bouillante qui était là, sur le feu.

Alors il monta sur la cheminée et attrapa un sac rempli de cailloux. Il se préparait à partir lorsqu'un géant, qui était le fils de la vieille, arriva dans la maison en disant :

— J'ai faim, mère, j'ai grand-faim !

Le géant ne voyait pas Yann et il cherchait sa mère partout.

— Où êtes-vous, ma mère ? demandait-il.

— Ici ! dit la vieille. Dans la chaudière !

— Où donc ?

— Dans la chaudière.

Le géant se pencha sur la chaudière et Yann lui lança un gros caillou sur la nuque, si violemment qu'il tomba à l'intérieur, la tête la première.

Un autre géant entra peu après. Lui aussi alla regarder dans la chaudière et Yann lui envoya un caillou, le faisant tomber de la même manière.

Mais un troisième géant fit bientôt son entrée. Comme il ne voyait personne, il demanda :

— Où êtes-vous, ma mère ?

Ce fut Yann qui répondit :

— Ici, mon fils, sur le haut de la cheminée.

— Descendez vite pour me donner à manger, car j'ai grand-faim.

Yann, qui était toujours sur la cheminée, descendit, et il avala le géant avec une facilité déconcertante.

Aussitôt, trois belles jeunes filles, des princesses sans doute, tellement elles étaient belles, et trois sœurs, car elles se ressemblaient, entrèrent dans la salle et dirent à Yann :

— Merci, jeune homme, tu nous a sauvées, car nous étions prisonnières de ces méchantes gens. Mais qu'as-tu fait de la vieille et de ses fils ?

— La vieille et deux de ses fils cuisent là, dans la chaudière.

— Et le troisième fils ?

— Je l'ai avalé !

— Alors, dit l'une des princesses, il te faudra le rendre. Et lorsque tu l'auras rendu, il voudra t'avaler à son tour. Mais voici ce que tu dois faire si tu veux éviter d'être avalé : tout à l'heure, tu sentiras des douleurs dans ton ventre et tu seras obligé d'aller là où le valet ne peut pas aller à la place de son maître. Quand tu iras, n'oublie pas d'emporter une grosse botte de paille, et quand tu auras rendu le géant, couvre-le de paille immédiatement et mets-y le feu. C'est la seule façon de le faire périr.

Tout se passa comme elle avait dit. Yann se comporta de cette façon et détruisit ainsi le géant qu'il avait avalé.

Alors l'une des princesses lui dit :

— Maintenant, tu dois savoir qu'il y a un quatrième géant, encore plus terrible que les autres. C'est un grand magicien, celui-là. Il se trouve dans une salle souterraine, juste au-dessous du château. Il a une cloche sur la tête, et quand cette cloche sonne, rien ne peut lui résister. Mais nous allons te donner des objets qui te protégeront et tu pourras venir à bout de ce géant.

L'aînée des princesses dit :

— Voici un anneau d'or. Quand tu l'auras à ton doigt, tu deviendras invisible.

La seconde dit :

— Voici une croix. Quiconque regarde cette croix, sauf s'il est digne de la porter, devient aveugle sur-le-champ.

La troisième dit :

— Voici un sabre. Il est si redoutable qu'il peut couper le fer et l'acier.

— Très bien, dit Yann. Avec ces trois objets, je viendrai facilement à bout de ce géant. Et quand il serait le diable lui-même, j'irais le chercher là où il est.

Il descendit sous terre par un escalier que lui firent voir les trois princesses. Il se trouva dans un long couloir qu'il suivit jusqu'à une porte de fer. Il frappa.

— Qui est là ? demanda le magicien.

— Ton frère qui vient te voir, répondit Yann en grossissant sa voix.

Sans méfiance, le magicien ouvrit la porte. Yann avait son anneau au doigt et le magicien ne le vit pas. Il mit sa croix sous les yeux du géant, et celui-ci devint aveugle aussitôt. Alors, avec son sabre, il lui coupa la tête, puis tous les membres, et il dispersa ceux-ci de tous côtés pour les empêcher de se rejoindre. Enfin, quand il eut terminé, il remonta.

Les trois princesses l'attendaient avec impatience. Quand elles l'aperçurent, elles s'écrièrent, transportées de joie :

— Nous voici définitivement sauvées à présent ! que notre libérateur choisisse pour sa femme celle qu'il préférera de nous trois.

Yann était quelque peu embarrassé. Mais il décida et choisit l'aînée. Or, quelque temps plus tard, la puînée, par jalousie, tua sa sœur et Yann l'épousa. Mais la cadette tua aussi celle-ci. Elle voulait épouser Yann, mais Yann refusa. Il quitta le château pour aller faire pénitence, sous un grand rocher, au milieu d'un bois. Il y vécut et y mourut comme un saint.

Plouaret (Côtes-du-Nord).

Ce conte est une des nombreuses variantes de « l'Homme au bâton de fer », récit universellement répandu mais qui a eu beaucoup de succès en Bretagne. J'en ai publié une version dans la *Tradition celtique en Bretagne armoricaine*, p. 224 : la fin en est totalement différente. Le conte présenté ici est assez délirant, et Luzel, qui l'a recueilli en 1873, n'a jamais osé le publier à cause de certains détails jugés trop réalistes.

LE MERLE AU BEC D'OR

En ce temps-là, il y avait un roi à Lannion, et ce roi, qui était très âgé, était malade d'une maladie qu'aucun médecin ne pouvait guérir. Et pourtant, tous les médecins, parmi les plus réputés, étaient venus le voir : ils avaient tous dit que la maladie du roi leur était inconnue et qu'ils ne connaissaient donc aucun remède.

Le roi de Lannion était très aimé. Tout le monde entrait dans le palais et bavardait avec lui. Or un jour, une vieille femme, que personne n'avait jamais vue, vint au chevet du roi. Elle l'examina et dit :

— Mon roi, je sais un remède qui peut vous soulager, mais il n'est pas sûr que vous puissiez vous le procurer. Il faut que vous buviez de l'eau de la Fontaine du Soleil et que vous écoutiez chanter le Merle au Bec d'Or. Mais je ne sais pas où se trouvent la fontaine et l'oiseau. Peut-être que vos fils pourront les trouver.

Le roi de Lannion avait trois fils. Il fit venir l'aîné et lui raconta ce que la vieille femme lui avait dit. Alors l'aîné prit la route au hasard. Il demandait partout si on connaissait la Fontaine du Soleil et l'endroit où se trouvait le Merle au Bec d'Or. On lui répondait qu'on ne savait pas où ils se trouvaient.

Le fils du roi marcha longtemps. A la fin, il arriva près d'une grande ville, et au moment de pénétrer dans la ville, il aperçut une auberge sur les murs de laquelle ces mots étaient écrits : « ici on boit, on mange et on dort pour rien ».

Il regarda à l'intérieur et ne vit que des gens en train de danser. Après avoir un peu hésité, il se décida à entrer. Mais le genre de vie qu'on y menait lui plut tellement qu'il y resta et ne s'occupa plus de la Fontaine du Soleil, ni du Merle au Bec d'Or.

Le temps passait. Le roi de Lannion ne voyait pas revenir son fils aîné. Il appela son second fils et lui demanda d'aller chercher de l'eau de la Fontaine du Soleil et le Merle au Bec d'Or. Le second fils partit lui aussi.

Il suivit la même route que son aîné et se disposait à entrer dans la grande ville quand il aperçut l'auberge sur les murs de laquelle étaient écrits ces mots : « ici on boit, on mange et on dort pour rien ». Il s'arrêta, poussé par la curiosité. Et alors il vit son frère par la fenêtre.

— Bonjour, dit-il, je suis arrivé à te retrouver.

— Où vas-tu donc ? demanda l'aîné.

— Et toi, as-tu trouvé la Fontaine du Soleil et le Merle au Bec d'Or ?

— Ma foi, dit l'aîné, il y a bien longtemps que je n'y pense plus, je suis très bien ici et j'y reste.

Le frère cadet voulut voir ce qui se passait à l'intérieur de l'auberge et savoir pourquoi son frère tenait tant à rester là. Mais dès qu'il entra dans l'auberge, il ne pensa plus à la Fontaine du Soleil, ni au Merle au Bec d'Or. Il y avait à boire et à manger, et l'on s'amusait bien dans cette auberge. Alors, il y resta en compagnie de son frère.

Le temps passait et le roi de Lannion ne voyait pas revenir ses deux fils. Et il était de plus en plus malade. Il fit appeler son troisième fils, Loeiz. C'était un garçon malingre et souffreteux, qui passait tout son temps au coin du feu, parce qu'il prétendait qu'il avait froid.

— Mon fils, lui dit le roi, si je savais que tu puisses retrouver tes frères, je te dirais bien de partir toi aussi.

— Mais, mon père, pourquoi n'irais-je pas moi-même découvrir la Fontaine du Soleil et le Merle au Bec d'Or ?

— Toi ? dit le roi, mais tu ne pourras jamais y arriver. Tu es trop faible et trop malade pour cela.

— Cela ne fait rien, dit Loeiz, j'irai.

Et il partit sur la route. Il suivit le même chemin que ses frères et il arriva à l'auberge où l'on pouvait boire, manger et dormir pour rien. Il regarda par la fenêtre et aperçut ses frères qui dansaient.

— Bonjour, leur dit-il, je vous ai enfin retrouvés.

— Viens avec nous, lui dirent-ils, tu pourras boire et manger tant que tu voudras et cela ne te coûtera rien !

— Mais, dit Loeiz, avez-vous trouvé la Fontaine du Soleil et le Merle au Bec d'Or ?

— Il s'agit bien de cela, dirent les aînés, nous sommes très bien ici et il y a bien longtemps que nous n'y pensons plus !

Et comme ils insistaient pour qu'il entrât, Loeiz leur dit :

— Je vais chercher l'eau de la Fontaine du Soleil et le Merle au Bec d'Or pour guérir mon vieux père.

Et il reprit sa route. Il traversa un pays désertique. Le soleil était très chaud. Loeiz avait très soif et il était très fatigué. Il aperçut une petite maison, près d'un bois de pins. Il y avait une vieille femme dans cette maison et il lui demanda de le loger.

— Je ne peux pas te loger, mon garçon, j'ai un mort sur mon lit.

— Comment cela ? dit Loeiz. Vous avez un mort sur votre lit ?

— Oui, depuis six mois. Et je ne peux pas l'enterrer, parce que je n'ai pas d'argent pour payer l'enterrement.

Elle donna de l'eau à boire à Loeiz, et du mauvais pain qu'il mangea de bon appétit. Et il dormit dans un coin de la cheminée, comme il avait l'habitude de faire chez lui. Et le lendemain matin, il s'en alla au village le plus proche et vint trouver le recteur.

— Bonjour, monsieur le recteur.

— Bonjour, mon garçon.

— Pourquoi n'avez-vous pas enterré le bonhomme qui est mort, dans la chaumière, près du bois ?

— Ici, on n'enterre personne quand il n'y a pas de sous pour payer la cérémonie.

— Ma foi, dit Loeiz, je vais vous payer.

Et il sortit de sa poche les quelques pièces de monnaie qui lui restaient. Alors le recteur dit qu'il allait venir enterrer le mort. Et il vint en effet, et le mort fut conduit au cimetière. Le jeune homme passa un jour ou deux avec la vieille femme et lui donna encore quelques pièces. Puis il partit en disant :

— A mon retour, je reviendrai vous voir.

En sortant de la maison de la vieille, il s'assit sur un tronc d'arbre. Il se demandait comment il allait faire pour trouver la Fontaine du Soleil et le Merle au Bec d'Or.

— Il y a un an que je suis parti du château de mon père, se disait-il, et je ne suis pas plus avancé. Je ne sais pas quelle route prendre.

C'est alors qu'un homme vêtu de noir s'approcha de lui et lui demanda :

— Que fais-tu là, mon garçon ?

— Je réfléchis sur la route que je dois prendre, répondit Loeiz.

— Et où veux-tu donc aller ?

— Je veux aller chercher de l'eau à la Fontaine du Soleil, et ramener le Merle au Bec d'Or, pour guérir mon père qui est malade.

— Ce n'est pas difficile, dit l'homme en noir. La Fontaine du Soleil n'est pas loin d'ici.

— Vraiment, dit Loeiz.

— Tu vas aller jusqu'à la ferme la plus proche, et là, tu regarderas dans la cour. C'est là que se trouve la Fontaine du Soleil. Mais avant de prendre de l'eau à la Fontaine, il faut que tu te plonges dedans. Et quant à cet oiseau que tu appelles le Merle au Bec d'Or, il n'est pas loin non plus, mais tu ne pourras l'avoir que si tu trouves le Cheval de Feu.

— Et où se trouve le Cheval de Feu ?

— Dans une ferme que tu verras, non loin d'un bois de hêtres, là où deux rivières se rejoignent. Tu le trouveras sûrement. Il est dans son écurie, il est tout sellé et il attend qu'on vienne le prendre.

Loeiz remercia l'homme en noir et reprit son chemin. Il eut tôt fait de découvrir la ferme dont il lui avait parlé. Il n'y avait personne dans cette ferme, tout était désert. Il alla dans la cour. Le soleil était si fort qu'il semblait qu'il surgissait de la terre. Il trouva bien vite la fontaine et n'oublia pas de plonger dedans la tête la première.

Alors, quand il en sortit, il ne se sentit plus faible ni malade. Il s'aperçut qu'il était devenu grand et fort. Plus de trace de fatigue : il était prêt à s'en aller au bout du monde.

Mais avant de partir, il remplit soigneusement une fiole avec l'eau de la fontaine et la mit dans sa poche. Il fallait maintenant découvrir le Cheval de Feu qui lui permettrait d'atteindre le Merle au Bec d'Or. Il marcha longtemps et aperçut une ferme, non loin de l'endroit où deux rivières se rejoignaient. Il y alla tout droit et entra dans l'écurie. Le Cheval de Feu se trouvait là, tout joyeux et piaffant d'impatience. Loeiz l'enfourcha et partit sur son dos, plus rapide que le vent.

Il galopa longtemps à travers le pays. Son cheval était rapide comme le feu lorsque le vent l'attise. Mais il ne savait toujours pas où se trouvait le Merle au Bec d'Or. Il demanda à plusieurs personnes qu'il rencontra, mais aucune d'entre elles ne savait quoi que ce soit à ce sujet. Désespéré, il s'arrêta à l'orée d'un bois et s'assit sur un tronc d'arbre.

C'est alors qu'un homme vêtu de brun vint à passer et s'approcha de lui.

— Que fais-tu là ? demanda l'inconnu. Tu es bien triste pour un jeune homme de bonne mine et de fière allure.

— Je ne sais pas où trouver le Merle au Bec d'Or, répondit Loeiz.

— Ce n'est pas difficile, répondit l'homme en brun. Il te suffit de trouver la Princesse aux Cheveux d'Or, et c'est elle qui te conduira à l'endroit où se trouve le Merle au Bec d'Or.

— Mais où trouverais-je la Princesse aux Cheveux d'Or ?

— Ce n'est pas difficile. Vois-tu ce château, à travers les branches des arbres, là-haut, sur la colline ? C'est là que dort la Princesse aux Cheveux d'Or, et cela depuis qu'une malédiction a été prononcée contre le château. Fais bien attention : il y a trois cours dans ce château. La première est remplie de reptiles qui voudront te mordre. Mais si tu sais t'y prendre, il ne t'arrivera rien de désagréable. La seconde cour est remplie de tigres, et la troisième de géants. Or ces géants et ces animaux dorment profondément depuis onze heures jusqu'au dernier coup de minuit. Si tu es assez habile et rapide, tu pourras facilement traverser ces cours. Et à l'intérieur du bâtiment, il y a trois chambres. Ne te laisse pas retarder par ce que tu trouveras dans les deux premières, car tu risquerais de ne plus pouvoir t'en retourner. Va dans la troisième chambre, c'est là que se trouve la Princesse aux Cheveux d'Or.

Et l'homme en brun s'éloigna. Loeiz attendit la nuit, en se reposant à l'orée de la forêt. Quand vint le moment, il enfourcha le Cheval de Feu et parvint en un instant à la porte du château. Il l'ouvrit alors qu'onze heures venaient de sonner. Dans la première cour, il vit le sol jonché d'énormes serpents et d'autres reptiles tous plus hideux les uns que les autres. Dans la seconde cour, le cœur faillit lui manquer en voyant les tigres qui dormaient. Dans la troisième cour, il suffoqua, tellement l'odeur des géants était nauséabonde. Enfin, il pénétra dans le bâtiment.

Il traversa une première salle. Il n'y avait personne. Mais sur la table, il trouva une miche de pain blanc. Comme il avait faim, il en coupa une tranche et la mangea. Mais il fut bien surpris de voir que la miche ne diminuait pas. Il en coupa une autre tranche : la miche ne changeait toujours pas d'aspect.

Il entra dans une seconde salle. Là non plus, il n'y avait personne. Mais il vit sur la table un pot de vin, avec un verre à côté. Comme il avait soif, il se remplit un verre et le but. Il fut tout surpris de voir que le contenu du pot ne diminuait pas. Il se servit un autre verre : toujours rien de changé. Alors il se souvint des paroles de l'homme en brun : il ne fallait pas s'attarder dans les deux premières pièces.

Il entra dans la troisième salle. Là, il tomba en extase, la bouche ouverte, à la vue d'une princesse, belle comme l'aurore, étendue sur un lit de pourpre, et dormant profondément. Comment faire pour l'éveiller ? Loeiz n'osait pas, se demandant par quel moyen il allait tirer la ravissante créature de son sommeil profond. Alors il eut une idée : il s'allongea sur le lit à côté de la princesse, il la prit dans ses bras et l'embrassa tendrement. Aussitôt la princesse se souleva et lui sourit.

— Bonjour, lui dit-elle. Que veux-tu ?

Loeiz était très intimidé. Il parvint cependant à lui dire :

— Je voudrais le Merle au Bec d'Or pour guérir mon père qui est malade.

— Ce n'est pas difficile, dit la Princesse.

Elle se leva de son lit et entraîna Loeiz vers une porte qui se trouvait au fond de la salle. Alors ils pénétrèrent dans une chambre merveilleusement décorée de toutes les couleurs du monde. Et il vit le Merle au Bec d'Or qui dormait, dans une cage suspendue au plafond par quatre chaînes d'or. Il aperçut aussi un sabre, accroché au mur, et sur la lame duquel on pouvait lire : « celui qui me possède peut tuer dix mille hommes, en frappant du fil de la lame, et couper tout ce qu'il lui plaira, en frappant du revers ».

— Eh bien ! dit la Princesse, il ne te reste plus qu'à prendre le sabre et à couper les chaînes. Ainsi tu pourras emporter le Merle au Bec d'Or.

Loeiz n'hésita pas longtemps. Il saisit le sabre et de quatre coups bien assénés, il coupa les chaînes d'or. Il prit la cage, et suivi par la princesse, il s'enfuit du château le plus rapidement possible, car minuit approchait. Le douzième coup sonnait lorsqu'ils atteignirent la grande porte. Loeiz prit la princesse en croupe, et tenant toujours la cage où se trouvait le Merle au Bec d'Or, il fit galoper le Cheval de Feu plus rapidement que le vent.

Il passa près de l'auberge où ses frères étaient restés. Justement ceux-ci étaient à la fenêtre. Il leur cria :

— Voyez ce que je rapporte ! j'ai l'eau de la Fontaine du Soleil et le Merle au Bec d'Or afin de guérir notre père, et en plus, je ramène la Princesse aux Cheveux d'Or.

Les frères étaient las de la vie qu'ils menaient dans

l'auberge.

— Attends-nous, lui dirent-ils, nous rentrons avec toi.

Et ils firent route ensemble. Mais une nuit, alors que Loeiz dormait, ses deux frères se saisirent de lui et le jetèrent dans un puits. Puis ils s'emparèrent de la fiole qui contenait l'eau de la Fontaine du Soleil, du Merle au Bec d'Or, de la Princesse et du Cheval de Feu, et s'en retournèrent à Lannion, chez leur père.

Leur père fut tout heureux de les retrouver. Mais quand il s'agit d'ouvrir la fiole d'eau de la Fontaine du Soleil, rien à faire. Il était impossible de la déboucher. Quant au Merle au Bec d'Or, il se refusait à chanter. Le vieux roi était toujours aussi malade, et la Princesse passait ses journées à pleurer parce qu'elle croyait que Loeiz était mort.

— Où est Loeiz, mon plus jeune fils ? se lamentait le roi de Lannion.

Loeiz était dans le puits. Il n'était pas mort, mais il se morfondait et maudissait ses frères de lui avoir joué un tel tour. C'est alors qu'il entendit une voix au-dessus de lui, sur le rebord du puits.

— Bonjour à toi, disait la voix.

— Bonjour, répondit Loeiz. Qui es-tu ?

— Tu ne me reconnais pas ? demanda la voix.

— Non, dit Loeiz.

— Je suis l'homme en noir et l'homme en brun qui t'ont indiqué la route à suivre pour découvrir l'eau de la Fontaine du Soleil et le château du Merle au Bec d'Or. Te souviens-tu d'avoir payé pour enterrer un mort ?

— Certes oui, dit Loeiz, et je ne le regrette pas.

— Tu n'as pas à le regretter, en effet, dit la voix, car ce mort, c'est moi. Et en récompense du bienfait que tu m'as procuré sans espoir de récompense, je vais te tirer d'affaire.

Loeiz fut vite sorti du puits. Il se dirigea tout droit vers Lannion. Quand il fut arrivé, il se fit introduire près de son père. A première vue, celui-ci ne le reconnut pas, tant il avait forci, tant il avait bonne mine. Mais le roi de Lannion fut tout heureux de retrouver son fils.

— Vous n'avez pas vu mes frères ? demanda Loeiz.

— Si, répondit le roi. Ils sont arrivés avec l'eau de la Fontaine du Soleil, avec le Merle au Bec d'Or, et aussi avec une Princesse aux Cheveux d'Or, la plus belle de toutes les princesses.

— Alors, mon père, vous êtes guéri !

— Hélas, non, dit le roi. Il est impossible d'ouvrir le flacon qui contient l'eau de la Fontaine du Soleil, et le Merle au Bec d'Or ne veut pas chanter. Quant à la Princesse, elle pleure toute la journée.

— Je vais vous guérir, moi, dit Loeiz.

— Comment le pourrais-tu, mon pauvre fils ?

— Je vous assure que vous allez guérir.

Loeiz alla chercher le flacon qui contenait l'eau de la Fontaine du Soleil et la cage où se trouvait le Merle au Bec d'Or. Il déboucha le flacon et donna l'eau à boire à son père. Aussitôt le Merle au Bec d'Or se mit à chanter un chant merveilleux que nul n'avait jamais entendu dans le château.

Quant au roi, il se leva de sa couche et dit :

— C'est vrai, je suis guéri.

Et tous ceux du palais furent joyeux. Et la Princesse aux Cheveux d'Or se précipita, tout heureuse de retrouver Loeiz qu'elle croyait perdu.

— Vous voyez bien, mon père, vous êtes guéri !

— Oui, j'y crois maintenant.

— Et mes frères qui ont été incapables de vous guérir, les croyez-vous encore ?

— Certes non, dit le roi. C'est toi seul qui as fait quelque chose pour moi, je le comprends bien. Qu'ils s'en aillent d'ici ou je les ferai jeter dans un four ! Toi, tu resteras auprès de moi.

C'est ainsi que le roi de Lannion garda seulement auprès de lui son plus jeune fils, Loeiz. Et Loeiz épousa la Princesse aux Cheveux d'Or.

La Roche-Derrien (Côtes-du-Nord).

Ce conte, dans sa structure essentielle, a été recueilli en 1954. La version transcrite par Geneviève Massignon dans ses *Contes traditionnels des Teilleurs de lin* est absolument incohérente par ses manques, ses inversions et ses ellipses : visiblement, le locuteur ne comprenait plus rien à ce qu'il racontait. Pour rendre cette version intelligible, il était nécessaire de la confronter avec la version recueillie par J.-M. Luzel en 1875 à Plougasnou, et publiée par lui dans ses *Contes* (II, p. 176-194) sous le titre de *la Princesse Marcassa.* Le thème de ce récit se retrouve dans la tradition slave. Dans le domaine celtique, il offre des ressemblances avec certains textes anciens. L'eau qui guérit est comparable à l'eau de la Fontaine de Barenton, dédiée primitivement au dieu solaire Bélénos. Le Merle au Bec d'Or fait penser aux Oiseaux de Rhiannon de la tradition galloise, dont « le chant réveille les morts et endort les vivants ». Mais comme dans tous les contes qui se réfèrent à une lointaine mythologie celtique, le héros ne peut réussir sa mission sans le concours — et l'amour — d'une femme. Il faut noter aussi le thème de l'auberge : il rappelle étrangement l'Ile des Rieurs, épisode du récit irlandais *la Navigation de Brân* (J. Markale, *l'Epopée celtique d'Irlande,* p. 33) et plusieurs épisodes des Romans de la Table Ronde, notamment celui du Val sans Retour, où l'on voit des chevaliers oublier leur mission et vivre dans les plaisirs d'un lieu enchanté.

À L'AISE
BREIZH!
LR

LE FILLEUL DU ROI

Il était une fois un roi de Bretagne qui voyageait beaucoup sur les chemins de son royaume. Un jour qu'il était fatigué, il s'arrêta, pour se reposer, dans la maison d'un pauvre bûcheron. Or la femme du bûcheron venait de donner naissance à un fils. Le roi de Bretagne voulut être le parrain de l'enfant et lui donna le nom d'Efflam.

Quand le baptême fut fait, et que le roi se fut reposé, il repartit. Mais avant de quitter la maison, il dit au bûcheron :

— Voici un anneau d'or pour mon filleul. Lorsqu'il sera assez grand, tu pourras me l'envoyer. Je le reconnaîtrai à cet anneau et je m'occuperai de lui.

Et le roi reprit son voyage à travers les chemins, qui, à cette époque, étaient si étroits et si délabrés qu'il fallait mettre des jours et des jours pour voyager.

Quand le garçon fut assez grand pour voyager seul, le bûcheron lui dit :

— Voici venu le temps pour toi d'aller trouver le roi de Bretagne. C'est ton parrain, et il m'a promis qu'il s'occuperait de toi. Prends donc cet anneau et va te présenter au palais.

Efflam partit sur le chemin. Mais comme il n'aimait pas voyager sans compagnie, il demanda à l'un de ses camarades, nommé Tual, de venir avec lui jusqu'à la ville.

Or, Tual était jaloux d'Efflam. Il se disait qu'Efflam avait bien de la chance, et que lui-même aurait bien voulu être le filleul du roi. Une nuit, il ne put y tenir : pendant qu'Efflam dormait, il lui déroba son anneau, jeta Efflam dans un puits et se dirigea tout seul vers la ville. Là, il demanda à être reçu par le roi.

Le roi reconnut l'anneau et fit bon accueil à celui qu'il croyait son filleul. Il lui fit donner de beaux vêtements et le confia aux meilleurs précepteurs qu'il put trouver.

Cependant Efflam n'était pas mort. Il avait pu se tirer du puits où Tual l'avait jeté. Il s'en était allé sur le chemin en direction de la ville. Là, il avait appris que le roi avait auprès de lui son filleul, et il comprit que son compagnon avait profité de la situation. Il se garda bien d'aller trouver le roi : comment aurait-il pu prouver que c'était lui le vrai filleul ? il n'avait plus l'anneau. Alors, il demanda s'il y avait du travail au palais du roi et on lui répondit que le jardinier avait besoin d'un aide. Il alla donc trouver le jardinier et celui-ci l'engagea immédiatement.

Un jour, le roi se promenait dans le jardin en compagnie de celui qu'il croyait son filleul. Ils passèrent devant un puits. Le roi dit :

— Voici un puits qui est si profond que personne n'en a jamais atteint le fond. Je voudrais quand même savoir ce qu'il y a dedans.

Le faux filleul venait juste de reconnaître Efflam qui travaillait non loin de là. Il dit au roi :

— Pourquoi ne demanderiez-vous pas à cet aide-jardinier d'aller au fond du puits pour voir ce qu'il y a dedans ?

Le roi suivit le conseil. Il alla trouver Efflam et lui ordonna de descendre dans le puits afin de venir lui raconter ce qu'il aurait vu dedans.

Efflam avait bien compris que Tual était à l'origine de cette demande. Mais il ne dit rien et descendit dans le puits. Ce ne fut pas facile : il devait s'accrocher aux pierres et faire bien attention de ne pas glisser. Il atteignit cependant le fond et fut tout surpris de voir qu'il n'y avait pas d'eau. Au contraire, il y avait un jardin merveilleux, tout illuminé de soleil, avec des fleurs qui sentaient bon, et des arbres chargés de fruits. Efflam s'extasiait devant tant de merveilles et il parcourait les allées de ce jardin en tous sens lorsqu'il vit, au pied d'un arbre, un vieillard qui se reposait.

— Bonjour à toi, Efflam, dit le vieillard.

— Bonjour à toi, répondit poliment Efflam, très surpris que l'autre connût son nom.

— Ne t'inquiète pas pour l'avenir, reprit le vieillard, tout s'arrangera pour toi. Je sais que tu es victime de la méchanceté de ton compagnon, mais il sera puni et toi, tu seras récompensé de ton courage et de ta patience. Je ne te demande qu'une chose : quand tu remonteras tu ne diras pas au roi ce que tu as vu ici. Mais quand tu auras besoin d'aide ou de conseils, tu pourras toujours venir me rejoindre.

Efflam remercia le vieillard et remonta à la surface.

— Alors, demanda le roi, qu'as-tu vu ?

— Rien que de l'eau et des pierres couvertes de mousse , répondit Efflam.

— C'est bien, dit le roi. Je suis content de le savoir et satisfait que tu aies eu le courage d'aller au fond de ce puits.

A quelque temps de là, le roi se promenait encore dans le jardin en compagnie de celui qu'il croyait son filleul. C'était le matin, et le roi murmura :

— Je me demande pourquoi le soleil est rose le matin.

Alors le faux filleul lui dit :

— Pourquoi n'envoyez-vous pas votre aide-jardinier jusqu'au palais du Soleil ? Il est courageux et débrouillard, et il s'arrangera bien pour trouver la solution de ce problème.

— Tu as raison, dit le roi.

Et il ordonna à Efflam de partir pour le palais du Soleil afin de savoir pourquoi le soleil est rose le matin.

Efflam partit dans la direction où le soleil se couche. Ce ne pouvait être que par là qu'il trouverait le palais du Soleil. Il marcha longtemps sur les chemins. Au moment où la nuit tombait, il atteignit le palais du Soleil.

C'était un beau palais, resplendissant, tout en verre et en cristal, avec des pierreries qui jetaient des feux multicolores sur toute la campagne aux alentours. Il se présenta à la porte et une femme vint lui ouvrir.

— Malheureux ! lui dit-elle. Tu ne sais pas que le Soleil, mon fils, dévore tous les humains qui se risquent jusqu'à son palais ? Que viens-tu faire ici ?

— Je venais savoir pourquoi le soleil est rose le matin.

— C'est que, dit la femme, le matin, il reçoit l'éclat du visage de la Princesse du Palais Enchanté qui se tient à sa fenêtre.

Efflam retourna chez le roi de Bretagne. Il lui expliqua que le soleil était rose parce qu'il recevait l'éclat du visage de la Princesse du Palais Enchanté qui se tenait à sa fenêtre. Le roi demeura songeur. Il pensait à la beauté de la princesse. Comment le soleil, qui est si brillant, pouvait-il recevoir l'éclat d'une princesse si cette princesse n'était la plus belle créature du monde ? Et peu à peu, le roi de Bretagne devenait amoureux de la Princesse du Palais Enchanté sans l'avoir jamais vue.

Un jour qu'il se promenait dans le jardin avec celui qu'il croyait son filleul, il lui dit :

— Je voudrais bien épouser la Princesse du Palais Enchanté.

Le faux filleul dit au roi :

— Pourquoi ne demanderiez-vous pas à votre aide-jardinier d'aller vous chercher la Princesse du Palais Enchanté ? Il est courageux et débrouillard et je suis sûr qu'il la ramènera avec lui.

— Tu as raison, dit le roi.

Et il ordonna à Efflam de lui ramener la Princesse du Palais Enchanté. Efflam fut bien ennuyé, car il ne savait pas où se trouvait le Palais Enchanté, ni comment il fallait faire pour décider la Princesse à le suivre. Il réfléchit longuement, puis, la nuit, il se décida à aller voir le vieillard au fond du puits.

— Ce n'est pas difficile, lui dit le vieillard, mais il faut que tu suives mes instructions. Pour aller jusqu'au Palais Enchanté, on doit passer par le royaume des Lions, par le royaume des Ogres, et par le royaume des Fourmis. Demande au roi de Bretagne des chariots et emporte une provision de viande, de lard et de blé. Cela te sera utile lorsque tu chemineras.

Efflam alla trouver le roi et lui demanda des chariots chargés de viande, de lard et de blé. Le roi, qui était impatient de voir la Princesse du Palais Enchanté, n'hésita pas à donner satisfaction à Efflam. Efflam partit donc avec ses chariots.

Quand il eut atteint le royaume des Lions, ceux-ci se précipitèrent vers lui et menacèrent de le dévorer. Alors Efflam fit jeter la viande qui se trouvait dans ses chariots. Les lions se repurent tant qu'ils purent et le roi des Lions vint trouver Efflam.

— Tu nous as bien rendu service, dit-il, car si tu ne nous avais pas donné à manger, nous allions mourir de faim. Chaque fois que tu seras dans les difficultés n'hésite pas à faire appel à nous. Voici une trompette avec laquelle tu pourras m'appeler quand tu le désireras.

Efflam quitta le royaume des Lions et entra dans

le royaume des Ogres. Dès que ceux-ci sentirent qu'il y avait de la chair fraîche dans les alentours, ils se précipitèrent autour d'Efflam avec des mines terrifiantes. Efflam leur fit donner sa provision de lard. Les ogres mangèrent tant qu'ils purent et le roi des Ogres vint trouver Efflam en lui disant :

— Tu nous as bien rendu service, car si tu ne nous avais pas donné à manger, nous allions mourir de faim. Aussi, chaque fois que tu seras dans les difficultés, tu pourras faire appel à nous et nous t'aiderons. Voici une trompe avec laquelle tu pourras nous appeler quand tu auras besoin de nous.

Efflam quitta le royaume des Ogres et pénétra dans le royaume des Fourmis. Aussitôt une multitude de fourmis se précipita vers Efflam. Il en venait de partout, des milliers et des milliers. Et elles étaient prêtes à tout dévorer. Alors Efflam fit distribuer le blé qu'il avait apporté dans ses chariots. Les fourmis se rassasièrent et le roi des Fourmis vint trouver Efflam.

— Tu nous as bien rendu service, dit-il, car sans toi, nous allions mourir de faim. C'est pourquoi nous te rendrons la pareille si tu te trouves dans les difficultés. Voici un sifflet en ivoire avec lequel tu pourras nous appeler si tu as besoin de nous.

Efflam quitta le royaume des Fourmis et aperçut, au sommet d'une colline entourée de forêts un magnifique château de pierre resplendissante. Il pensa que ce devait être le Palais Enchanté, et il alla jusqu'à la porte du château.

— Est-ce ici que demeure la Princesse du Palais Enchanté ? demanda-t-il.

On le conduisit à travers le palais. Les salles étaient toutes plus belles les unes que les autres, avec des murs brillants et des tapisseries de diverses couleurs. A la fin, on l'introduisit dans une chambre où se trouvait une ravissante jeune fille dont les cheveux étaient d'or et les joues couleur de l'aurore.

— Bonjour à toi, dit Efflam. Es-tu la Princesse du Palais Enchanté ?

— Oui, vraiment, répondit-elle. Que veux-tu de moi ?

— Mon maître, le roi de Bretagne, veut t'épouser, car il est tombé amoureux de toi. Veux-tu venir avec moi ?

— Je veux bien te suivre, répondit la Princesse, mais à la condition que tu réussisses trois épreuves auxquelles je vais te soumettre. Il ne sera pas dit que la Princesse du Palais Enchanté puisse partir avec le premier venu.

— J'accepte les épreuves, dit Efflam.

— Eh bien, dit la princesse, je veux que tu passes cette nuit enfermé dans la cage de mon lion, avec seulement une tourte de pain.

Le soir venu, on enferma Efflam dans la cage où se trouvait un énorme lion qui avait l'air d'avoir très faim. Efflam lui tendit la tourte de pain, mais l'animal n'en voulut pas. Il tournait et retournait autour du jeune homme. Efflam se dit que cela allait mal aller pour lui. Se souvenant de la trompette que lui avait remise le roi des Lions, il en sonna. Le roi des Lions parut presque immédiatement.

— Qu'y a-t-il pour ton service ? demanda-t-il.

— Je voudrais que tu dises à ce lion de se tenir tranquille pendant toute cette nuit.

— C'est facile, dit le roi des Lions.

Et il ordonna au lion de la cage de se tenir tranquille. Le lion se coucha et s'endormit. Le lendemain matin, lorsque la princesse arriva pour voir où les choses en étaient, elle trouva Efflam allongé contre le flanc du lion et en train de manger la tourte de pain.

— C'est bien, dit-elle. Tu as réussi cette épreuve,

mais je doute que tu puisses réussir la seconde. Je veux que tu passes la nuit prochaine dans une cage où se trouve un ogre féroce qui n'a pas mangé depuis trois semaines.

Et le soir, on enferma Efflam dans la cage où se trouvait un ogre épouvantable qui se mit à ricaner en voyant le jeune homme. Efflam ne perdit pas son temps. Il prit la trompe que lui avait donnée le roi des Ogres et en sonna. Le roi des Ogres parut aussitôt.

— Qu'y a-t-il pour ton service ? demanda le roi des Ogres.

— Je voudrais que tu demandes à cet ogre de se tenir tranquille et de dormir pendant toute la nuit, dit Efflam.

— C'est chose facile, dit le roi des Ogres.

Et il ordonna à l'ogre de la cage de ne pas toucher à Efflam et de dormir durant toute la nuit.

Le lendemain matin, lorsque la Princesse vint voir comment étaient les choses, elle aperçut Efflam assis dans un coin de la cage tandis que l'ogre ronflait bruyamment.

— C'est bien, dit-elle. Tu as réussi cette épreuve, mais je doute fort que tu puisses réussir celle que je vais te donner maintenant. Il faut que demain matin, tu aies trié en trois tas bien distincts le blé, l'orge et le seigle qui sont mélangés dans mon grenier.

Le soir, on enferma Efflam dans le grenier. Il était plein de grains, et tout était mélangé à tel point qu'il était impossible de s'y reconnaître. Efflam se sentit impuissant devant un tel travail, et il était prêt à s'asseoir dans un coin pour attendre le jour quand il eut une idée. Il sortit de sa poche le sifflet en ivoire que lui avait remis le roi des Fourmis et il siffla. Aussitôt le roi des Fourmis se présenta.

— Qu'y a-t-il pour ton service ? demanda-t-il.

— Pourrais-tu séparer ces grains en trois tas, d'orge, de seigle et de blé ?

— C'est chose facile, dit le roi des Fourmis.

Et il appela les fourmis. Elles vinrent toutes en si grand nombre que le sol du grenier en était couvert. En moins de temps qu'il n'en faut pour le dire, les grains furent triés et il y eut trois tas bien séparés.

Le lendemain matin, lorsque la Princesse vint voir où en étaient les choses, elle trouva Efflam endormi et les trois tas bien comme il fallait.

— C'est bien, dit-elle. Tu as réussi les épreuves que je t'avais imposées. Je peux maintenant te suivre.

Imaginez le retour d'Efflam au palais du roi de Bretagne : ce fut un vrai triomphe. Le roi vint en personne accueillir Efflam et la Princesse du Palais Enchanté. Il n'y avait que le faux filleul qui faisait grise mine : chaque fois qu'il envoyait Efflam dans une aventure périlleuse, celui-ci se tirait toujours d'affaire avec les plus grands honneurs. Et puis, la Princesse du Palais Enchanté était si belle qu'il aurait voulu être celui qui la ramenait.

Cependant le roi de Bretagne n'avait d'yeux que pour la Princesse. Il comprenait maintenant pourquoi le Soleil était rose, en se levant, le matin, tellement les joues de la Princesse étaient douces et fraîches. Il voulut sans tarder que l'on commençât les préparatifs du mariage.

— Oui, dit la Princesse au roi de Bretagne, mais tu n'es plus très jeune, et je connais un moyen de te rendre l'aspect de tes vingt ans.

— Comment ? demanda le roi.

— Ce n'est pas difficile, dit la Princesse. Il suffit que je te tue, et par mes charmes, je te fais renaître aussi jeune et aussi beau que tu l'étais quand tu avais vingt ans.

— Eh bien ! dit le roi, il est inutile d'attendre davantage.

Il demanda qu'on apportât un couteau. La Princesse prit le couteau et tua le roi de Bretagne d'un seul coup. Puis elle se tourna vers Efflam :

— Puisqu'il est mort, dit-elle, qu'il le reste ! et que celui qui a eu toute la peine reçoive la récompense !

Et c'est ainsi qu'Efflam épousa la Princesse du Palais Enchanté et qu'il devint roi de Bretagne. Quant au faux filleul, la Princesse le fit jeter dans un four chauffé à blanc.

Plouaret (Côtes-du-Nord).

Il existe, de ce conte recueilli en 1869, de nombreuses versions tant en Bretagne que dans les autres pays. Le thème en est l'accession au pouvoir d'un jeune homme pauvre à la fois par la transgression de tous les interdits et par l'aide — et l'amour — d'une femme douée de pouvoirs magiques ou divins. En fait, d'après l'ancienne mythologie celtique, la Princesse du Palais Enchanté n'est autre que la grande divinité solaire féminine, celle qui détient la souveraineté, d'où l'immoralité de la conclusion : puisqu'elle a tous les droits, elle peut éliminer le roi et mettre Efflam à sa place. J'ai publié dans *la Tradition celtique en Bretagne armoricaine*, p. 148-168, sous le titre *la Saga de Yann*, un conte de Cornouaille très voisin.

LE VOYAGE D'IZANIG

Il était une fois deux pauvres gens qui avaient sept enfants, six garçons et une fille. Le plus jeune des garçons, Izanig, et la fille, Yvona, étaient un peu simples d'esprit, ou du moins ils le paraissaient, et leurs frères leur faisaient toutes sortes de misères. La pauvre Yvona était toute triste et ne riait presque jamais. Tous les matins, ses frères l'envoyaient garder les vaches et les moutons sur une lande, avec pour toute nourriture un morceau de pain d'orge ou une galette de blé noir. Elle ne revenait que le soir, au coucher du soleil.

Or, un matin, alors qu'elle conduisait son troupeau, elle rencontra sur son chemin un jeune homme si beau et si brillant qu'elle crut voir le soleil en personne. Le jeune homme s'avança vers elle et lui demanda :

— Voudrais-tu te marier avec moi, jeune fille ?

Yvona fut bien étonnée d'entendre le jeune homme lui parler ainsi. Elle crut qu'il se moquait d'elle. Il répéta sa question :

— Veux-tu devenir ma femme, jeune fille au beau visage ?

Yvona était bien embarrassée. Elle baissait les yeux, peut-être parce qu'elle était gênée, peut-être aussi parce que le jeune homme était si brillant qu'il l'éblouissait.

— Je ne sais pas, répondit-elle enfin.

— Eh bien, dit le jeune homme, réfléchis et je reviendrai demain te trouver pour te demander une réponse.

Et le jeune homme disparut aussi rapidement qu'il était venu. Yvona demeura songeuse toute la journée. On lui faisait tellement la vie dure à la maison qu'elle avait bien envie de répondre « oui » au jeune homme qui était si beau et si brillant. Mais qui était ce jeune homme, et comment se faisait-il qu'il pût s'intéresser à une pauvre bergère comme elle ? Elle se garda bien de raconter à la maison ce qui lui était arrivé. Elle dormit en rêvant que le jeune homme l'emmenait sur un cheval qui galopait dans le vent.

Le lendemain matin, aussitôt le soleil levé, Yvona

rassembla son troupeau et partit pour la grande lande où elle avait l'habitude d'aller. Elle se demandait si le jeune homme tiendrait parole et viendrait la trouver. Or, au même endroit que la veille, elle le vit arriver et s'incliner devant elle.

— Alors, jeune fille, demanda-t-il. Veux-tu m'épouser ?

— Je le veux bien, répondit-elle.

— Je vais donc t'accompagner jusque chez tes parents, dit le jeune homme, afin d'obtenir leur consentement.

Il alla avec elle. Le père et la mère, et les frères aussi, furent bien étonnés de voir un si beau prince, et si richement paré. Quand il eut dit qu'il voulait épouser Yvona, personne ne songea à refuser.

— Mais qui êtes-vous ? demanda la mère.

— Vous le saurez un jour, répondit le jeune inconnu.

On fixa un jour pour le mariage, et le fiancé partit alors, laissant tout le monde dans un grand étonnement. On s'occupa des préparatifs de la noce.

Le jour convenu, le jeune homme revint avec un garçon d'honneur presque aussi beau que lui. Ils étaient sur un char doré, attelé de quatre chevaux blancs magnifiques. Ils étaient si parés et si brillants, eux, leur char et leurs chevaux, qu'ils éclairaient tout sur leur passage, comme l'eût fait le soleil.

Lorsque les noces furent célébrées, le jeune homme dit à son épouse de monter sur son char pour la conduire en son palais. Yvona demanda quelques instants pour rassembler ses vêtements.

— Point n'est besoin, dit-il, car tu en trouveras autant que tu voudras dans mon palais.

Elle monta sur le char, à côté de son époux. Mais au moment du départ, les frères demandèrent :

— Quand nous voudrons aller faire visite à notre

sœur, où devrons-nous aller ?

— Au Château-Vert, de l'autre côté de la Mer Noire, dit le marié.

Et ils partirent aussitôt.

Un an plus tard, comme les six frères n'avaient aucune nouvelle de leur sœur et qu'ils étaient curieux de savoir comment elle se trouvait avec son époux, ils résolurent d'aller à sa recherche. Les cinq aînés montèrent sur leurs chevaux. Le jeune Izanig voulut les accompagner, mais ils l'obligèrent à rester à la maison. Ils partirent du côté du soleil levant. Partout, ils s'informaient et demandaient si on connaissait le Château-Vert. Mais personne ne savait où était le Château-Vert. Ils errèrent ainsi pendant longtemps, puis un beau jour, comme ils étaient bien fatigués, ils revinrent à la maison et dirent qu'il était impossible de découvrir le Château-Vert, et qu'ils ne reverraient jamais leur sœur Yvona.

Izanig avait écouté ce que disaient ses frères.

— Je vais aller, moi aussi à la recherche du Château-Vert, et je ne reviendrai que lorsque j'aurai revu ma sœur.

Les aînés se moquèrent d'Izanig.

— Comment pourras-tu, tout seul, trouver un chemin que nous n'avons même pas pu découvrir à cinq ?

— C'est ainsi, dit Izanig, je veux tenter l'aventure.

On lui donna un vieux cheval fourbu, et il partit.

Comme l'avaient fait ses frères, il alla dans la direction du soleil levant. Partout où il passait, il s'informait auprès des gens et demandait si on connaissait le Château-Vert, mais personne ne put lui donner une réponse. Il arriva un jour à la lisière d'une grande forêt et demanda à un bûcheron qui se trouvait là s'il pouvait lui indiquer la route du Château-Vert.

— Je ne connais pas le Château-Vert, répondit le bûcheron, mais, dans cette forêt, il y a une allée que l'on appelle l'allée du Château-Vert. Elle conduit peut-être au château dont tu parles, mais je ne sais rien de plus, car je ne suis jamais allé de ce côté.

Izanig fut joyeux d'entendre cette nouvelle. Il remercia le bûcheron et pénétra dans la forêt. Il n'était pas encore très loin qu'il entendit un bruit au-dessus de sa tête, comme si c'était un orage qui passait sur la cime des arbres, avec du tonnerre et des éclairs. Il en fut très effrayé, et son cheval aussi, de telle sorte qu'il eut beaucoup de mal à le maintenir. Mais le bruit et les éclairs cessèrent bientôt et le temps redevint calme et beau. Cependant la nuit approchait, et Izanig était inquiet, car la forêt était remplie de bêtes fauves de toutes sortes. Izanig monta sur un arbre pour voir s'il n'apercevait pas le Château-Vert ou une quelconque habitation. Mais il ne voyait que des bois à perte de vue. Il se remit en marche.

La nuit était maintenant complète. Il faisait si noir qu'Izanig avait bien de la peine à se diriger. Il monta sur un autre arbre pour examiner les alentours et, quelque part, un peu plus loin, il aperçut la lueur d'un feu. Il descendit de son arbre et s'en alla dans cette direction.

Il arriva ainsi dans une clairière où se trouvait une vieille femme, aux dents longues et branlantes, et toute barbue, qui entretenait un grand feu en y jetant des morceaux de bois.

— Bonjour à toi, ma tante, dit Izanig. Pourrais-tu m'indiquer le chemin du Château-Vert ?

— Oui, vraiment, mon enfant, répondit la vieille. Je sais où est le Château-Vert, mais ce n'est pas facile d'y aller. Il vaut mieux que tu attendes ici jusqu'à ce que mon fils aîné soit rentré. Il te donnera des nouvelles du Château-Vert, car il y va tous les jours. Il est en voyage, pour l'instant, mais il ne va pas tarder à arriver. Peut-être même l'as-tu entendu dans le bois ?

— Je n'ai vu personne dans le bois, dit Izanig, mais j'ai entendu le tonnerre et le bruit du vent.

— C'était sûrement lui, car, ordinairement, on l'entend partout où il passe. Tiens ! le voilà qui arrive, l'entends-tu ?

Izanig entendit en effet un vacarme pareil à celui qu'il avait déjà entendu dans la forêt, mais encore plus effrayant.

— Cache-toi sous ces branches d'arbres, dit la vieille, car lorsqu'il arrive, mon fils a toujours faim, et j'ai peur qu'il n'ait envie de te manger.

Izanig se cacha du mieux qu'il put sous les feuilles. Alors il vit un géant descendre du ciel. Dès qu'il eut touché la terre, le géant huma l'air et dit :

— Il y a une odeur de chrétien, ici, ma mère. Il faut que j'en mange, car j'ai grand-faim.

La vieille prit un gros bâton et le montra au géant :

— Tu veux toujours manger n'importe quoi. Mais gare à mon bâton si tu fais le moindre mal à mon neveu, le fils de ma sœur, un garçon bien gentil et bien sage, qui est venu me voir !

Le géant trembla de peur à la menace de sa mère et il promit de ne pas faire de mal à son cousin. Alors la vieille dit à Izanig qu'il pouvait se montrer et elle le présenta à son fils. Le géant dit :

— C'est vrai qu'il a l'air bien gentil, mon cousin, mais comme il est petit, ma mère !

— Ce n'est pas tout, dit la vieille. Non seulement je veux que tu ne lui fasses aucun mal, mais il faut encore que tu lui rendes service.

— Quel service dois-je lui rendre ?

— Il faut que tu le conduises au Château-Vert.

— Je ne peux pas le conduire jusqu'au Château-Vert, mais je le mènerai volontiers le plus près possible et je le laisserai sur le bon chemin.

— Merci, cousin, dit Izanig, je n'en demande pas plus.

— Eh bien, dit le géant, étends-toi près du feu et dors, car il faut que nous partions demain matin de bonne heure. Je t'éveillerai quand le moment de partir sera venu.

Izanig se coucha dans son manteau, non loin du feu, mais il fit semblant de dormir, car il n'avait pas tellement confiance dans les promesses du géant. Il vit celui-ci se mettre à souper. Il avalait un mouton à chaque bouchée.

Peu après minuit, le géant alla secouer Izanig.

— Allons ! debout, cousin, il est temps de partir !

Le géant étendit alors un grand drap noir sur la terre, près du feu, et dit à Izanig de se mettre dessus, monté sur son cheval. Izanig fit comme il disait. Alors le géant entra dans le feu, et sa mère y jeta beaucoup de bois pour l'alimenter. A mesure que le feu augmentait, Izanig entendait un bruit pareil à celui qu'il avait entendu dans la forêt, en venant, et peu à peu, le drap sur lequel il se trouvait se soulevait de terre, avec lui et son cheval. Quand les habits du géant furent consumés, il s'éleva dans l'air sous forme d'une énorme boule de feu. Le drap noir s'éleva à sa suite, emportant Izanig et son cheval.

Au bout de quelque temps, le drap noir fut déposé en une grande plaine. Une moitié de cette plaine était aride et brûlée, et l'autre moitié était fertile et couverte d'herbe haute et grasse. Le géant, toujours sous forme de boule de feu, dit à Izanig :

— Je vais te laisser ici. Il faut que tu suives la lisière

de cette plaine, jusqu'à ce que tu voies une route dont la terre est noire. Prends cette route-là, et quoi qu'il arrive, quoi que tu puisses voir et entendre, quand bien même le chemin serait plein de feu, marche toujours devant toi, et tu arriveras au Château-Vert.

Izanig remercia le géant qui disparut, puis il longea la lisière de la plaine. Il arriva ainsi à la route dont la terre était noire. Il voulut la prendre, mais il vit qu'elle était remplie, à l'entrée, de serpents entrelacés, de sorte qu'il eut peur et qu'il hésita un moment à aller plus loin. Son cheval lui-même reculait d'horreur quand il voulait le pousser dans ce chemin.

— Comment faire ? se dit-il. On m'a pourtant dit qu'il fallait passer par là.

Il enfonça ses éperons dans les flancs de son cheval et il entra dans la route aux serpents et à la terre noire. Mais aussitôt, les serpents s'enroulèrent autour des jambes de l'animal et le mordirent. Le cheval tomba sur place, comme mort. Izanig se trouvait maintenant à pied, au milieu de ces hideux reptiles qui sifflaient et se dressaient, menaçants, autour de lui. Cependant, il ne perdit pas courage. Le géant lui avait bien dit qu'il fallait avancer coûte que coûte, quoi qu'il pût arriver. Il continua donc de marcher droit devant lui et arriva enfin à l'autre extrémité de la route, sans avoir éprouvé aucun mal. Il en était quitte pour la peur.

Il se trouva alors au bord d'un grand étang, et il ne voyait aucune barque pour passer de l'autre côté. Il ne savait pas nager, de telle sorte qu'il était fort embarrassé.

— Comment faire ? se dit-il. Je ne peux pourtant pas revenir sur mes pas. Tant pis ! je vais essayer de passer.

Il entra résolument dans l'eau. Il en eut d'abord jusqu'aux genoux, puis jusqu'aux aisselles, puis jusqu'au menton, et enfin par-dessus la tête. Malgré tout, il continua à avancer, et bientôt, l'eau devint moins profonde et il finit par arriver sain et sauf de l'autre côté.

En sortant de l'eau, il se trouva à l'entrée d'un chemin profond, étroit et sombre, tout rempli d'épines et de ronces qui allaient de part et d'autre et qui avaient racine en terre des deux côtés.

— Jamais je ne pourrai passer par là ! se dit-il.

Il ne désespéra pourtant pas. A quatre pattes, il se glissa sous les ronces, rampa comme une couleuvre et finit par arriver au bout de la route, mais non sans mal, car ses vêtements étaient tout déchirés et son corps était tout meurtri et sanglant. Enfin, il avait réussi à passer, et c'était l'essentiel.

Un peu plus loin, il vit venir à lui, au grand galop, un cheval maigre et décharné. Le cheval, arrivé près de lui, s'arrêta comme pour l'inviter à monter sur son dos. Il reconnut alors que c'était son propre cheval qu'il avait cru mort. Il eut beaucoup de joie à le retrouver. Il monta sur son dos en disant :

— Bénédiction sur toi, mon brave cheval, car je suis rendu de fatigue !

Il continua sa route et parvint à un endroit où il y avait un grand rocher placé sur deux autres rochers. Le cheval frappa du pied sur le rocher de dessus qui bascula aussitôt et laissa voir l'entrée d'un souterrain. Alors une voix sembla surgir du souterrain et dit :

— Descends de ton cheval et entre.

Il descendit de cheval, et tenant celui-ci par la bride, il s'engagea dans le souterrain. Une odeur épouvantable le fit suffoquer. Le souterrain était fort obscur et il ne pouvait avancer qu'à tâtons. Au bout d'un moment, il entendit derrière lui un vacarme comme il doit y en avoir en enfer lorsque tous les diables se mettent à hurler.

— Il me faudra sans doute mourir ici, pensa-t-il.

Néanmoins, il continua son chemin sans se laisser intimider. Il vit devant lui une petite lumière, et cela lui redonna du courage. Le vacarme allait toujours croissant derrière lui, et il semblait se rapprocher. Izanig pressa le pas en direction de la petite lumière qui grandissait à vue d'œil au fur et à mesure qu'il avançait. Et bientôt, il se trouva hors du souterrain. Mais devant lui, il y avait plusieurs chemins, et il se demandait bien lequel il allait prendre. Il se décida à suivre celui qui faisait face au souterrain et continua sa route droit devant lui. Il y avait beaucoup de barrières sur ce chemin, très hautes et difficiles à franchir. Mais avec son cheval, il réussit cependant à les passer. La route descendait à présent, et à mesure qu'il avançait, tout lui paraissait devenir d'un vert lumineux comme jamais il n'en avait vu. Il voyait le ciel vert, le soleil vert, et enfin, au fond, un château vert.

— Voici donc le Château-Vert, se dit-il, et c'est là que se trouve ma sœur Yvona. J'approche enfin du terme de mon voyage.

Il arriva auprès du château. Il était si beau, si resplendissant de lumière que ses yeux en étaient éblouis. Il entra dans la cour. Il vit un grand nombre de portes, mais toutes étaient fermées. Il parvint à se glisser dans une cave par un soupirail, puis, de là, il monta un escalier et se trouva dans une grande salle magnifique et remplie de lumières de toutes couleurs. Il n'y avait personne. Izanig appela, mais en vain, car personne ne lui répondit. Il y avait six portes qui donnaient sur cette salle, et en approchant de l'une d'elles, Izanig fut très surpris de voir qu'elle s'ouvrait d'elle-même. Il passa ainsi dans une autre salle, encore plus belle et plus lumineuse. Et trois portes donnaient sur cette salle. L'une d'elles s'ouvrit quand il arriva à proximité, et il pénétra dans une troisième salle. Alors, il aperçut sa sœur endormie sur un lit de soie brodée d'or et d'argent.

Il resta un instant immobile à la regarder dormir, tant elle était belle, avec ses cheveux blonds et sa peau plus blanche que la neige. Il admira ses lèvres rouges comme la couleur de certaines fleurs qu'on cueille au printemps lorsque le soleil a brillé toute la journée. Il hésitait à la réveiller. Pourtant, il se décida et s'approcha du lit. Yvona dormait toujours et ne bougeait pas. Alors Izanig se pencha sur elle et lui donna un baiser.

Yvona se redressa, ouvrit les yeux et dit :

— Oh ! c'est toi, mon frère chéri ! que je suis contente de te revoir !

Et ils s'embrassèrent tendrement. Izanig demanda à Yvona :

— Et ton mari, ma sœur, où est-il donc ?

— Il est parti en voyage, frère chéri.

— Il y a longtemps qu'il est parti ?

— Non, dit Yvona, il est parti depuis quelques instants.

— Es-tu vraiment heureuse avec lui ? demanda Izanig.

— Je suis très heureuse avec lui, frère chéri.

Ils bavardèrent ainsi jusqu'au soir en se promenant à travers le château. Quand la nuit tomba, le mari d'Yvona arriva. Il reconnut son jeune beau-frère et témoigna de la joie de le revoir.

— Tu es donc venu nous voir, beau-frère ?

— Oui, répondit Izanig, mais cela n'a pas été sans mal.

— Je le crois, car tout le monde ne peut pas venir ici. Mais tu t'en retourneras plus facilement, car je te ferai prendre les bons chemins.

Izanig resta quelques jours avec sa sœur. Son beau-frère partait tous les matins sans éveiller personne. Izanig, qui ne dormait que d'un œil, l'entendait se lever et disparaître. Il ne revenait qu'au moment où la nuit tombait.

Un jour Izanig dit à sa sœur :

— Ecoute, Yvona, je n'ai pas le droit de me mêler de ce qui te regarde. Ton mari est très gentil pour toi et je crois que tu es bien tombée. Mais quelque chose m'intrigue vraiment : pourrais-tu me dire ce qu'il fait de ses journées ?

— Mon petit frère chéri, répondit Yvona, je ne le sais pas plus que toi.

— Mais tu ne le lui as jamais demandé ?

— J'en ai eu envie plus d'une fois, mais je n'ose pas.

— Tu aimerais donc le savoir, ma sœur chérie ? Eh bien, puisqu'il en est ainsi, je vais essayer de connaître ce qu'il fait de ses journées. Dès demain matin, je m'attacherai à ses pas. Ainsi je verrai de moi-même où il va. D'ailleurs, ce ne sera pas difficile : il suffit que je me lève avant lui.

Cette nuit-là, Izanig ne dormit pas, afin d'être plus sûr de son coup.

A la première lueur de l'aube, il se leva et guetta le moment où son beau-frère se préparerait. Il l'entendit ouvrir les portes du château et se précipita derrière lui. Le beau-frère s'engageait dans un chemin étroit à travers la forêt. Izanig se demandait comment il allait pouvoir s'attacher à ses pas lorsque le beau-frère se retourna et lui dit :

— Ainsi, beau-frère, tu as voulu me suivre et savoir où j'allais. Tu aurais mieux fait de me le demander. Mais puisqu'il en est ainsi, il faut que tu me suives jusqu'au bout. Il ne dépend plus de toi de rebrousser chemin. Si tu le peux, tu feras tout ce que tu me verras faire, mais il est inutile que tu me poses des questions, car je ne pourrai pas te répondre. Et surtout, quoi que je fasse et quoi que tu puisses voir, ne touche à rien et ne parle à aucun de ceux que nous rencontrerons.

— Je te le promets, beau-frère, dit Izanig.

Ils marchèrent côte à côte, en silence.

Au bout de quelque temps, ils se trouvèrent dans une vaste campagne découverte. Les champs qui étaient à gauche de la route foisonnaient d'herbe, et cependant les vaches qui paissaient cette herbe étaient maigres à faire pitié. Les champs de droite, au contraire, étaient absolument stériles, et cependant, les vaches qui s'y trouvaient étaient grasses et luisantes. Izanig trouva cela bien étrange, mais il se garda bien de poser une question à son beau-frère.

Plus loin, ils rencontrèrent des chiens attachés par des chaînes de fer et qui semblaient vouloir se déchirer les uns les autres. En passant près d'eux, Izanig eut grand-peur, mais il évita de le montrer et ne posa aucune question.

On arriva ensuite devant un torrent où dévalaient des eaux tumultueuses. Izanig vit son beau-frère arracher un cheveu de sa tête, le poser au-dessus du torrent, puis s'en servir comme d'un pont pour traverser de l'autre côté. Izanig fit de même : il prit un de ses cheveux et put franchir le torrent sans encombre.

Ils arrivèrent alors à une mer de feu dont les vagues étaient faites de grandes flammes qui ondulaient au vent qui soufflait de partout à la fois. Sans hésiter le beau-frère s'engagea au milieu des flammes. Izanig le suivit et fut tout étonné de voir que les flammes ne brûlaient pas. Cependant il ne posa aucune question à son beau-frère.

Ils aperçurent alors, auprès d'une rivière, deux arbres qui se battaient et s'entre-déchiraient de telle sorte qu'il jaillissait partout des éclats de bois et des fragments d'écorce. Izanig avait un bâton à la main. Quand il fut arrivé près des deux arbres, il mit son bâton entre eux en leur disant :

— Qu'avez-vous donc à vous maltraiter de la sorte ? Cessez de vous faire du mal et vivez en paix !

A peine avait-il prononcé ces paroles qu'il fut tout étonné de voir les deux arbres se changer en un homme et une femme qui lui dirent :

— Mille bénédictions sur vous ! Voici trois cents ans passés que nous nous battions ainsi, et personne n'avait pitié de nous ni ne daignait nous adresser la parole. Nous sommes deux époux qui nous disputions et nous battions constamment lorsque nous étions sur la terre. Pour notre punition, nous étions condamnés à nous battre jusqu'à ce qu'un être charitable nous séparât. Vous venez de mettre fin à notre supplice et vous nous avez libérés.

Et l'homme et la femme, après l'avoir salué, disparurent.

Alors Izanig entendit un vacarme épouvantable, des cris, des imprécations, des hurlements, des grincements. C'était à glacer le sang dans les veines. Le beau-frère s'était retourné vers lui.

— Il est regrettable, dit-il à Izanig, que tu aies manqué à ta promesse de ne parler à personne et de ne rien toucher de ce qui t'entourait. Nous ne pouvons aller plus loin ensemble. Il faut que tu retournes près de ta sœur. Quant à moi, je poursuivrai ma route et je rentrerai à mon heure ordinaire. Alors je te mettrai dans le bon chemin pour retourner chez toi.

Quand Yvona le vit revenir, elle lui dit :

— Te voici déjà de retour, mon frère chéri ?

— Oui, ma sœur chérie, répondit-il tout triste.

— Et tu reviens seul ?

— Oui, je reviens seul.

— As-tu appris où allait mon mari ? demanda-t-elle.

— Hélas non, dit Izanig, car j'ai désobéi à ses ordres et il n'a pas voulu que je continue avec lui.

Et Izanig expliqua à sa sœur ce qui s'était passé, comment son beau-frère l'avait remarqué et comment ils avaient fait route ensemble jusqu'à l'incident des deux arbres.

Vers le soir, le mari d'Yvona rentra à son heure habituelle. Il dit à Izanig :

— Tu as été trop curieux, beau-frère, et de plus, tu m'as désobéi. Tu as parlé à quelqu'un malgré ma recommandation et malgré ta promesse de n'en rien faire. A présent, il te faut retourner un peu dans ton pays.

Izanig fit ses adieux à sa sœur et à son beau-frère. Puis celui-ci lui indiqua le chemin qu'il devait prendre.

— Va maintenant, lui dit-il, et ne crains rien. Je ne te dis pas adieu car nous nous reverrons bientôt.

Izanig s'en alla sur le chemin que son beau-frère lui avait indiqué, un peu triste de s'en retourner ainsi et déçu de ne pas avoir appris ce qu'il voulait savoir. Son voyage se passa sans histoire, et ce qui l'étonna le plus, c'est de ne sentir ni la faim, ni la soif. Il avait retrouvé son cheval maigre et galopait à travers les forêts et les campagnes. Le cheval non plus ne semblait pas souffrir ni être fatigué. Il arriva ainsi bientôt dans son pays, tout joyeux à l'idée de retrouver ses parents et ses frères et de pouvoir leur donner des nouvelles de sa sœur.

Il se rendit à l'endroit où se trouvait la maison de son père. Il fut bien étonné de trouver une prairie à cet emplacement, avec des hêtres et des chênes déjà bien vieux.

— C'est pourtant bien ici ! se dit-il.

Il pénétra dans une maison, non loin de là, et demanda où demeurait Iouenn Dagorn, son père.

On lui répondit :

— Iouenn Dagorn ? Il n'y a personne ici de ce nom.

Cependant, un vieillard, qui était assis près du foyer lui dit :

— J'ai entendu mon grand-père parler d'un Iouenn Dagorn, mais il y a bien longtemps qu'il est mort. Ses enfants et les enfants de ses enfants sont morts eux aussi. Il n'y a plus de Dagorn dans le pays. On m'a aussi raconté que la fille de ce Iouenn Dagorn avait épousé un étranger venu d'on ne sait d'où et que son plus jeune fils avait disparu en allant retrouver sa sœur.

Izanig n'en revenait pas de tout ce qu'il entendait. Il ne connaissait plus personne dans le pays, et personne ne le connaissait. Il se demandait bien ce qu'il allait faire. Il alla jusqu'au cimetière et vit les tombes de ses parents. Alors il se rendit compte qu'il était resté près de trois cents ans dans le Château-Vert, auprès de sa sœur et de son beau-frère. Il entra dans l'église et y pria du fond de son cœur. Puis il mourut sur place. Il est sans doute allé rejoindre sa sœur au Château-Vert.

Prat (Côtes-du-Nord).
Scaër (Finistère).

Il existe de très nombreuses versions de ce conte, dont plusieurs sont très christianisées : le beau-frère y est un ange et il emmène le jeune héros aux portes du paradis.

Dans la version présentée ici, qui est la synthèse de deux récits, les éléments mythologiques sont demeurés plus visibles. Le beau-frère est évidemment le soleil qui se lève chaque matin pour aller faire le tour de la terre et qui revient seulement le soir. Le Château-Vert est le Pays de l'Eternelle Jeunesse, le paradis des Celtes, un Autre-Monde dans lequel seuls les initiés ont le droit de pénétrer. Le géant qui se transforme en boule de feu est sans doute une divinité de l'orage. La mère du Géant est la Mère des Vents, ou des Tempêtes. D'une façon générale, le voyage du héros est un voyage initiatique comparable au voyage du Chaman qui s'en va, en esprit, jusqu'à la demeure des divinités : un élément est significatif, la traversée du torrent sur un cheveu, détail qu'on retrouve dans les traditions chamaniques et qui montre tout ce que les contes populaires doivent aux anciens rituels magiques que pratiquaient les druides, eux-mêmes probablement les équivalents des chamans de l'Asie actuelle.

YANN, LE CHASSEUR

Il était une fois un chasseur du nom de Yann. Il se nourrissait de gibier et louait ses services à ceux qui voulaient bien de lui. Un jour qu'il s'en allait à l'aventure et qu'il passait au milieu d'une forêt, il rencontra un cavalier tout habillé de rouge et monté sur un cheval blanc.

Le cavalier s'approcha de lui et lui dit :

— Que fais-tu par ici ?

— Ma foi, dit Yann, je cherche un maître.

— Es-tu bon tireur ?

— Certes, dit Yann, c'est mon métier.

— Très bien, dit l'homme en rouge. Veux-tu être le gardien de mon bois ?

— Je le veux bien.

— C'est donc convenu, dit l'homme. Voici cinq sous que je te donne. Si tu ne les donnes pas tous les cinq à la fois, tu auras toujours cinq sous dans ta poche, aussi souvent que tu y mettras la main. Mais attention, ne t'en sépare jamais. Puis, quand tu voudras dormir, couche-toi à terre, n'importe où tu te trouveras, et tu seras dans un bon lit de plume.

— Cela me plaît ainsi, dit Yann.

Puis ils s'en allèrent chacun de son côté.

Yann entra dans une auberge, il y mangea et il y but et paya avec trois sous. Mais quand il remit la main à sa poche, en sortant de l'auberge, il y avait de nouveau cinq sous. Il se mit à parcourir le bois, son fusil sur l'épaule. Il y avait beaucoup de gibier dans ce bois, et Yann se disait qu'il ne manquerait pas de nourriture. Seulement, le bois semblait n'avoir pas de fin. Il avait beau marcher dans toutes les directions, aller toujours plus loin, il n'arrivait pas à sortir du bois. Et il ne rencontrait ni habitation, ni aucun être humain.

Un jour, cependant, après avoir erré pendant longtemps, il se trouva dans une grande avenue, dont les côtés étaient remplis de belles fleurs aux parfums délicieux et où les oiseaux de la forêt semblaient s'être tous réunis pour chanter et voltiger. Il suivit l'avenue, qui était fort longue, et découvrit à l'extrémité une grande porte de fer.

— C'est peut-être ici que demeure le maître de la forêt, se dit-il. Je voudrais bien le rencontrer et lui parler, car il me semble qu'il y a déjà des années que je garde son bois. Et pourtant, je ne l'ai vu qu'une seule fois.

Il frappa à la porte de fer. Le bruit résonna longtemps comme lorsque une cloche est frappée par un maillet. Alors la porte s'ouvrit, mais toute seule, car il n'y avait personne. Yann se trouva dans une immense cour, et devant lui se dressait un château magnifique. Il remarqua une porte ouverte. Il entra encore. C'était une vaste cuisine, mais là aussi, il n'y avait personne.

— Ce château est peut-être abandonné, se dit Yann. Pourquoi ne m'y installerais-je pas ?

Il s'aperçut alors qu'il y avait un bon feu dans le foyer, et qu'un agneau y cuisait à la broche. Yann fut bien étonné, mais quand il jugea que l'agneau était cuit à point, comme personne ne paraissait, il le retira du feu et se mit à manger de bon appétit. Il trouva aussi des flacons remplis d'un vin excellent et fit un repas comme il n'en avait point fait depuis longtemps.

Quand il eut fini, il aperçut avec stupeur une main prendre un chandelier sur la table. On ne voyait absolument que la main. Yann se demanda s'il ne rêvait pas. Mais la main lui fit signe de le suivre. Il examina soigneusement la main et reconnut que ce devait être une main de femme, très fine et soignée, avec de belles bagues à ses doigts. Il se leva et suivit la main. Tenant toujours le chandelier, la main le conduisit dans une chambre très spacieuse où il y avait un beau lit. Puis elle posa le chandelier sur la table et disparut.

— Voilà qui est bien étrange ! se dit Yann. Mais après tout, je n'ai qu'à me laisser vivre. Advienne que pourra !

Il se coucha dans le beau lit et s'endormit presque tout de suite. Vers minuit, il fut subitement réveillé par un grand vacarme. Il se redressa doucement et vit, dans la chambre, autour de la table, trois personnages de grande taille, à la mine affreuse, et qui jouaient aux cartes. Prudemment, Yann se cacha du mieux qu'il put sous les draps.

Tout à coup, l'un des personnages dit :

— Je sens une odeur de chrétien !

— Bah ! dirent les autres, comment veux-tu qu'il y ait des chrétiens ici ? Joue ton jeu.

Ils se remirent à jouer. Cependant, quelques instants plus tard, le même personnage se leva et dit :

— Je suis sûr qu'il y a un chrétien ici, quelque part !

Il regarda dans tous les coins de la chambre, puis dans le lit. Il ne mit pas longtemps à découvrir Yann.

— Quand je vous disais ! dit-il en le tirant du lit et en le montrant aux autres. Qu'allons-nous en faire ?

— Ma foi, nous allons le faire cuire et le manger. Nous avons fait un triste souper, et c'est sûrement lui qui en est la cause.

Ils allumèrent du feu dans la cheminée. On suspendit le pauvre Yann au-dessus, sans qu'il fît entendre une plainte. Quand il fut cuit, ce qui ne tarda guère, ils le découpèrent, le mangèrent et s'en léchèrent les doigts tant ils trouvèrent sa chair délicate et savoureuse. Puis ils s'en allèrent.

Dès qu'ils furent partis, une tête de femme et une main entrèrent dans la chambre. On ne voyait que la tête et la main. La tête et la main cherchèrent d'abord sur la table, puis dessous, et dans tous les recoins de la chambre. La main finit par trouver un fragment d'os, pas plus gros que le petit doigt.

— Quel bonheur ! dit la tête.

La main se mit à frotter cet os avec un onguent qu'elle avait, et, à mesure qu'elle frottait, l'os se recouvrait de chair, et bientôt les membres apparurent et le corps de Yann se reconstituait, si bien qu'il se retrouva complet et aussi sain que jamais.

— Que j'ai bien dormi ! dit Yann en étirant ses membres.

— Oui, dit la tête de femme, tu as bien dormi ! Tu as si bien dormi que si je n'étais pas venue avec mon onguent, tu ne te serais pas réveillé, car les monstres t'avaient bel et bien dévoré. Tu as encore deux nuits à passer comme celle-ci. Mais garde ton courage et ne t'effraie de rien, même si ce que tu vois et ce que tu subis te paraissent terrifiants. Quand tu auras subi ces trois épreuves, les monstres perdront tout pouvoir sur ce château et sur tous ceux qui y sont sous leur domination. Grâce à toi, nous serons délivrés. Nous sommes nombreux ici, sous des formes très différentes. Et si tu veux, tu pourras alors m'épouser, car je suis une princesse victime de la vengeance d'un enchanteur. Tu vois, tu as déjà permis que ma tête apparaisse.

Yann répondit qu'il voulait bien tenter l'entreprise.

Le lendemain, il passa sa journée à se promener dans le château et dans les jardins, et le soir venu, après qu'il eut bien soupé, la princesse le conduisit à la même chambre. Il se coucha dans le beau lit, mais il se garda bien de dormir, comme il l'avait fait la veille. A minuit, dans un grand vacarme, les trois personnages entrèrent dans la chambre et se mirent à jouer aux cartes.

Cela durait ainsi depuis un bon bout de temps. A un moment, l'un des personnages dit :

— Je sens encore l'odeur de chrétien ici !

— C'est depuis que nous avons mangé celui qui se trouvait là, dirent les autres.

— Non, je suis sûr qu'il y a encore un chrétien par ici.

Il alla droit au lit et il y découvrit Yann.

— Comment ? c'est encore le même, celui que nous avons mangé ! Comment cela peut-il être ?

Ils se mirent à se le jeter de l'un à l'autre comme une balle. Enfin, l'un d'eux le jeta si violemment contre le mur qu'il y resta collé comme une pomme cuite. A ce moment, le chant du coq se fit entendre, et les trois personnages s'en allèrent précipitamment.

Aussitôt la princesse entra dans la chambre. Cette fois, elle était visible jusqu'à la ceinture. Elle prit son onguent et en frotta le corps de Yann. Il fut bientôt aussi sain que si rien ne lui était arrivé.

— Tu n'as plus qu'une nuit à souffrir, lui dit la princesse, mais elle sera plus terrible que les autres. Garde ton courage et tout se passera bien. Tes épreuves, comme les nôtres, seront terminées, et tu pourras m'épouser si tu le désires. Alors, ce château et tout ce qu'il contient nous appartiendront.

Elle disparut aussi vite qu'elle était venue.

Le jour suivant, Yann passa son temps comme la veille, en se promenant dans le château et les jardins. Jamais il n'avait vu d'aussi merveilleuses fleurs, jamais il n'avait senti d'odeur plus délicieuse que celle qui émanait de ces fleurs. Yann se demandait avec une certaine anxiété ce qui allait lui arriver durant la nuit, mais il avait confiance en la parole de la princesse.

Le soir, Yann dîna de bon appétit, et il se rendit aussitôt après dans la chambre.

Comme les deux nuits précédentes, les trois personnages arrivèrent vers minuit. Ils s'assirent à la table et commencèrent à jouer aux cartes. Mais l'un d'eux dit au bout d'un moment :

— Je suis sûr qu'il y a un chrétien ici !

Il chercha et trouva Yann dans le lit.

— Encore lui ! dirent-ils. Comment se fait-il qu'il soit encore vivant ?

Cette fois, ils l'écartelèrent et le hachèrent menu comme chair à pâté. Puis ils le firent cuire sur un feu d'enfer, dans une grande marmite, et ils l'avalèrent gloutonnement jusqu'au dernier morceau, sans même oublier les os.

Au chant du coq, ils partirent en disant :

— A moins qu'il ne soit sorcier, c'en est fait de lui et nous ne le reverrons plus jamais. Heureusement, car s'il était encore revenu, nous aurions perdu tout pouvoir sur ce château. Mais comment pourrait-il revenir alors que nous l'avons mangé tout entier...

Aussitôt qu'ils eurent franchi la porte, la princesse arriva dans la chambre. Cette fois, elle était visible de la tête aux pieds. C'était une ravissante jeune fille, la plus belle qu'on eût jamais vue. Elle se mit à chercher partout dans la chambre afin de trouver un petit morceau du corps de Yann. Mais, les trois affreux personnages avaient eu le soin de tout manger, et elle commençait à se désespérer lorsqu'elle découvrit, dans un recoin, l'ongle de son petit orteil. Elle fut très contente et se mit à frotter l'ongle avec son onguent. Elle frotta tant et si bien que bientôt le corps de Yann fut entièrement reconstitué.

— Ah ! que j'ai bien dormi, dit Yann en étirant ses membres.

— Victoire ! dit la princesse. Nous sommes sauvés. Le sortilège qui pesait sur nous est maintenant dissipé. Tout ce qui est ici t'appartient, ô jeune homme courageux.

En même temps, on vit surgir de partout des hommes et des femmes de toute condition. Ils venaient remercier Yann de les avoir délivrés. Puis ils s'en allèrent dans toutes les directions pour retourner dans leur pays.

Quant à Yann, il épousa la princesse et demeura dans le château.

Pluzunet (Côtes-du-Nord).

Ce conte constitue un des épisodes d'un récit recueilli par J.-M. Luzel au XIXe siècle. Le thème est celui du héros libérateur d'un pays ou d'un château sous le coup d'un sortilège. On reconnaît évidemment le thème du Château de la Douloureuse Garde dans le récit médiéval du *Lancelot en prose*, ainsi que celui du royaume du Graal, frappé de stérilité et que doit rénover le héros sans peur et sans tache. J'ai publié, dans *la Tradition celtique en Bretagne armoricaine*, p. 262-266, un conte intitulé *le Château dans les Airs*, dont il existe deux versions en Cornouaille et dans le Vannetais bretonnant, et qui présente certaines analogies avec notre récit.

JOB ET LE GEANT

Job était un pauvre fermier des environs de Scrignac. Il travaillait dur et gagnait péniblement sa vie et celle de sa femme. Il cultivait surtout le chanvre.

Or, dans les souterrains d'une forêt voisine, il y avait, en ce temps-là, un géant qui, lorsqu'il sortait, ravageait et pillait tout ce qu'il trouvait. Une nuit, le Géant passa sur les terres de Job et lui enleva tout le chanvre qu'il comptait rentrer à la maison le matin même. Toute sa récolte disparue, le pauvre homme était ruiné. Il se dit que cela ne pouvait être ainsi.

C'est pourquoi, le lendemain, en dépit des larmes de sa femme qui voulait absolument le retenir, il se mit en route de bonne heure. Il voulait aller trouver le Géant et lui redemander son chanvre. Le temps était chaud, et Job eut soif. Il entra dans la chaumière d'une vieille femme qui lui donna de l'eau à boire.

— Où vas-tu ? lui demanda la vieille femme.

— Ah ! ma tante, répondit Job, je vais chez le Géant qui m'a volé mon chanvre afin de le lui réclamer.

— Pauvre homme ! tu ne sais pas à quoi tu t'exposes. C'est sûr, le Géant te mangera.

— Eh non, dit Job, il ne me mangera pas car je n'ai pas peur de lui.

— Tiens, lui dit la vieille, puisque tu veux absolument y aller, prends ces ciseaux : quand tu verras le Géant, tu remueras les ciseaux devant lui pour qu'il les voie, et tu ne manqueras pas de lui dire : « je coupe de la toile, je peux couper le diable, et toi aussi si tu ne me donnes pas satisfaction ! ».

Job s'en alla, réconforté et désaltéré. Il marcha encore longtemps. A la fin, il arriva dans le bois et chercha la demeure du géant. Il vit une porte qui avait été construite dans le rocher. Il frappa et une femme vint lui ouvrir, qui lui dit :

— Malheureux imprudent ! c'est ici la demeure du géant. Il n'est pas là pour l'instant, mais il va bientôt rentrer, prends bien garde qu'il ne te mange !

— Je le sais, dit Job.

— Mais pourquoi es-tu venu ici ?

— Ah ! madame, le géant m'a pris mon chanvre et je veux qu'il me le rende ou qu'il me dédommage.

— Bon, dit la femme. En attendant, cache-toi sous le lit.

A peine était-il caché sous le lit que le Géant entra. Il renifla très fort et fronça les sourcils.

— Je sens de la chair fraîche ici, dit-il.

— Non, lui dit la femme, ce sont nos enfants.

— Bien, alors, dit le Géant.

Et il s'en alla s'asseoir près du feu. C'est alors que Job sortit de dessous le lit. Il se plaça devant le géant, fit remuer ses ciseaux et dit :

— Je coupe de la toile, je peux couper le diable, et toi aussi si tu ne me rends pas mon chanvre.

Le Géant eut peur, parce qu'il croyait que les ciseaux avaient un pouvoir magique. Il ouvrit un tiroir et prit une toupie. Puis il dit à Job :

— Je n'ai plus ton chanvre, mais je vais te faire un cadeau. Chaque fois que tu voudras manger, tu n'auras qu'à dire ces mots à la toupie : « Toupie, fais ta journée ». Alors tu n'auras à t'inquiéter de rien et il te viendra un grand festin.

Job s'en alla tout heureux avec sa toupie. En route, comme il avait faim, il dit à la toupie de faire sa journée. Aussitôt, les mets les plus rares et les plus délicats s'étalèrent devant lui : il y eut du poulet, du faisan, du rôti, du vin, des liqueurs et bien d'autres bonnes choses. Quand il eut mangé et bu assez, il repartit. Et tous ceux qui passaient par là mangeaient et buvaient.

La nuit venait et Job était fatigué. Job entra dans une auberge et demanda une chambre pour dormir.

— Volontiers, lui répondit-on.

Avant d'aller se coucher, Job confia sa toupie à l'aubergiste et lui dit :

— Surtout, ne t'avise pas de dire à la toupie de faire sa journée.

— Non, non, sois sans crainte, répondit l'aubergiste.

Job monta se coucher. Mais pendant le reste de la soirée, l'aubergiste se demanda ce que Job avait bien voulu dire. Ne pas dire à une toupie de faire sa journée, qu'est-ce que cela pouvait signifier ? A la fin, poussé par la curiosité, il prit la toupie et dit :

— Toupie, fais ta journée !

Aussitôt la table se trouva chargée des mets les plus fins et les plus savoureux. Et il y en avait, et il y en avait ! L'aubergiste n'en revenait pas. Ce soir-là, d'après les gens qui se trouvaient là, il y eut un grand festin où l'on mangea et but abondamment. Quant à l'aubergiste, il décida de garder la toupie pour lui et s'arrangea pour donner à Job une autre toupie qui lui ressemblait.

Job partit le lendemain matin, sans s'apercevoir qu'on lui avait changé sa toupie. Il arriva dans sa maison et dit à sa femme :

— Maintenant, on n'a plus besoin de travailler. J'ai un trésor.

— Quoi ? se récria la femme, une toupie ? si c'est tout ce que tu as, ce n'était pas la peine d'aller si loin pour une si petite chose.

— Attends un peu, dit Job.

Il mit la toupie sur la table et dit :

— Toupie, fais ta journée !

Mais, à sa grande stupéfaction, la table resta vide. Fuyant la colère de sa femme, Job sortit de la maison. Il se dit que le Géant lui avait joué un mauvais tour mais que cela ne se passerait pas comme cela. Il reprit le chemin de la demeure du géant. A un carrefour de trois routes, il rencontra le Diable qui lui dit :

— Job, si tu veux, je te donnerai ma fille en mariage.

Elle est jolie et en plus il ne te manquera rien.

Job était bon chrétien. Il ne voulait pas aller en enfer à la fin de sa vie. Aussi il envoya au Diable une telle volée de coups de trique que celui-ci s'enfuit en se frottant les fesses.

Enfin Job arriva chez le Géant. Il leva sa trique et voulut le frapper comme il avait fait au Diable. Le Géant lui demanda ce qu'il lui prenait. Job répondit :

— Vous m'avez trompé. Cette toupie est une toupie ordinaire.

Le Géant prit la toupie et l'examina attentivement sans rien dire. Il alla chercher une faucille et la tendit à Job.

— Tiens, dit-il, prends cette faucille à la place. Chaque fois que tu diras à la faucille ces paroles : « coupe, coupe et coupe encore », il te viendra un écu au bout de ta langue.

Pendant le chemin du retour, Job dit à sa faucille :

— Coupe, coupe et coupe encore !

Effectivement, il sentit qu'il avait un écu au bout de sa langue. Il répéta les paroles si souvent qu'il ne pouvait plus rien mettre dans ses poches. Alors, il pensa à la vieille femme qui lui avait donné les ciseaux. Il alla chez elle, entra dans la maison et la récompensa du service qu'elle lui avait rendu.

Cependant, la nuit le surprit de nouveau et il entra dans la même auberge que lors de son premier voyage. Avant de monter se coucher, il confia sa faucille à l'aubergiste.

— Surtout, dit-il, ne t'avise pas de dire à la faucille : « coupe, coupe et coupe encore ».

— Non, non répondit l'aubergiste, sois sans crainte.

Mais dès que Job fut endormi, l'aubergiste ne put

résister à sa curiosité. Il pensait bien que la faucille était un objet magique comme la toupie. Il dit à la faucille :

— Coupe, coupe et coupe encore !

Aussitôt il sentit que sa langue était plus lourde que d'habitude et quelle ne fut pas sa surprise en voyant tomber un écu d'or à terre. Il garda la faucille, bien entendu, et remit à Job une autre faucille qui lui ressemblait.

Le lendemain, après avoir bien mangé, Job repartit sans s'apercevoir qu'on lui avait changé sa faucille. Une fois arrivé à la maison, il dit à sa femme :

— Maintenant, prépare une grande caisse pour mettre tout l'argent que je vais tirer de ma bouche.

La femme alla chercher un grand coffre de bois. Alors Job dit à la faucille :

— Coupe, coupe et coupe encore !

Mais il avait beau ouvrir la bouche et répéter ces paroles, rien ne venait au bout de sa langue. La femme de Job lui fit une scène abominable. Heureusement, il lui restait de l'argent dans les poches pour acheter de la viande et du pain.

Le lendemain matin, de bonne heure, Job partit en direction de la demeure du Géant. Cette fois, il était bien décidé à se venger des affronts qu'il venait de subir. Il avait emmené son grand bâton afin de donner au Géant une correction dont il se souviendrait. A un carrefour de trois routes, il rencontra encore le Diable. Cette fois, celui-ci n'était pas seul : il avait avec lui une quinzaine de personnages qui lui ressemblaient. Le Diable dit à Job :

— As-tu bien réfléchi ? Veux-tu te marier avec ma fille, oui ou non ?

— Non ! répondit Job.

— Alors, dit le diable à ses compagnons, emportez-moi ce maudit chrétien et qu'on le fasse bien souffrir.

Mais Job était plus dur que cela. Il n'avait pas l'intention de se laisser faire. Il prit son grand bâton et leur administra à tous une correction dont ils doivent se souvenir s'ils vivent encore.

Enfin il arriva à la demeure du Géant. Il entra et le trouva assis au coin du feu. Très en colère, Job lui dit :

— Tu te moques de moi parce que tu es plus fort, ou du moins le crois-tu ! De deux choses l'une : ou tu me rends mon chanvre, ou je te fends le crâne !

Le Géant lui répondit :

— Je ne vois pas ce que tu as à me reprocher. Je t'ai dédommagé pour ton chanvre et ce n'est pas ma faute s'il t'est arrivé des ennuis. Néanmoins je veux te prouver ma bonne volonté. Voici un bâton qui te rendra service, je t'assure. Quand tu voudras t'en servir, tu n'auras qu'à dire : « allons, bâton, au travail ! »

Job se dit que peut-être le Géant avait raison. Il le remercia et s'en alla. Sur le chemin, il dit au bâton :

— Allons, bâton, au travail !

Et voilà que le bâton se mit à lui administrer une volée de coups. Et il frappait, frappait toujours plus fort, et Job ne savait comment s'en débarrasser. Heureusement pour lui, le Géant arrivait dans les bois pour chasser. Il vit Job en mauvaise posture. Il s'approcha et lui dit :

— J'avais oublié de te dire que, pour l'arrêter, il suffisait de dire : « Hô là, hô ! »

— Hô là, hô ! dit alors Job.

Et le bâton s'arrêta immédiatement. Job remercia le géant et reprit son chemin.

Comme les deux autres fois, il alla passer la nuit dans la même auberge, mais ce soir-là, il monta se coucher sans souper. Il avait prévenu l'aubergiste qu'il ne fallait pas dire à son bâton de faire son travail.

Bien entendu, dès que Job fut couché, l'aubergiste n'eut qu'une idée en tête, essayer le bâton. Il dit :

— Allons, bâton, au travail !

Aussitôt le bâton commença à envoyer des coups et des coups. L'aubergiste, qui était l'un des hommes les plus forts de la contrée, essaya de l'arrêter, mais il en eut le poignet meurtri. Le bâton cassait tout, les meubles, les bouteilles, les assiettes. Job entendit un bruit épouvantable et se leva pour aller voir ce qui se passait. Quand il vit son bâton au travail, il comprit tout de suite que c'était l'aubergiste qui lui avait volé sa toupie et sa faucille.

Le bâton redoublait de coups. Tout le monde criait dans la maison. Quand l'aubergiste se cachait parmi les meubles brisés, le bâton le suivait et le dénichait. L'aubergiste vit enfin Job qui riait franchement.

— Job ! fais arrêter ton bâton, je t'en supplie !

— A une condition, dit Job, que tu me rendes ma toupie et ma faucille.

— Je te le promets, dit l'aubergiste.

Alors Joseph fit arrêter son bâton et l'aubergiste, les vêtements déchirés et les membres rompus lui rendit sa toupie et sa faucille. Et Job s'en alla tout joyeux.

Arrivé à la maison, au grand étonnement de sa femme, il commença par remplir une caisse d'or et par faire un vrai festin. Si, par la suite, quelqu'un venait lui chercher querelle, il le faisait battre par son bâton. Il devint très riche.

Or, un soir, des voleurs qui demeuraient dans la forêt voisine, entendirent parler de ses richesses. Ils furent une centaine à venir pour essayer de le voler. Mais au moment où ils allaient entrer dans la maison, Joseph dit à son bâton :

— Allons, bâton, au travail !

Et aussitôt le bâton se mit au travail. Les voleurs reçurent une correction comme jamais ils n'en avaient eu. La plupart eurent les membres brisés. Ils partirent et se gardèrent bien de revenir à la maison de Job.

Job, depuis ce temps, est heureux. Avec sa famille, il vit dans un beau château. Il a eu huit enfants.

Voilà l'histoire de Job et du Géant.

Scrignac (Finistère).

Ce conte, dont une version plus longue et plus compliquée a été recueillie par J.-M. Luzel, a été collecté en 1906 par des élèves de sixième du Collège de Morlaix. Malgré la forme quelque peu humoristique sous laquelle il se présente, on y retrouve un thème mythologique fréquent dans la tradition celtique, celui du jeune homme un peu naïf qui, par suite de circonstances qui le dépassent, s'empare de trois objets de l'Autre-Monde (le Géant) et les utilise à son profit.

SAINT GWENNOLE ET LE DIABLE

Le Diable alla trouver un jour saint Gwennolé dans son ermitage, et il lui dit :

— On vante partout ton habileté. Je n'en crois pas

un mot. Je te lance un défi : travaillons à qui fera la plus belle maison. Es-tu d'accord ?

— Je le veux bien, dit Gwennolé.

Ils se mirent tous deux à l'ouvrage. Le Diable dressa ses plans, prit ses mesures, appela sa mère à son secours, et dès que la nuit fut obscure, il commença à bâtir un grand et fier logis tout en pierres de taille. On était en plein cœur de l'hiver, les nuits étaient fort longues et le Diable eut donc tout son temps pour mener son œuvre à bien.

Le lendemain matin, Gwennolé vint voir la maison du Diable.

— Que dis-tu de mon travail ? demanda celui-ci en se rengorgeant.

— Je n'ai rien à y reprendre, dit Gwennolé, la construction est solide et de belle apparence. mais viens à ton tour te rendre compte de mon travail.

Comme ils approchaient de l'endroit où Gwennolé avait construit sa maison, la lumière devint plus brillante que jamais. Pourtant, le soleil était encore au-dessous de l'horizon. Arrivé devant la construction de Gwennolé, le Diable resta stupéfait d'étonnement. L'édifice était long, large, élevé, flanqué de belles tourelles. C'était un véritable château fort de cristal. Il faut dire qu'il avait gelé très fort durant la nuit et que Gwennolé avait bâti sa maison avec de la glace. Le Diable se souvenait d'avoir vu de semblables bâtiments autrefois au paradis. Il entra, il visita les belles salles du rez-de-chaussée, monta au premier étage pour admirer les chambres, il alla jusqu'au second étage, de plus en plus émerveillé.

— Certes, dit le Diable, c'est un vrai palais, un palais qui brille comme le soleil levant.

— Alors ? demanda Gwennolé. Tu t'avoues vaincu ?

— Je ne dis pas cela, mais, si tu le voulais, nous pourrions nous entendre.

— Comment ? dit Gwennolé.

— Nous pourrions faire un échange.

— Voyons tes offres.

— Mon château contre ton palais, et ce que tu voudras en plus.

— Je ne demande rien de plus, dit Gwennolé.

— Alors, prends mon château, dit le Diable.

— Va demeurer dans mon palais, dit Gwennolé.

Le Diable, voulant jouir bien vite et seul de son magnifique palais, s'arrangea pour congédier Gwennolé. Il monta jusqu'au second étage, entra dans la plus belle chambre, prit un fauteuil de cristal et s'installa près d'une fenêtre pour se reposer des fatigues de la nuit et pour contempler le soleil levant. Quel beau panorama ! La lumière entrait dans le palais par tous les côtés à la fois. La mer était calme, la campagne était blanche avec la gelée qui la recouvrait, le ciel était pur comme aux plus beaux jours de janvier. Le Diable était en extase depuis plusieurs heures quand il fut rappelé à lui par des craquements horribles. Les glaçons fondaient au soleil et le palais commençait à glisser et à s'effondrer. Quand le Diable revint de son ébahissement, il était déjà trop tard, tout était brisé. Lorsqu'il put se relever, il ne trouva de son beau palais qu'un peu de boue.

Alors le Diable se précipita chez Gwennolé qui se tenait à la fenêtre de son château et qui regardait la mer.

— Mon palais s'est effondré ! dit le Diable.

— Il fallait mieux le garder, répondit Gwennolé.

— Tu te moques de moi !

— Te dois-je quelque chose ? Nous avons fait notre échange en bonne et due forme.

Le Diable ne trouvait rien à redire. Mais il n'en était pas moins furieux d'avoir été joué. Il s'éloigna en maugréant.

A quelque temps de là, Gwennolé sortait d'un champ qu'il venait de labourer quand il s'entendit appeler par son nom. C'était la voix du Diable.

— Que veux-tu encore ? demanda-t-il sans se retourner.

— Avec ta permission, j'ai une proposition à te faire.

— Je t'écoute, dit Gwennolé.

— Tu sais que je suis fort et vaillant, dit le Diable. Si tu me promets la moitié du produit de ton champ, je le garderai de toute intempérie. J'empêcherai qu'il y grêle et qu'il y fasse trop chaud. Quand l'heure sera venue, je me chargerai de la récolte et tu n'auras qu'à me regarder faire. Le désœuvrement m'ennuie et ce travail me distraira. Je te demande seulement de t'occuper de la semence.

— On peut s'entendre, dit Gwennolé. Mais faisons bien nos conditions. Si tu me prêtes tes bras, quelle part te réserves-tu ?

— Comment, quelle part ?

— Oui, celle de dessus la terre, ou celle de dessous ?

Le Diable réfléchit un instant.

— Bien, dit-il. Tout ce qui poussera dans le champ au-dessus de la terre sera pour moi, tout ce qui poussera au-dessous t'appartiendra.

— Affaire conclue, dit Gwennolé.

Et quand le Diable eut tourné les talons, Gwennolé sema des navets dans son champ.

Le temps de la récolte arriva. Le Diable se mit en devoir de ramasser le produit de la terre. Mais on devine ce qui se passa : le Diable entra dans une colère rouge en voyant quelle belle récolte de navets aurait Gwennolé pour passer son hiver, tandis que lui devait se contenter de feuilles et de mauvaises herbes.

— Tu m'as trompé, dit le Diable, mais on ne m'y reprendra plus. L'année prochaine, je me réserve la récolte de tout ce qui poussera sous la terre.

— C'est juste, dit Gwennolé.

Et quand le Diable fut parti, Gwennolé sema du blé.

Tout alla bien jusqu'au mois d'août. Le Diable, fidèle à ses engagements, s'occupa de la récolte. Mais quand il vit que la part de Gwennolé consistait en beaux et lourds épis de blé tandis que lui n'avait que des racines sans valeur, il eut encore un accès de colère.

— Tu m'as encore une fois trompé ! dit-il en grinçant des dents. Tu as mis ma patience à bout ! Je veux perdre mon nom si je ne t'arrache la peau du ventre ! Nous allons nous battre sur-le-champ !

— Si tu y tiens, dit Gwennolé, je veux bien. Mais où allons-nous nous battre ?

— Sur les poutres de la maison en construction que tu vois devant nous !

— Bien, dit Gwennolé, mais quelles seront les armes ?

— Chacun prendra celle qu'il voudra.

— Alors, dit Gwennolé, je prends cette trique de chêne.

— Et moi, dit le Diable, je prends ce couteau de boucher.

Le combat s'engagea. Il ne fut pas de longue durée. Le Diable avait beau être agile et sauter de poutre en poutre, comme un chat sauvage, les coups de bâton pleuvaient dru sur ses côtes et sur ses épaules, tandis qu'avec son couteau, qui était beaucoup trop court, il ne réussissait qu'à frapper le vide. Jamais il ne fut frotté plus rudement. Tout dépité et sanglant, il se disposait à demander grâce, quand, son pied étant venu à glisser, il tomba entre deux poutres et s'écrasa en bas sur les pierres du foyer.

Il lui fallut des mois pour se remettre de cette chute. Mais dès qu'il se sentit en bonne voie de guérison, il ne pensa plus qu'à une chose, se venger de Gwennolé.

— Cette fois, tu ne m'échapperas pas ! dit-il un matin à Gwennolé.

— Nous verrons bien, répondit Gwennolé.

— Nous allons nous battre de nouveau !

— C'est bien. Je suis prêt. Où allons-nous nous battre ?

Le Diable réfléchit un instant. Gwennolé et lui se trouvaient dans le four de l'ermitage.

— Eh bien, dit le Diable, ce n'est pas la peine d'aller ailleurs. Nous allons nous battre ici même.

— Si tu veux, dit Gwennolé. Tu as ton couteau ?

— Ah ! dit le Diable, il n'est pas question de recommencer comme l'autre fois. C'est de la fourche que voici qu'il te faudra goûter !

Alors Gwennolé ramassa le couteau que le Diable avait jeté.

— Je suis prêt, dit-il.

Ils commencèrent à se battre. Mais sous la voûte basse du four, la fourche était un outil plus encombrant qu'utile. Le Diable ne pouvait guère s'en servir, et en serrant de près son adversaire, Gwennolé n'avait rien à redouter. Au contraire, le couteau qu'il tenait à la main et qu'il maniait avec adresse lui était d'un grand secours et la peau du Diable compta plus de trous qu'il n'y en a dans un crible.

— En veux-tu encore ? disait Gwennolé. En voici !

Le Diable, jugeant la partie perdue, fit un effort

désespéré pour se dégager. Il gagna d'un bond la porte du four qui était restée ouverte et il décampa comme s'il avait eu à ses trousses tous les chiens enragés du monde.

Et Gwennolé ne le revit jamais plus.

Aber-Wrach (Finistère).

A Belz (Morbihan), on raconte une histoire à peu près identique à propos de saint Kado. En fait, il s'agit d'une légende universelle que Rabelais a utilisée dans l'épisode de l'île des Papefigues du *Quart Livre*, agrémenté d'un dénouement vraiment « rabelaisien ». Mais en dehors de l'aspect comique de la lutte entre le saint et le Diable, il faut voir le mythe d'Ahura-Mazda, dieu de la Lumière, combattant Ariaman, dieu des Ténèbres, mythe récupéré par le christianisme dans la légende de saint Michel et du Dragon. Sur le plan psychologique, c'est l'éternel combat entre le corps et l'esprit, entre le corps lourd et maladroit (le Diable) et l'esprit rusé et subtil (le dieu, l'archange ou le saint).

L'HOMME JUSTE

Il y avait une fois un pauvre homme dont la femme venait de donner naissance à un fils. Il voulait que son enfant eût pour parrain un homme juste, et il se mit en route pour le chercher.

Comme il marchait, son bâton à la main, il rencontra un homme qui lui était inconnu, mais qui avait bonne apparence. Et cet homme lui demanda :

— Où vas-tu ainsi, brave homme ?

— Chercher un parrain pour mon fils nouveau-né.

— Si tu le veux, je serai le parrain de ton fils.

— C'est que, répondit le pauvre homme, je voudrais un homme qui fût juste.

— Eh bien ! tu ne peux pas mieux tomber.

— Comment ? Qui êtes-vous donc ?

— Je suis le Seigneur Dieu.

— Vous juste ? dit le pauvre homme. Oh non ! certainement pas ! j'entends se plaindre de vous partout sur la terre.

— Ah ! et pourquoi donc ?

— Pourquoi ? Oh ! pour bien des motifs ! Les uns se plaignent de vous parce que vous les avez envoyés dans ce monde mal tournés, bossus, boiteux, sourds, muets, malades, alors que d'autres sont bien faits de tous leurs membres, vigoureux et pleins de santé. Et pourtant, ils ne sont pas meilleurs que les premiers. D'autres, qui sont des honnêtes gens, disent qu'ils ont beau travailler et se donner du mal comme des bêtes, ils sont toujours pauvres et besogneux alors que l'on voit leurs voisins, des fainéants, des propres à rien, amasser de jolies fortunes. Non, je vous le dis, vous ne serez pas le parrain de mon fils.

Et le père poursuivit sa route.

Un peu plus loin, il rencontra un grand vieillard dont la barbe grise était très longue.

— Où allez-vous ainsi, mon brave homme ? lui demanda celui-ci.

— Chercher un parrain pour mon fils nouveau-né, répondit le père.

— Si vous le voulez, je serai son parrain.

— Peut-être, mais il faut vous dire auparavant que je veux un homme juste pour parrain de mon fils.

— Un homme juste ? Alors, je suis celui que vous cherchez.

— Qui donc êtes-vous ?

— Saint Pierre, mon brave homme.

— Comment ? Saint Pierre, le gardien du paradis, celui qui garde les clefs ?

— Lui-même, mon brave homme.

— Eh bien ! vous non plus, vous n'êtes pas l'homme qu'il me faut.

— Mais, est-ce que par hasard tu voudrais dire que je ne suis pas juste ?

— Certainement, vous n'êtes pas juste.

— Et pourquoi, s'il te plaît ? demanda saint Pierre.

— Pourquoi ? Oh ! je veux bien vous le dire : parce que, pour des riens, pour des peccadilles, vous refusez, à ce qu'on dit, la porte du paradis à des braves gens, des gens honnêtes, des gens de peine comme moi, qui, après avoir travaillé toute la semaine, boivent peut-être une chopine de trop, le dimanche, après les vêpres, ou bien une goutte d'eau-de-vie qui les fait chanter un peu trop fort. Et puis, voulez-vous que je vous dise encore ? Vous êtes le premier des apôtres, le chef de l'Eglise, n'est-il pas vrai ?

— Oui, je le suis. Et après ?

— Eh bien ! dans votre église aussi, il n'y a pas de justice. Il n'y en a que pour les riches, pour ceux qui ont de l'argent. Les pauvres, on les laisse dans le fond de l'église. Non, je ne veux pas de vous comme parrain de mon fils.

Et il poursuivit encore sa route.

Un peu plus loin, il rencontra un autre personnage qui n'avait pas bonne mine du tout. Il avait la figure très maigre et il portait une faux sur son épaule. Mais chose curieuse, il ne la portait pas comme un faucheur qui s'en va à l'ouvrage dans son champ, il la portait à l'envers.

— Où vas-tu, brave homme ? demanda l'homme à la faux.

— Chercher un parrain pour mon fils nouveau-né.

— Si tu le veux, je serai son parrain.

— Peut-être, mais auparavant, il faut vous dire que je n'accepterai qu'un homme juste pour être le parrain de mon fils.

— Un homme juste ! alors, je suis celui que tu cherches, et tu ne trouveras personne qui soit plus juste que moi.

— Ils me disent tous cela. Mais qui êtes-vous donc ?

— C'est simple, dit l'homme à la faux. Je suis l'**Ankou.**

— Alors, là, c'est différent, dit le père. Oui, certainement, vous êtes juste, car vous n'avez pitié de personne et vous faites bien votre besogne. Riche et pauvre, noble et vilain, roi et soldat, jeune et vieux, fort et faible, vous les fauchez chacun à leur tour quand l'heure est venue. Leurs lamentations, leurs supplications, leurs prières ne servent à rien. Vous ne faites attention ni à leur argent, ni à leur or. Vous êtes réellement juste, et vous serez le parrain de mon fils. Venez avec moi.

Le pauvre homme retourna alors à sa chaumière, accompagné de celui qu'il avait choisi pour parrain de son fils.

L'**Ankou** tint l'enfant sur les fonts baptismaux, et ensuite, il y eut un petit festin chez le père. On y but du cidre et on y mangea du pain blanc, ce qui n'arrivait pas souvent.

Avant de partir, l'**Ankou** dit à son compère :

— Vous êtes des honnêtes gens, ta femme et toi, mais vous êtes bien pauvres. Puisque tu m'as choisi pour être le parrain de ton fils, me témoignant ainsi ton estime, je veux te récompenser. Je vais t'indiquer un secret qui te fera gagner beaucoup d'argent. Toi, mon compère, tu vas maintenant te faire médecin, et voici comment tu devras te comporter : quand tu seras appelé auprès d'un malade, si tu m'aperçois debout au chevet du lit, tu pourras te dire à coup sûr que le malade guérira, et en guise de remède, tu pourras lui donner tout ce que tu voudras, de l'eau claire par exemple. Il s'en tirera toujours. Mais par contre, si tu m'aperçois au pied du lit, le malade mourra infailliblement et tu ne pourras rien faire pour lui.

Le pauvre homme devint donc médecin. Il se conformait en tous points aux recommandations de son compère l'**Ankou.** Il disait toujours, et sans jamais se tromper, si le malade en réchapperait ou non. Comme il disait toujours la vérité et que ses remèdes ne lui coûtaient pas cher puisqu'il donnait de l'eau claire à ses malades, il fut très demandé et devint riche en peu de temps.

Quand l'**Ankou** passait devant sa maison, il entrait pour voir son filleul et causer avec son compère. L'enfant grandissait en force et en sagesse. Quant au père, comme il n'était plus très jeune, il commençait à supporter le poids de l'âge.

Un jour, l'**Ankou** dit à son compère :

— A chaque fois que je passe par ici, je viens te rendre visite, mais toi, tu n'es jamais encore venu chez moi. Il faut que tu viennes me rendre visite afin que je te reçoive à mon tour et que je te fasse voir ma maison.

— Je n'irai te voir que trop tôt, dit le médecin. Je sais bien que lorsqu'on est chez toi, on n'en revient pas comme on veut.

— Sois tranquille à ce sujet, car je ne te retiendrai pas avant que ton tour soit venu. Tu sais que je suis l'Homme Juste par excellence.

Le médecin accepta donc de rendre visite à son compère l'**Ankou,** et, un jour, il l'accompagna chez lui.

Ils marchèrent très longtemps. Ils traversèrent des plaines, des montagnes, des grands bois, des fleuves, des rivières et des pays parfaitement inconnus.

L'**Ankou** s'arrêta enfin devant un vieux château ceint de hautes murailles, au milieu d'une forêt. Et il dit :

— Nous sommes arrivés.

Ils entrèrent dans le château. Le maître des lieux régala son compère d'un excellent repas, et quand ils se levèrent de table, il le conduisit dans une immense salle où il y avait des millions de cierges de toute dimension. Le médecin regardait ce spectacle, ébahi et n'en croyant pas ses yeux : il y avait des cierges qui étaient longs, d'autres qui étaient moyens, d'autres encore qui étaient courts. Et les lumières de ces cierges étaient toutes différentes. Les unes étaient fortes et brillantes, d'autres étaient plus simples, d'autres enfin étaient ternes, fumeuses, prêtes à s'éteindre. Le médecin resta un moment sans pouvoir parler. Puis il demanda :

— Que signifient tous ces cierges ?

— Ce sont les lumières de la vie, mon compère, répondit l'**Ankou.**

— Les lumières de la vie ? Comment cela ?

— Tous ceux qui vivent présentement sur cette terre ont là chacun un cierge auquel est attachée leur vie.

— Vraiment ? Il y en a des moyens, des courts, des longs, de toutes les dimensions. Il y en a qui ont des lumières brillantes, ternes ou fumeuses, sans doute sur le point de s'éteindre. Pourquoi cela ?

— Ce n'est pas difficile. Ces cierges sont comme les vies des hommes sur la terre. Les uns viennent de naître et ils ont longtemps à vivre. D'autres sont remplis de force et de jeunesse. D'autres sont faibles parce que leur temps est proche.

— En voici un, par exemple, qui est bien long.

— C'est un enfant qui vient de naître.

— Et cet autre, là-bas ! comme il est brillant ! que la lumière en est belle !

— C'est le cierge d'un homme qui est dans la force de l'âge.

— Par contre, en voilà un, là-bas, qui va s'éteindre.

— C'est celui d'un homme qui va mourir.

Alors le médecin se tourna vers son compère :

— Et le mien, lui demanda-t-il d'une voix rauque. Où se trouve-t-il donc ? je voudrais le voir aussi.

— Ce n'est pas difficile, répondit l'**Ankou.** C'est celui qui est le plus près de toi.

— Celui-là ? Mais, mon Dieu, il est sur le point de s'éteindre ! il est presque entièrement brûlé !

— C'est que, dit l'**Ankou,** tu n'as plus que trois jours à vivre.

— Que dis-tu ? Je n'ai plus que trois jours à vivre ? Mais, c'est toi qui es le maître, ici ! Ne pourrais-tu pas faire durer ma vie un peu plus longtemps en faisant encore brûler mon cierge pendant quelques années ?

— C'est impossible, dit l'**Ankou.**

— Mais, insista le médecin, si tu y ajoutais un peu de cet autre cierge qui est à côté et qui est très long ?

— Celui-là ? c'est le cierge de ton fils, mon filleul. Si je faisais ce que tu me demandes, cela ne serait pas juste.

— C'est vrai, répondit le vieux médecin.

Et il courba la tête en poussant un soupir.

Puis il s'en retourna chez lui et fit appeler le recteur de sa paroisse. Trois jours après, il mourut, comme le lui avait prédit son compère l'**Ankou.**

Plourin (Finistère).

Ce conte, recueilli en 1876, est une des nombreuses variantes du thème du « Filleul de la Mort » dont s'est souvenu Fritz Lang dans son admirable film *les Trois Lumières.* Dans d'autres versions, c'est le filleul qui devient médecin et qui parvient à se jouer au moins deux fois de la Mort en faisant tourner le lit des malades. Mais la fin est toujours identique.

LA COURTISE DE FLEUR-DU-KRANOU

Il était une fois, entre Daoulas et Logona, un petit roi qui ne possédait pas grand-chose hormis son domaine et un verger où il aimait à venir se reposer. Il faut dire que ce verger était fort agréable et qu'en plus, il s'y trouvait un poirier merveilleux : il était beau, certes, mais ce n'était pas sa beauté qui en faisait la vertu. En effet, tous les ans, ce poirier ne donnait que trois poires, et c'était en réalité toute la fortune du roi, car ces trois poires étaient en or. Je devrais d'ailleurs dire que cela aurait dû être la fortune du roi s'il avait seulement pu les cueillir, mais la vérité m'oblige à avouer qu'il ne les cueillait jamais, les poires disparaissant juste au moment où le roi se rendait compte de leur maturité et décidait de les cueillir le lendemain matin. Et le lendemain matin, il n'y avait plus de poires sur les branches de l'arbre merveilleux. Et le malheureux roi était obligé d'accomplir toutes sortes de travaux pour nourrir sa nombreuse famille, car il avait une multitude d'enfants, une demi-douzaine de filles et deux garçons, l'un, l'aîné nommé Yann, et l'autre, le plus jeune, nommé Klaodig.

Cette année-là, par le plus grand des hasards, le roi avait réussi à récolter un morceau de poire tombé à terre, et grâce à ce morceau, il pouvait nourrir sa maisonnée. Il faut dire, pour être précis, car on ne l'est jamais trop, qu'en juillet, les poires, grosses comme des melons, étaient en argent, mais par contre, au mois d'août, elles ressemblaient à des citrouilles, et elles étaient en or pur. Le tout était de les cueillir à point. Or notre pauvre roi n'y arrivait jamais. S'il s'était contenté de ses poires en argent, il y serait certainement parvenu, mais, ne voulant pas sacrifier les fruits merveilleux alors qu'il pouvait en attendre bien davantage, il préférait les laisser jusqu'au mois d'août. En regardant ses poires d'argent, il se disait :

— Encore une semaine, et elles seront à point.

Les jours suivants, il revenait près de son poirier :

— Encore deux ou trois jours, et elles seront en or. Je serai riche.

Hélas ! il attendait si bien que les poires disparaissaient les unes après les autres sans qu'on pût savoir qui les emportait.

Alors, lorsque les enfants furent en âge de comprendre, l'aîné dit au plus jeune :

— Ecoute, nous n'allons pas moisir ici toute notre vie. Si tu veux, nous allons monter la garde auprès du poirier, puis au bon moment, nous prendrons les poires et nous filerons avec !

Yann, il faut bien l'avouer, n'était qu'un sacripant, un vaurien de la pire espèce qui passait son temps à dormir ou à aller boire dans les auberges de Daoulas. Ce n'était pas la première fois qu'il avait affaire avec les gendarmes qui l'accusaient de marauder dans les basses-cours. Au contraire, Klaodig était un bon fils, sobre et courageux, incapable de commettre une mauvaise action. Il était joueur de biniou de son état, et de plus, il était fort joli garçon, ce qui n'était pas pour déplaire aux filles du voisinage. Klaodig répondit à Yann :

— Certainement pas. Les poires ne sont pas seulement à nous, mais à notre père et à nos sœurs.

— Alors, dit Yann, je veux qu'on fasse le partage. Mais il me faut une poire pour moi tout seul, ce ne sera pas de trop pour ma soif.

— Tu as tort, dit Klaodig, cela fera de la peine à notre père. Et il vaut mieux être pauvre que de priver les autres de ce qui leur revient de droit.

— Fais ce que tu veux, dit Yann, moi, je vais demander à notre père de partager tout de suite.

Yann s'en alla trouver son père et fit comme il avait dit. Le vieux roi connaissait bien son fils aîné, mais, malgré son chagrin et sa réprobation, il consentit à faire le partage. La poire du nord serait à Yann, celle du sud à Klaodig, et celle du milieu devait être celle des filles.

On était alors à la fin du mois de juillet : les poires d'argent prenaient déjà une teinte magnifique, tournant vers le doré. Yann se mit à monter la garde. Pendant deux jours et deux nuits, tout alla pour le mieux, mais le troisième jour, il prit une chopine de vin de feu pour se tenir éveillé, et le lendemain, on le trouva en train de ronfler sous le poirier. Et le poirier n'avait plus que deux poires : celle du milieu avait disparu.

— Cela m'est bien égal, dit l'ivrogne. La mienne est encore là, et ce soir, je ferai bien attention.

Ce soir-là, et le suivant, il veilla pour de bon, avec un fusil chargé. Rien ne bougea aux alentours, rien ne se passa. Mais, la troisième nuit, il faisait une chaleur épouvantable. Yann avait emporté avec lui une bonbonne de cidre, et il en but tellement qu'il s'endormit. Le lendemain matin, la poire du nord, c'est-à-dire la sienne, avait disparu.

Yann eut une crise de fureur. Il injuria son frère, son père et ses sœurs qui se permettaient de lui faire la morale. Pour le calmer, Klaodig lui promit la moitié de sa poire et déclara que la nuit prochaine, c'est lui qui monterait la garde.

Le soir venu, Klaodig s'arma d'un grand sabre bien aiguisé et il alla se poster contre le tronc du poirier. Puis, pour se donner du cœur, il commença par jouer un air de biniou.

La première partie de la nuit fut très calme. Klaodig se demandait s'il se passerait quelque chose. Mais quand le premier coup de minuit eut sonné dans la tour de Daoulas, un hibou, qui était perché dans le poirier, s'envola en poussant des cris. Klaodig regarda aussitôt, et il aperçut un bras long, immensément long, qui serpentait entre les feuilles, avec une main énorme qui s'ouvrait déjà pour saisir la poire d'or. Klaodig ne prit pas le temps de demander qui était là : il saisit son sabre, et d'un seul coup, il coupa la main qui tomba à terre, avec la poire d'or, dans une mare de sang. Puis il entendit un grand cri, un de ces cris à vous glacer le sang, un hurlement à faire sombrer les navires, un soupir comparable à un coup de vent. Et enfin ce fut le silence. La nuit était redevenue aussi calme qu'auparavant.

Klaodig commença par ramasser sa poire d'or, l'essuya proprement et la mit dans sa poche, mais il se demandait ce qu'il allait faire de cette énorme main, coupée au poignet, et dont les doigts continuaient à bouger. Il eut d'abord l'idée d'aller la jeter dans la mer, qui n'était pas très loin, mais il se ravisa, songeant que cette main devait appartenir à quelqu'un, et que ce devait être sûrement un géant bien riche et très puissant qui serait peut-être très content de récupérer sa main, surtout s'il était possible de la remettre en place. Il faut dire que Klaodig, en parcourant les pardons avec son biniou, avait entendu dire qu'au-delà de Plougastel, sur la rade, demeurait un sorcier qui savait arranger les nez, les bras et les mains des statues. Or, Klaodig se disait que ce sorcier avait peut-être des recettes pour arranger les mains de géants, et de toutes façons, il devait bien avoir quelques **louzaou** (1) susceptibles de cicatriser les plaies.

C'est pourquoi Klaodig se mit immédiatement en route, avec la main coupée dans son sac, afin de trouver la piste du voleur de poires. Pendant plus d'une lieue, ce ne fut pas très difficile, sur les landes et les collines, car il suffisait de suivre les traces de sang. Mais à mesure qu'il approchait de la forêt du Kranou, les traces devenaient moins visibles, et enfin elles cessèrent tout à fait.

— Tiens, tiens ! se dit Klaodig, on dirait qu'un géant habite au milieu de cette forêt. C'est mon homme, à n'en pas douter. Mais je me suis laissé dire qu'il ne fait pas bon aller rôder par là. Ce géant passe pour un ogre affamé. Il n'importe ! quand je lui rapporterai sa main avec de quoi la recoller à son bras, j'imagine qu'il ne me fera aucun mal, bien au contraire.

Et Klaodig rentra chez lui. Il partagea la poire avec son frère comme il le lui avait promis, mais comme il était généreux, il abandonna une partie de son morceau à ses sœurs. Puis, sans plus tarder, il alla trouver le sorcier qui habitait au-delà de Plougastel. Le sorcier se montra très compréhensif, et il dévoila à Klaodig une recette infaillible pour recoller les pierres et les os. Klaodig s'en revenait tout joyeux, un peu essoufflé à cause du poids de la main qu'il portait dans son sac, quand il rencontra son frère sur la place de Daoulas. Yann profitait de sa moitié de poire. Il était déjà ivre et allait de travers. Il y avait beaucoup de monde sur la

(1) Herbes médicinales.

place, et la trompe sonnait aux quatre coins de la ville. Quand tous furent rassemblés, le crieur annonça que le Roi-Géant de la Forêt donnerait sa fille, Fleur-du-Kranou, à celui qui le guérirait d'une grave blessure attrapée à la guerre.

— Ou bien à voler des poires, murmura Klaodig entre ses dents.

— J'y vais tout de suite, dit Yann. Je veux guérir le roi et obtenir Fleur-du-Kranou en mariage.

— Fais attention, lui dit Klaodig. Tu sais bien que c'est un ogre qui mange les chrétiens.

— Je trouverai bien un moyen. Je n'ai peur de rien.

Et Yann s'en alla immédiatement vers la Forêt du Kranou. Trois jours passèrent et on ne le revit point à la maison. Très inquiet pour son vaurien de frère, et impatient de tenter l'aventure lui-même, Klaodig partit à son tour, avec ses **louzaou**, son biniou et la main dans son sac. Quand il eut franchi les taillis, à l'entrée de la forêt, il se trouva en face d'un fossé profond et d'une grande barrière en fer. Non loin de là, il y avait une petite maison, avec une petite vieille qui filait sur le seuil.

— Holà ! cria Klaodig, madame la Comtesse de la Porte, ouvrez-moi vite, s'il vous plaît, car j'ai une commission urgente pour votre maître !

La vieille femme le regarda avec surprise, mais visiblement, elle était flattée d'avoir été appelée « comtesse ».

— Je ne te dis pas non, mon joli garçon, dit-elle, mais tu m'intéresses et je vais te prévenir. Je t'engage à ne pas aller plus avant, car tous ceux qui franchissent cette barrière de malheur n'y repassent jamais plus.

— Eh bien, madame la Comtesse de la Porte, je veux entrer tout de même, car j'ai un remède pour guérir le roi et j'ai l'intention d'épouser sa fille.

— Imprudent petit malheureux ! Tu as l'intention d'épouser Fleur-du-Kranou ? Mais sache donc que depuis quatre jours il est venu ici quantité de gens de tous les pays avec l'idée de guérir le roi et d'épouser sa fille. Je n'en ai pas vu revenir un seul.

— Pas un ? s'écria Klaodig en pensant à son frère.

— Non, mon pauvre ami, car depuis qu'il est malade, le roi a un tel appétit qu'il ne prend même pas le temps de se soigner. Et je peux bien te le dire entre nous, il avale les futurs gendres les uns après les autres, si bien que Fleur-du-Kranou s'étiole et risque de demeurer vieille fille.

— C'est ce que nous verrons, dit le sonneur. Je vous prie de m'ouvrir, s'il vous plaît.

— Comme tu voudras, mon garçon, mais je t'aurai prévenu. Entre donc, puisque tu tiens à aller à la mort.

La petite vieille lui ouvrit la barrière. Klaodig entra, portant toujours la main dans son sac. Curieuse comme toutes les portières, la vieille lui demanda ce qu'il portait ainsi sur le dos. Le sonneur répondit prudemment que c'étaient des remèdes, un biniou et un beau châle brodé pour elle, s'il revenait sain et sauf de son expédition.

La vieille femme fut tout attendrie. Elle dit alors tout bas à Klaodig :

— Ecoute, mon joli sonneur, je vais faire quelque chose pour toi. Quand tu arriveras au défilé des grands rochers, tu verras une belle avenue, et à côté un sentier étroit, plein de ronces et de cailloux. Ne prends pas l'avenue, suis le sentier et tu t'en trouveras bien. Il te conduira derrière le manoir. Alors, sors ton biniou et joue en douceur un petit air. La princesse aime la musique, la danse et les jolis garçons. Elle arrivera tout de suite vers toi. Tu feras avec elle un tour de gavotte, et je crois bien que tes affaires n'iront pas plus mal.

— Je vous remercie, madame la Comtesse de la Porte, dit Klaodig.

Il s'éloigna tandis que la vieille rentrait dans sa hutte. La forêt devenait de plus en plus dense, de plus en plus sombre. Il passa tout près de grands précipices où coulaient des torrents à vous faire dresser les cheveux sur la tête. Et le vent, qui se faufilait à travers les sapins, semblait lui murmurer : « qui passe par ici trépasse !... ».

Si Klaodig n'avait point été aussi courageux, il aurait certainement rebroussé chemin. Mais il avançait toujours, confiant dans son destin, et persuadé qu'il tenait, là dans son sac, le talisman qui le protégerait de tout danger.

Il arriva enfin au défilé dont lui avait parlé la vieille. Il vit la grande avenue bordée de grands arbres majestueux qui s'en allait vers le manoir qu'on distinguait à peine tant il était perdu dans la brume des lointains. Il vit aussi le petit chemin, et c'est là qu'il s'engagea sans hésiter, heurtant à chaque pas des cailloux qui roulaient et se déchirant aux ronces qui encombraient le passage. Il aperçut bientôt au milieu des branches, les grandes tours du manoir et s'approcha avec précaution, sans faire de bruit. Dans les fossés qui entouraient l'habitation, il remarqua un amas d'ossements entremêlés et il en frémit d'horreur, pensant que peut-être le squelette de son frère se trouvait là. Il s'avança le long des murailles jusqu'à l'endroit où il n'y avait plus que deux ou trois lucarnes. Alors, s'arrêtant sous la première, il tira son biniou et se mit à sonner doucement un **jabadao** à la mode de Guingamp. Aussitôt la lucarne s'ouvrit et une jeune fille, plus belle que celles qu'il avait vues jusqu'à présent, apparut en disant :

— Attends-moi, je viens tout de suite !

Quelques instants après, la ravissante créature se trouvait dans la prairie à côté de Klaodig. Elle le prit par le bras et l'entraîna dans une folle danse. Le sonneur portait toujours sur son dos la main du géant : aussi fut-il bientôt fatigué, et il demanda à la princesse de s'arrêter pour qu'elle pût le présenter à son père.

— Non, dit-elle. Dansons encore, car je crains qu'après avoir vu mon père, tu ne puisses plus jamais danser.

— Oh ! que si ! dit Klaodig. J'ai là, dans mon sac, de quoi guérir le roi. Ainsi, il ne me fera pas de mal et je pourrai ensuite vous épouser.

— Je le voudrais bien, dit la princesse en baissant les yeux, mais j'ai bien peur que ce ne soit qu'un rêve. Tant et tant de jeunes gens sont venus ici pour ne jamais repartir !

— Mais vous êtes encore à marier et c'est un bonheur pour moi, dit le sonneur. Ne craignez rien. Menez-moi seulement devant le roi et vous verrez ce qui arrivera.

La princesse poussa un long soupir et regarda Klaodig comme si elle regrettait ce qu'elle allait faire. Elle lui demanda de la suivre sans parler et surtout elle lui recommanda de retirer ses galoches afin de faire le moins de bruit possible. Ils pénétrèrent ainsi dans le manoir et passèrent par des salles superbes, pavées de marbre et d'argent, et qui étaient gardées par des dragons, des lions et des léopards. Tout autour, sur des bahuts sculptés, on voyait des douzaines et des douzaines de poires d'or étincelantes que Klaodig reconnut aisément. Les salles étaient éclairées par des flambeaux d'or et de cristal. Tout cela était d'une telle beauté que le jeune sonneur ne pouvait s'empêcher d'admirer ce qui l'entourait, et plus la lumière était éblouissante, plus il trouvait Fleur-du-Kranou ravissante et merveilleusement belle.

Ils arrivèrent enfin à l'entrée d'une salle beaucoup

plus vaste encore, mais faiblement éclairée. C'est là que se trouvait le roi, couché sur un lit recouvert de fourrures. La princesse fit signe à Klaodig de tirer son chapeau. Les dragons qui gardaient l'entrée lancèrent des flammes sur le sonneur, mais, chose curieuse, dès que les flammes approchaient du sac qu'il portait toujours sur son dos, elles s'éteignaient à l'instant même. Fleur-du-Kranou en paraissait fort étonnée, mais dans le fond, elle en était ravie, car elle commençait à croire que le jeune homme avait des pouvoirs qui pouvaient s'opposer à ceux de son père.

C'est alors que le géant s'éveilla.

— J'ai faim ! dit-il d'une voix terrible.

Il aperçut Klaodig au milieu de la chambre et se mit aussitôt à rugir comme le tonnerre.

— Voici de quoi mettre à la broche ! s'écria-t-il.

A l'instant, quatre cuisiniers, leurs grands couteaux au poing, se précipitèrent sur Klaodig, mais les couteaux avaient à peine touché le sac que les lames se cassèrent en mille morceaux. Alors le sonneur gonfla son biniou et se mit à jouer l'air de la Vieille. Tout se passa comme si un enchantement était tombé sur le manoir. Fleur-du-Kranou dansait avec Klaodig, les cuisiniers tournaient avec les broches, les dragons faisaient le passe-pied avec les lions et les léopards dansaient le **jabadao** avec les loups. Quant au roi, il avait beau s'agiter sur son lit et crier : « qu'on le mette à la broche ! », personne ne l'écoutait et la danse se poursuivait furieusement.

Cependant Klaodig fut bientôt fatigué, tant était lourd le sac qu'il portait sur le dos. Il s'arrêta de sonner et s'écroula à genoux auprès du lit du géant affamé. Celui-ci allongea son unique main pour le saisir et le croquer, mais dès que la main s'approcha du dos du sonneur, elle fut repoussée comme par magie. Le géant hurla :

— Ah ! si j'avais mon autre main !

Klaodig se releva et vida son sac.

— L'autre ? dit-il, la voilà ! Et si vous permettez, monsieur, je vais vous la recoller si bien que vous serez complètement guéri.

Sans attendre la permission, Klaodig se mit à l'ouvrage, comme un chirurgien consommé. Quand il eut terminé, le géant lui dit en le regardant de travers :

— Es-tu bien sûr que c'est solide, au moins ?

— Sûr et certain, répondit Klaodig, mais votre main ne sera vraiment recollée que lorsque j'aurai épousé Fleur-du-Kranou.

— Comment ? ver de terre ! hurla le géant, de quelles noces parles-tu donc ?

— De celles de Fleur-du-Kranou avec le fils de ma mère.

A ce qu'on raconte, le géant fit une colère si terrible qu'il en eut une attaque et qu'il en mourut sur-le-champ.

Klaodig épousa Fleur-du-Kranou. Il y eut des noces qui durèrent quinze jours. Le poirier d'or fut transporté au Kranou après la mort du père de Klaodig, et il donna toujours des fruits d'or. On dit aussi qu'il eut une fille unique qui ressemblait trait pour trait à sa mère et qu'il en fut ainsi de siècle en siècle dans la famille, si bien que pendant mille ans et plus, les chevaliers de tous les pays firent force prouesses afin de cueillir les poires d'or et de conquérir la merveilleuse jeune fille. Ainsi finit la Courtise de Fleur-du-Kranou.

Plougastel-Daoulas (Finistère).

Ce conte est une sorte de *Quête du Graal*, ou de « courtise » à la mode des anciennes épopées irlandaises, quand le héros doit franchir des étapes d'initiation avant de pouvoir épouser la fille qui lui est destinée. On notera aussi le thème, constant dans la tradition celtique, du père qui meurt au moment des noces de sa fille, car celle-ci représente la souveraineté qui ne peut appartenir qu'à un seul.

L'HOMME DE GLACE

Daïg Parker était un rude gaillard qui n'avait peur de rien. Il venait de servir pendant sept ans dans les armées du roi et il en avait tellement vu qu'il disait volontiers n'avoir jamais tremblé autrement qu'à cause du froid. Or, un jour, on lui raconta que dans la ferme du Koz-Ker, à l'entrée du bois, il se passait des choses étranges : tous ceux qui avaient essayé de passer la nuit dans cette ferme en étaient repartis en jurant de ne jamais y remettre les pieds. En effet, on entendait là-dedans des bruits à vous faire dresser les cheveux sur la tête. Toutes les nuits, c'étaient des cris, des gémissements, des supplications, puis des menaces, et parfois même des coups de bâtons surgis on ne savait d'où au milieu des ténèbres. Bref, personne n'osait plus habiter le Koz-Ker et la ferme tombait à l'abandon.

Daïg Parker ne se fit pas répéter deux fois l'histoire. Il s'empressa d'aller, dès le lendemain matin, trouver Alan Ar Braz, le propriétaire de Koz-Ker.

— Bonjour à tous, gens de cette maison, dit-il. N'aurait-on pas besoin d'un valet ici ? Je ne suis ni borgne, ni boiteux, ni manchot, et ce n'est pas moi que la peur empêcherait de dormir au Koz-Ker.

Bien qu'Alan Ar Braz demeurât sceptique sur le courage de Daïg, l'accord fut cependant conclu. Daïg était engagé comme valet et on lui donnait comme travail de remettre en état le Koz-Ker et de l'habiter.

Le lendemain, Daïg Parker alla s'installer dans la maison froide et déserte. On était au cœur de l'hiver et il soufflait un vent du nord à pétrifier les oiseaux. Daïg commença à mettre de l'ordre un peu partout, et, le soir venu, il alluma un grand feu, soupa de bon appétit, fuma deux ou trois pipes et alla se mettre au lit.

Dès qu'il fut couché, il s'endormit. Il n'avait même pas poussé la barre derrière la porte et n'avait point d'autre arme que ses poings. Il dormit donc d'un sommeil profond, mais pas longtemps. En effet, au milieu de la nuit, un bruit de sabots ferrés l'éveilla. Il se dressa, prêt à se précipiter sur le premier venu. Il entendit qu'on entrait dans la maison et qu'on marchait près de son lit.

— Qui va là ! cria-t-il.

— Brr, brr, brrou ! fit une voix.

— Comment ? je ne connais pas ce langage !

— Brr, brr, brrou ! répéta la voix.

Daïg, fort intrigué, allait sauter à terre, lorsqu'une bouffée de vent ayant ranimé un tison dans l'âtre, il aperçut, penché vers les cendres chaudes, le plus laid et le plus curieux petit homme qu'il eût rencontré de sa vie. C'était un vrai nabot, grand comme la botte d'un gendarme, et n'ayant pour tout vêtement qu'un grand chapeau troué comme une écumoire et de grands sabots cerclés de fer. C'était vraiment un affreux bonhomme, maigre, bossu, et surtout rouge comme si on l'avait taillé dans une betterave.

Daïg ne put s'empêcher de le prendre en pitié.

— Je comprends, l'ami, dit-il, que tu n'aies pas chaud !

— Brr ! répondit le nabot.

— Tu es très peu couvert !

— Brr, brr !

— Et il souffle un gredin de vent qui vous picore le cuir comme ferait un quarteron d'épingles !

— Brr, brr !

— Prends donc le fagot d'ajoncs que j'ai dressé contre la porte de l'étable et fais-toi une bonne flambée.

Le petit homme rouge ne bougeait pas.

— Mais, continua Daïg, c'est de bonne amitié que je te l'offre, pourquoi le refuses-tu ?

Toujours pas de réponse.

— Ah, ça ! se dit Daïg Parker, il faut donc que le bonhomme soit sourd et muet à la fois. Bon, je vais me lever.

Il mettait le pied sur le sol quand il entendit le nain lui dire :

— A quoi bon ? Dans une heure, ton fagot sera consumé et j'aurai froid encore, cette nuit, demain et toujours.

— Bien, dit Daïg, c'est vrai que la nuit est longue et que ma provision de bois est maigre. Viens t'étendre près de moi, il y a de la place pour deux.

— Non, répondit l'autre.

— Et pourquoi non ?

— Si je te prenais au mot, tu en aurais du regret.

— Je te trouve particulièrement effronté de parler de moi de la sorte.

— C'est toi qui es effronté, toi qui m'invites, sans

me connaître, à partager ton lit. Je suis un compagnon incommode.

— Tu n'auras pas été le premier.

— C'est possible, mais...

— Assez causé, dit Daïg, je ne me suis jamais dédit. Veux-tu ou ne veux-tu pas ?

— Brr ! fit le petit homme. Puisque tu insistes, me voilà.

Et il se glissa sous les draps comme un furet. Bien qu'il fût maître de lui-même, Daïg ne put s'empêcher de tressaillir : le corps du nabot était comme un bloc de glace.

— Tu n'as pas les pieds brûlants, remarqua-t-il.

— Je te l'avais bien dit que tu en aurais du regret.

— Je ne regrette rien. Approche-toi.

— Il me semble pourtant que tu claques des dents.

— Cela me passera. Approche-toi davantage.

Il est bien certain que Daïg eut terriblement froid cette nuit-là, mais il se garda de toute réflexion et ne se plaignit pas. Au troisième chant du coq, le petit homme rouge lui dit :

— L'heure est venue pour moi de te quitter. Te plairait-il de me loger encore la nuit prochaine ?

— Certainement, si cela t'oblige.

— Alors, attends-toi à me revoir, mais ne parle à personne de ma visite.

— Est-ce un ordre ?

— Pourquoi cette demande ?

— Si c'est un ordre, je parlerai, car je n'ai d'ordre à recevoir de personne. Par contre, si c'est une requête polie, je me tairai.

— Ce n'est point un ordre. A ce soir.

— A ce soir !

Daïg se rendormit, mais pour peu de temps, car il avait de l'ouvrage à abattre, et il ne s'oublia pas au lit. Jamais homme n'avait été plus gai et plus dispos, aussi ne vint-il à l'idée de personne de lui demander si quelque apparition avait troublé son sommeil. De toutes façons, il n'eût pas été embarrassé pour clore le bec aux curieux !

La nuit suivante se passa à peu près comme la première. Grâce au feu qu'il avait tenu allumé, Daïg s'aperçut que le petit homme rouge, pour entrer, n'avait pas besoin d'ouverture : entre le seuil et l'encadrement des portes, il y avait assez d'espace libre pour lui livrer passage tant il savait se faire menu. Daïg remarqua aussi, bientôt après, non sans quelque contentement, que le corps de son étrange camarade semblait avoir repris un peu de chaleur.

Au troisième chant du coq, le petit homme se jeta au bas du lit, comme la veille.

— Ecoute-moi, dit-il, c'est aujourd'hui dimanche, et tu me reverras ce soir, à dix heures, pour la dernière fois. Si tu veux finir ce que tu as si bien commencé, il est de toute nécessité que tu ne t'attardes point dans le voisinage. Quoi qu'il advienne, trouve-toi ici avant le dernier coup de dix heures. Me le promets-tu ?

— Je te le promets.

— Tu ne parleras pas de moi ?

— Je serai muet.

Daïg Parker s'en alla au bourg pour entendre la messe. Il rencontra de nombreuses connaissances, et chacun voulait le voir. Il était l'audacieux qui réussissait à passer la nuit au Koz-Ker. Mais personne n'osait lui poser des questions au sujet des revenants. On attendait qu'il parlât, mais il ne dit rien, se contentant de détourner habilement les conversations. Tout alla bien jusqu'à la nuit. Plus d'une chopine fut bue, plus d'une partie de cartes fut engagée, et chose étonnante, Daïg gagnait à tous les coups.

— Ma revanche ! ma revanche ! criaient les joueurs ahuris de leur déveine.

Il ne la refusait à aucun, et la chance, une chance vraiment insolente, ne le quittait pas d'une semelle.

Cependant, le temps passait, et déjà, dans le bourg, il n'y avait plus guère de gens debout. Quand Daïg entendit sonner neuf heures, il jeta les cartes sur la table et se leva pour se retirer.

— Quitte ou double ! quitte ou double ! tu ne peux pas nous lâcher ainsi ! crièrent trois ou quatre mécontents, quelque peu fatigués par la boisson, en essayant de lui barrer le passage.

— Dans le mouchoir qui gonfle ta poche, ajouta l'un d'eux, tu as, à cette heure, plus de dix écus en argent blanc. Depuis quand est-il de mode de déguerpir sans accorder la belle aux camarades, après leur avoir tout raflé ?

— Je ne jouerai pas plus longtemps, laissez-moi partir, dit fermement Daïg. D'ailleurs, je vous ai accordé revanche sur revanche. Nous reprendrons tout cela sous huitaine si vous le voulez. Bonsoir !

Une bousculade générale s'ensuivit, mais d'un coup de tête, Daïg fit une trouée dans le tas et parvint à s'esquiver.

Il marchait vite, n'ayant plus que le temps nécessaire pour arriver au Koz-Ker à l'heure convenue. Mais au moment où il venait de s'engager dans un chemin creux, voilà que deux bâtons, vigoureusement maniés, s'abattirent sur sa nuque. Il tomba d'un côté et son chapeau de l'autre.

— Feu de Dieu ! hurla-t-il en se relevant tout ensanglanté. J'aurai la peau des gredins qui m'ont trempé cette soupe et je ferai des sifflets avec leurs os !

Hélas ! les agresseurs inconnus avaient joué des jambes. Ils se trouvaient déjà loin, et son argent avec eux.

Daïg se demandait quel parti prendre. Allait-il leur donner la chasse, comme il venait de le dire ? Ce fut son premier mouvement, mais, fort à propos, il songea à son compagnon de lit, à la promesse qu'il lui avait faite, et, remettant à plus tard le soin de sa vengeance, il reprit, en homme de parole, le chemin de sa maison.

Le Koz-Ker était encore assez éloigné et le pauvre Daïg avait perdu beaucoup de temps. Parviendrait-il à le rattraper ? Il s'avança résolument dans la voie sombre et étroite qui s'ouvrait devant lui. Ce fut pendant quelques minutes une course folle, effrénée, désespérée. Mais après un dernier effort, sa main rencontra le loquet de la porte. La vieille horloge du bourg sonnait dix heures.

Daïg essaya de reprendre son souffle. Peu après, le petit homme rouge pénétra dans la maison.

— Comment ? fit-il. Tu n'es pas encore couché ?

— Non. Je rentre, comme tu le vois, mais ce sera tôt fait.

Cette nuit-là, le petit homme rouge avait beaucoup moins froid. A minuit, il était presque entièrement réchauffé. Au troisième chant du coq, il réveilla son compagnon et lui dit :

— L'épreuve que la juste colère de notre maître à tous m'avait imposée a pris fin. Ton brave et loyal cœur a fait ce prodige. Depuis des centaines et des centaines d'années, j'attendais en vain ma délivrance. Tout homme me rebutait et j'étais l'ennemi de tout homme. Toi seul, tu as eu pitié. Ta main m'a retiré du gouffre de glace où j'étais plongé et m'a ouvert les portes de la joie. Mais tu n'auras pas eu affaire à un ingrat. Adieu !

Et le petit homme disparut.

Le matin, en se réveillant, Daïg trouva sur son lit le chapeau qu'il avait perdu la veille, et, dans ce chapeau, il y avait son mouchoir et son argent : il n'y manquait pas un denier. Il s'en émerveilla beaucoup, mais il n'était pas au bout de ses surprises : la première personne qu'il rencontra, en revenant de la fontaine où il était allé se laver, lui raconta que deux hommes du village voisin venaient d'être relevés, à demi-morts, près d'un chemin creux. Daïg comprit qu'il s'agissait de ses voleurs de la veille. Le petit homme rouge n'avait pas menti : ce n'était pas un ingrat et il l'avait vengé d'une façon exemplaire.

A partir de ce jour, la fortune ne cessa de sourire au courageux compère. Tout prospérait et doublait de valeur entre ses mains. Il épousa la fille de son patron et reçut en cadeau de mariage la ferme du Koz-Ker. Il faut dire qu'il l'avait bien méritée.

Pont-Croix (Finistère).

Le thème développé ici est celui des « conjurés », c'est-à-dire des âmes errantes qui ne trouvent le repos que par l'intervention d'un humain bon et généreux. L'originalité réside dans l'état de l'Homme Rouge dont le corps est un bloc de glace.

LES TROIS CHIENS

Il était une fois une veuve qui était fort pauvre. Elle avait deux enfants, un garçon et une fille. La fille était coquette et passait son temps à ne rien faire. Le fils, qui se nommait Yann, gardait une chèvre maigre sur le bord de la route.

Un jour, il vit arriver une vieille femme suivie de trois chiens vigoureux. La vieille femme lui dit :

— Veux-tu me donner ta chèvre en échange de mes trois chiens ?

Yann fut quelque peu surpris par cette proposition. Sa chèvre était bien maigre, et les trois chiens étaient beaux et forts. Malgré tout, il refusa, disant :

— Que non. Ma chèvre n'est peut-être pas très grasse, mais elle me procure du lait, à ma famille et à moi. A quoi donc me serviraient vos chiens ?

La vieille femme s'en alla avec ses trois chiens. Mais le lendemain, Yann la vit revenir vers lui.

— Alors, mon garçon, dit-elle, as-tu réfléchi ? Veux-tu me donner ta chèvre en échange de mes trois chiens ?

— J'ai bien réfléchi, dit Yann. A chacun son dû : à vous vos chiens, à moi ma chèvre.

Le surlendemain, la vieille femme vint encore le trouver avec ses trois chiens.

— Si tu consentais à cet échange, dit-elle, je suis sûre que tu ne le regretterais pas.

Yann se mit à réfléchir. Après tout, sa chèvre était bien vieille et faible, elle ne valait même pas sa corde. Peut-être que les chiens lui rendraient davantage de services.

— J'accepte, dit-il enfin.

En plus des trois chiens, la vieille femme lui remit un sifflet en argent.

— Prends ce sifflet, lui dit-elle, il te sera utile. Partout où tu seras, si tu te trouves en danger, siffle, et, à l'instant même, les chiens seront là pour te défendre.

Il revint chez lui avec ses trois chiens. Mais quand sa mère vit qu'il avait abandonné la chèvre pour trois chiens qui ne demandaient qu'à manger, elle entra dans une colère noire. Elle leva son bâton sur son fils pour le punir de sa légèreté. Mais elle n'eut pas le temps de frapper : l'un des chiens, qui répondait au nom de Brise-Fer, s'était précipité sur le bâton et, d'un coup de dent, il l'avait cassé comme du verre.

Yann en fut émerveillé. Mais sa mère devint encore plus furieuse.

— Puisqu'il en est ainsi, dit-elle, puisque tu t'entends si bien avec tes bêtes, tu n'as qu'à t'en aller avec elles. Elles pourvoiront à ton existence. Et emmène ta sœur avec toi, elle est beaucoup trop paresseuse pour rester avec moi et je serai bien débarrassée du souci de vous nourrir.

— Comme tu le voudras, ma mère, dit Yann.

Il s'en alla, en compagnie de sa sœur et des trois chiens. Pendant qu'ils étaient sur la route, il ne leur arriva jamais rien de fâcheux. Des voleurs voulurent les attaquer, mais le chien Brise-Fer les mit en déroute. Le deuxième chien, qui s'appelait Chasseur, rapportait des lièvres que Yann faisait rôtir sur un feu de bois. Quant au troisième chien, qui avait nom Rapide-comme-le-Vent, il arrivait à attraper des perdrix et des oiseaux de toutes sortes.

Or en ce temps-là, il y avait, non loin de là, une forêt où on prétendait qu'il y avait autant de gibier que

d'arbres. Mais personne n'osait pénétrer dans cette forêt, car on prétendait qu'on ne pouvait en sortir vivant.

Quand Yann eut appris ces choses, il se dit :

— Si je tentais l'aventure, je ne risquerais rien puisque mes trois chiens sont là pour me défendre. Et puis, je serais fixé sur le mystère de cette forêt.

Avec sa sœur et ses trois chiens, il se dirigea vers la forêt. Comme il arrivait à la lisière, il fut tout surpris de voir qu'il y avait devant lui une barrière d'arbres si pressés, aux frondaisons si touffues que la lumière du soleil n'y passait point. La forêt était sombre et noire. Mais que pouvait-il faire d'autre que d'y pénétrer ? Or, dès qu'il se mit à écarter les branches pour passer, il entendit comme une voix qui murmurait dans les arbres :

— Ne va pas plus loin, car ta vie est en danger !

— Bah ! dit Yann. On verra bien qui parle ainsi.

Il s'engagea dans la forêt et découvrit dans une clairière une maison abandonnée. Il y installa sa sœur et partit en chasse avec ses trois chiens. Ce qu'on lui avait dit au sujet de la forêt était vrai : à chaque pas qu'il faisait, il rencontrait une bête. Les chiens lui apportèrent du gibier en abondance. Mais il ne rencontra personne.

Sa sœur, qui était restée à la maison commençait à s'ennuyer. Il avait été convenu entre Yann et elle qu'elle sonnerait la cloche à midi pour l'appeler à dîner. Mais comme elle était paresseuse, elle s'étendit sur un lit et s'endormit.

Un bruit étrange la réveilla. Elle se leva, et pleine d'effroi, elle vit une trappe s'ouvrir dans le plancher de la maison. Et de la trappe surgirent vingt-quatre géants qui paraissaient forts comme des bœufs.

— Qui es-tu et pourquoi es-tu chez nous ? Tu es

bien audacieuse, dirent les géants d'une voix terrible.

Elle se mit à trembler de tous ses membres.

— Grâce, messieurs, ce n'est pas ma faute, c'est mon frère qui m'a fait venir ici et qui m'a dit d'y rester pendant qu'il partait à la chasse.

— Nous allons le châtier, ton frère, dirent les géants. On ne vient pas impunément s'installer dans notre forêt. Quant à toi, nous t'épargnerons parce que tu es trop jolie pour mourir, mais à une condition, c'est que tu nous aides à nous débarrasser de ton frère.

Elle était tellement effrayée qu'elle promit tout ce qu'ils voulurent. Alors, ils versèrent dans la soupe une drogue empoisonnée et regagnèrent vivement leur cachette. La trappe était à peine refermée que Yann survint.

— Pourquoi n'as-tu pas sonné la cloche ? demanda-t-il.

— Je n'y ai plus pensé, répondit la sœur, car il y a beaucoup de travail ici. Mais tu verras, la soupe est délicieuse.

Elle n'eut même pas le temps de la lui servir. Le chien Brise-Fer, dès qu'il était entré dans la maison, avait flairé quelque chose d'insolite. Il se précipita sur la marmite et la renversa.

— Cela ne fait rien, dit Yann, je rapporte de quoi nous nourrir.

Et il fit cuire son gibier sur le feu.

Le lendemain, il repartit à la chasse. Les vingt-quatre géants ouvrirent la trappe et demandèrent :

— Ton frère est-il mort ?

— Il est mieux portant que jamais, dit la fille. Son chien Brise-Fer a jeté la soupe et le poison.

— Ce n'est que partie remise, dirent-ils. Dans cette

maison, il y a un fauteuil qui a la propriété de glacer tous ceux qui s'y assoient. Nous allons te le chercher. Tu l'offriras à ton frère en attendant de lui donner à manger. Il en perdra l'appétit pour toujours.

La sœur promit de faire comme ils voulaient. Mais dès que Yann fut entré dans la maison avec ses trois chiens, le premier objet qui attira l'attention de Brise-Fer, fut le fauteuil. La brave bête se précipita dessus et le mit en pièces.

Le lendemain, les géants revinrent et demandèrent si Yann était mort. La fille leur raconta ce qui s'était passé.

— Certes, dirent les géants, ce sont ses chiens qui le protègent et nous ne pourrons rien contre lui tant qu'ils seront avec lui.

Les géants réfléchirent et imaginèrent une belle ruse. Ils obtinrent de la fille qu'elle leur obéirait en tous points et ils lui promirent de belles récompenses.

Quand Yann rentra de la chasse, il trouva sa sœur allongée sur le lit.

— Je suis malade, dit-elle. Il faut que tu ailles me chercher un remède. J'ai toujours su que pour ce genre de maladie, il n'y a que le lait de chèvre qui puisse être de quelque secours.

— Du lait de chèvre ? C'est facile, dit Yann.

Il sortit de la forêt et se précipita vers l'endroit où il avait rencontré la vieille femme. Il la trouva en train de ramasser du bois mort tout en gardant la chèvre.

— Ma tante, lui dit-il, reprenez vos chiens et rendez-moi ma chèvre. Ma sœur est malade et je sais qu'elle mourra si elle ne boit pas de son lait.

La vieille femme le regarda d'un air étrange.

— Qu'il soit fait selon ton désir, dit-elle. Mais je souhaite que tu n'aies pas à regretter ton bon cœur.

Yann revint rapidement à la maison de la forêt avec sa chèvre. Là, une terrible surprise l'attendait : les vingt-quatre géants se trouvaient devant la porte et ils l'accueillirent avec de grands éclats de rire.

— Ah ! dirent-ils. Voici donc le fier chasseur ! Il y a longtemps que nous te cherchions, car nous avons des comptes à régler entre nous.

Sans autre explication, ils se saisirent de Yann et le précipitèrent dans un puits dont le fond était rempli d'ossements. Puis ils bouchèrent l'orifice avec une énorme pierre et s'en allèrent avec la fille.

Yann, au fond du puits, se voyait mal parti. Aussi quelle imprudence avait-il commise en se séparant de ses chiens. Cela ne serait jamais arrivé s'il en avait gardé au moins un. Et tout à coup, il pensa qu'il avait encore le sifflet que lui avait donné la vieille femme pour les appeler. Il le tira de sa poche et siffla très fort. Aussitôt il entendit des aboiements joyeux.

Les chiens étaient autour du puits. En un instant, ils déplacèrent la pierre qui bouchait l'orifice. Brise-Fer la mit proprement en pièces, tandis que Rapide-comme-le-Vent descendait le chercher au fond de son puits.

La première chose qu'il fit, ce fut de remercier ses chiens. Ils étaient tout heureux d'avoir retrouvé leur maître, et lui, il se promit de ne jamais plus se séparer d'eux. Ensuite, il partit à la recherche de sa sœur.

En revenant à la maison, il eut une autre mauvaise surprise. Il s'attendait à trouver sa sœur prisonnière des géants, mais au lieu de cela, il la vit en train de festoyer joyeusement avec les géants. Il y en avait un qui semblait d'ailleurs bénéficier de ses faveurs, car elle l'embrassait à qui mieux mieux pendant que les autres applaudissaient bruyamment en levant leur coupe remplie de vin. Yann comprit alors qu'il avait été trahi par sa propre sœur. Une violente colère monta en lui.

— Maudite ! cria-t-il. Ta trahison ne te profitera pas !

Et il lança ses chiens sur la bande. Les choses ne traînèrent pas. Les géants ne faisaient pas le poids devant ses trois chiens. Leurs crocs acérés eurent vite raison de leur résistance. La fille et les vingt-quatre géants furent tués en un instant.

Yann ne s'attarda pas dans cet endroit. Il sortit de la forêt avec ses chiens et s'en alla sur la route.

Il atteignit bientôt une grande ville, mais en pénétrant dans la ville, il n'aperçut que des gens tristes. Il leur demanda la raison de leur tristesse.

— Hélas ! lui répondit-on. Nous sommes tristes parce que la fille de notre roi va être livrée à un odieux dragon qui la dévorera. L'histoire remonte très loin. Autrefois, une de nos reines éprouva le désir de manger un fruit du Jardin des Fées. Une fée lui apporta un fruit, mais avant de le lui donner, elle posa comme condition que la reine devrait lui remettre une de ses filles afin qu'elle fût élevée au palais des fées et qu'elle devînt elle-même une puissante fée. La reine avait promis, mais quand il fut question de laisser partir la fille, le roi s'y opposa. La vengeance des Fées fut effroyable. Elles lancèrent sur le royaume quatre monstres qui semèrent l'épouvante et la dévastation. Il fallut que le roi demandât merci. Il s'engagea à conduire en personne sa fille aux fées. Mais celles-ci estimèrent que la satisfaction n'était pas suffisante. Elles retirèrent trois des monstres, mais laissèrent le quatrième. Chaque année, on doit lui amener une jeune fille pour lui servir de pâture. Déjà les plus belles filles de notre ville ont été dévorées par le monstre, et aujourd'hui c'est au tour de la fille de notre roi de se sacrifier.

— Mais, dit Yann, n'a-t-on pas essayé de tuer le monstre ?

— Bien sûr que si. Mais tous ceux qui se sont risqués à lutter contre lui ne sont jamais revenus. C'est un énorme dragon qui a sept têtes et sept cornes, et sa vue seule glace de terreur tous ceux qui se risquent dans les alentours.

— Eh bien, dit Yann, voici une occasion pour moi. Je vais aller voir cela de plus près.

Les habitants de la ville essayèrent de le retenir en lui disant qu'il courait à sa perte. Il ne les écouta pas et s'en alla, en compagnie de ses chiens, vers la colline où se trouvait le dragon.

Comme il arrivait à mi-chemin, il aperçut la princesse qui était affalée contre un arbre, à l'entrée d'un bois. Son visage était pâle et la terreur ravageait ses traits.

— Prenez courage, lui dit Yann, je vous promets que le monstre ne vous fera pas de mal.

La princesse se retourna vers lui. Elle murmura :

— Comment se fait-il que vous soyez là ? N'est-ce pas assez d'une victime ?

— Il n'y aura pas d'autre victime que le monstre, dit Yann.

Et il reprit son chemin vers le sommet de la colline. Le dragon guettait à l'entrée d'une sombre grotte. Quand il aperçut Yann, il se mit à agiter furieusement ses têtes et ses cornes.

— C'est le moment, dit Yann. Allons, Chasseur ! à toi l'honneur.

Le brave chien s'élança. Il enfonça ses crocs dans le dos du dragon, tandis que celui-ci poussait des rugissements et lançait des flammes par toutes ses gueules.

Puis ce fut au tour de Rapide-comme-le-Vent : il s'élança contre le monstre, le mordant aux têtes, aux oreilles et à la longue queue pleine d'écailles. Il harcela sans répit le dragon, le fatiguant et le réduisant à merci.

Brise-Fer et Yann achevèrent la besogne. En quelques coups de dents, le chien arracha les cornes et broya les têtes, et avec son épée, Yann perça le cœur du monstre. Un filet de sang noirâtre inonda le sol. Le terrible dragon était mort.

La princesse, qui avait assisté de loin au combat, s'approcha en tremblant.

— Etranger, dit-elle, vous m'avez sauvée sans me connaître. Personne dans mon pays, n'a eu un tel courage. Si vous le voulez, je serai votre épouse.

— Je ne peux pas vous épouser pour l'instant, dit Yann, car j'ai des affaires à régler, et je ne peux rester ici. Mais je ne refuse pas.

— Alors, dit la princesse, prenez ce mouchoir qui est brodé à mon chiffre. Si vous le montrez à mon père, le roi, il saura reconnaître celui qui a sauvé sa fille et qui a débarrassé le pays d'un terrible fléau.

Yann prit congé de la princesse. Mais avant de partir, il coupa les sept langues du monstre et les emporta avec lui. Ce n'était pas vrai qu'il avait des affaires à régler, mais, depuis qu'il avait tué sa sœur, il était plongé dans le remords. Il n'osa même pas revenir à la maison dans la forêt. Alors, il eut une idée : il alla trouver la vieille femme qui lui avait donné les chiens.

Il la rencontra dans un bois où elle ramassait du bois mort.

— Ma tante, dit-il, j'ai commis une bien vilaine action en tuant ma sœur. Il est vrai qu'elle m'avait trahi et qu'elle avait accepté que je meure, mais c'est égal, je n'aurais pas dû le faire. Je ne sais pas ce que je vais devenir maintenant.

— Tu auras toujours aussi bon cœur et cela te jouera encore de vilains tours, dit la vieille femme. Aussi vais-je te donner le moyen de faire revivre ta sœur, mais en la rendant meilleure qu'elle ne l'était. Voici une petite fiole qui contient de l'eau de la Fontaine de Vie. Tu vas verser un peu de cette eau sur le corps de ta sœur, puis tu feras chauffer un grand four à pain et tu la mettras dedans. Elle en sortira vivante et purifiée de toutes ses méchancetés.

Yann remercia la vieille femme, et toujours suivi de ses trois chiens, il retourna à la maison de la forêt. Les corps de sa sœur et des vingt-quatre géants se trouvaient toujours là. Il versa quelques gouttes de l'eau de la Fontaine de Vie sur le corps de sa sœur, il fit chauffer le four à pain et la mit dedans. Quand le four fut complètement refroidi, la fille en sortit saine et sauve, encore plus belle qu'avant, et toute souriante. Elle dit à Yann :

— Je te demande pardon de t'avoir ainsi trahi, et je te promets que je serai désormais bonne et fidèle.

Il vint à l'idée de Yann de procéder de même avec les vingt-quatre géants. Les uns après les autres, il leur versa quelques gouttes de l'eau de la Fontaine de Vie et les plaça dans le four à pain. Les uns après les autres, ils sortirent du four et dirent à Yann :

— En vérité, jeune homme, tu as bon cœur et tu sais te venger noblement. Nous ne serons pas en reste de générosité avec toi et nous te serons fidèles jusqu'à la mort.

Yann s'installa de nouveau dans la maison de la forêt, avec ses chiens et sa sœur. Les vingt-quatre géants venaient les voir et satisfaisaient le moindre de leurs désirs.

Quelque temps après, les géants apprirent à Yann une nouvelle surprenante. On annonçait que la fille du roi allait bientôt épouser l'homme qui l'avait sauvée d'un horrible dragon. La cérémonie allait avoir lieu dans quelques jours et tout le peuple était convié à y assister.

Le sang de Yann ne fit qu'un tour. Il partit pour la ville avec ses chiens et ses vingt-quatre géants. Il apprit alors que le fiancé de la princesse était un homme qui avait assisté de loin au combat qu'il avait livré contre le dragon. Quand tout avait été terminé, il avait coupé les sept têtes et les avaient présentées au roi. Celui-ci, ravi et plein de reconnaissance, avait décidé qu'il épouserait la princesse, bien que celle-ci ne manifestât aucun empressement à devenir la femme de celui qu'on croyait son sauveur.

Yann était bien décidé à se venger. Le jour des noces, il se prépara à agir. Sur son ordre, les géants se saisirent des gardes, et les chiens se précipitèrent dans la grande salle en renversant les tables du festin.

— Que se passe-t-il ? s'écria le roi, indigné.

Yann arriva près du roi. Il sortit de sa poche le mouchoir de la princesse, puis il déballa le paquet qu'il tenait à la main. C'étaient les langues du dragon. Il dit au roi :

— Selon vous, roi, qui est le sauveur de votre fille ? celui qui a les sept têtes, ou celui qui a les sept langues ?

— Assurément, dit le roi, c'est celui qui a les sept langues.

La princesse avait reconnu Yann. Elle alla vers lui et l'embrassa tendrement.

— Oui, mon père, dit-elle, c'est lui qui m'a sauvé. L'autre est un imposteur.

Sur-le-champ, le roi fit saisir l'imposteur qui se préparait déjà à s'enfuir. Et sans autre forme de procès, le roi le fit pendre à un arbre. On remit les tables à leur place et la cérémonie continua, avec cette différence que ce fut Yann qui épousa la princesse.

Après la mort de son beau-père, Yann devint roi à son tour. Il fit venir sa sœur auprès de lui, la dota et la maria richement. Quant à lui, il gouverna son royaume avec sagesse, sans autres ministres que ses vingt-quatre géants, sans autres gardes que ses trois chiens. Grâce à l'eau de la Fontaine de Vie, il triompha longtemps de la mort, et s'il partit un jour pour l'Autre-Monde, ce fut parce qu'il le voulut bien.

Noyal-Pontivy (Morbihan).

Ce conte, recueilli en 1907, présente quelques points communs avec un récit recueilli par Luzel dans les Côtes-du-Nord, et s'éclaire d'ailleurs grâce à sa confrontation avec lui. Le conte morbihannais contient quelques incohérences (c'est la princesse elle-même qui détient la fiole d'eau de la Fontaine de Vie) et le rôle de la sœur n'y est pas très évident. De plus, le thème du four qui purifie ne se trouve que dans la version des Côtes-du-Nord, alors que c'est un thème très important, en relation avec l'antique et mystérieux rituel de *Samain,* la grande fête celtique des Morts et qui était aussi le début de la nouvelle année. Les trahisons de la sœur rappellent les détails du conte de Haute-Bretagne, *l'Histoire de Jean le Soldat.*

LE TEMPS OUBLIÉ

Ce jour-là, Matelin Le Néour s'en était allé à la foire d'Hennebont. Il avait quitté sa ferme, aux environs immédiats du bourg de Riantec, de bon matin, et marchait rapidement sur le sentier qui traversait les landes. Il y avait loin de Riantec à Hennebont, mais notre homme était solide et courageux, le trajet ne lui faisait pas peur. D'ailleurs, il fallait qu'il le fût, car, en ce temps-là, les cultivateurs n'étaient pas riches, et Matelin Le Néour n'aurait jamais pu se payer un cheval et une carriole : il y avait bien d'autres choses à acheter, bien d'autres choses urgentes pour assurer la vie de sa famille.

Il pensait à tout cela quand il arriva en vue de Kernours, ce hameau où le sentier rejoignait la grande route. Il longeait un petit bois de pins et il vit tout à coup un petit homme vêtu de rouge se glisser à travers les troncs et venir jusqu'à lui. Matelin Le Néour eut un mouvement de recul, mais le petit homme lui sourit aimablement tout en s'approchant de lui.

— N'aie pas peur, Matelin Le Néour, dit-il, je ne te veux pas de mal, bien au contraire. Comme tu le vois, je suis un Korrigan. Je sais que ta femme vient de donner le jour à un fils et je voudrais en être le parrain.

Matelin Le Néour était quelque peu surpris. Mais en en ce temps-là, les Korrigans se mêlaient volontiers aux hommes et ne leur faisaient pas de mal. Il se dit qu'après tout, il ne risquait rien à accepter la proposition du nain, d'autant plus qu'il ne savait pas à qui demander d'être le parrain de son fils. Et puis, les Korrigans passaient pour connaître de bons et utiles secrets, particulièrement la science des herbes qui guérissent. Et qui sait, peut-être offrirait-il à son filleul un cadeau d'or et d'argent : on racontait tant d'histoires sur les trésors que détiennent les Korrigans dans leurs habitations souterraines.

Matelin Le Néour accepta donc que le Korrigan fût le parrain de son fils et, l'accord une fois fait, il reprit le chemin d'Hennebont tandis que le petit homme regagnait les profondeurs du bois.

Le lendemain, le Korrigan arriva de bon matin dans la maison de Matelin Le Néour. On se dirigea vers l'église et l'enfant fut baptisé en présence du Korrigan. On revint à la maison et là, on mangea et on but du cidre abondamment pour fêter l'événement. Et le soir, le Korrigan s'en alla, promettant que l'enfant ne manquerait jamais de rien et qu'il y veillerait personnellement. Et Matelin Le Néour fut heureux d'avoir accepté la proposition du petit homme vêtu de rouge.

Effectivement, tout s'améliora pour Matelin Le Néour et sa famille. Il vendit très bien sa récolte et fit de bonnes affaires. Il put même acheter un cheval et s'en montra très fier en caracolant devant ses voisins. Mais cela ne l'empêchait pas de travailler durement et de ne pas ménager ses forces.

A quelque temps de là, il revenait d'Hennebont avec des provisions qu'il était allé acheter. Cette fois, il était à cheval. Il venait de dépasser Kernours et empruntait le sentier qui menait tout droit vers Riantec, quand, passant près du bois de pins, il vit surgir de partout une troupe de Korrigans qui lui faisaient de grands gestes. Sachant qu'il n'est pas bon de mécontenter ces petits hommes, il s'arrêta et, parmi ceux qui l'entouraient, il reconnut le parrain de son fils.

Celui-ci s'avança vers lui et lui dit :

— Salut à toi Matelin Le Néour. Nous sommes bien contents de te voir. Voici ce dont il s'agit : une mère de Korrigans vient d'avoir un fils et nous voulons te demander d'être son parrain.

Matelin Le Néour se dit qu'il n'avait rien à craindre, puisque son compère se trouvait dans la bande des korrigans. Il attacha son cheval à un arbre et suivit les petits hommes. Ceux-ci l'entraînèrent au milieu du bois jusqu'à une grosse roche qui affleurait du sol au-dessous d'un chêne aux majestueuses ramures. Matelin Le Néour se dit qu'il n'avait jamais vu un chêne aussi beau, et il s'étonna quand même, car il connaissait le bois de pins et n'avait jamais remarqué cet arbre-là. Mais il n'eut pas le loisir de méditer davantage sur ce mystère : ses compagnons l'invitèrent à passer sous la roche, dans une anfractuosité à l'intérieur de laquelle certains d'entre eux s'étaient déjà glissés.

— Mais, dit Matelin, je ne pourrai jamais entrer là-dedans !

— Baisse-toi et suis-moi, lui dit son compère.

Matelin Le Néour se pencha et suivit le Korrigan tout au long d'un couloir très sombre et qui n'en finissait pas. Il déboucha cependant dans une grande salle qui paraissait éclairée par d'immenses torches attachées à des piliers. Mais les piliers étaient si brillants qu'ils renvoyaient la lumière un peu partout. Sur les murs, il y avait des tapisseries avec des couleurs rouges et or, et au milieu, une longue table garnie de mets les plus rares et les plus chers. Matelin Le Néour ne comprenait pas qu'il pût y avoir sous terre de si beaux espaces et de si belles lumières, mais il se garda bien de dire quoi que ce fût, ne voulant pas mécontenter ses hôtes. Certes, il savait que ceux-ci ne lui voulaient aucun mal, mais on ne sait jamais ce qui peut se passer dans la tête d'un Korrigan.

On le fit entrer dans une salle un peu plus sombre. Là se trouvait un lit où dormait une femme, la mère Korrigan, et au pied du lit, il y avait un berceau, dans lequel se trouvait une sorte de petit monstre rougeâtre et recroquevillé.

— Voici ton filleul, dit le compère. Maintenant, viens t'amuser avec nous.

On le ramena dans la grande salle. Ah ! si vous aviez pu voir ce repas ! Matelin Le Néour n'en revenait pas. Tout ce qu'il avait entendu dire à propos de la richesse des Korrigans n'était rien à côté de la munificence de ce repas, de la délicatesse des mets, de la suavité des vins qu'il but. Et les Korrigans chantaient des chansons qui endormaient l'esprit. Matelin Le Néour était parvenu à un point tel qu'il ne savait plus très bien où il se trouvait.

C'est seulement au matin qu'il put quitter la maison des Korrigans. Ceux-ci lui firent promettre de revenir les voir, et il promit. Puis il s'engagea dans le couloir et sortit à l'air libre. Le soleil brillait. Les oiseaux chantaient dans les arbres. Il pensa d'abord que sa femme ne voudrait jamais croire ce qu'il lui raconterait et qu'il pouvait s'attendre à une belle dispute. Puis il chercha son cheval, mais il ne le trouva pas.

— Diable ! se dit-il. J'espère qu'on ne me l'a pas volé. Il a dû se détacher et repartir tout seul à l'écurie.

Matelin Le Néour se mit à marcher à travers le bois, puis sur le sentier, en direction de Riantec. Il n'était pas très sûr de lui et se sentait la tête bien lourde et les jambes bien molles. En passant près de Kermorvan, il s'arrêta tout surpris. Le hameau comptait trois fermes et il n'en voyait qu'une : les deux autres étaient à demi-effondrées, au milieu d'un amas de ronces invraisemblable. Il se demanda s'il ne rêvait pas, mais il décida que les vins qu'il avait bus pendant la nuit lui rendait la vue trouble. Il continua son chemin et aperçut bientôt devant lui le clocher de Riantec. Il traversa le hameau de Kervassal, mais c'est en arrivant à Kervignec qu'il commença à se demander une nouvelle fois s'il ne rêvait pas.

En effet, entre Kervignec et le bourg de Riantec, il n'y avait qu'une grande lande dans laquelle on menait paître les vaches lorsque les prés étaient trop secs. Mais il n'y avait plus de lande entre Kervignec et Riantec, il n'y avait que des maisons. Matelin Le Néour écarquilla les yeux et pressa le pas. Des gens sortaient des maisons et le regardaient avec une certaine curiosité. Il arriva bientôt dans le bourg et reconnut la plupart des maisons qui entouraient l'église. Mais ailleurs, il y avait des bâtiments qu'il ne connaissait pas. Il se dirigea tout droit vers sa maison. Il eut un choc quand il constata que ce n'était plus qu'une ruine envahie par les ronces. A côté, il y avait une chaumière, et à la porte de la chaumière une vieille femme. Il la salua et lui demanda :

— Qu'est-il arrivé à la maison voisine ?

— Oh ! dit la vieille, il y a au moins cinquante ans qu'elle s'est écroulée. C'est normal, plus personne n'y habitait. Pensez donc, le fils Le Néour a fait fortune et il est parti du pays. Jamais plus il n'est revenu, et on ne sait même plus où il est.

Matelin Le Néour se mit à trembler.

— Mais, dit-il, vous ne me reconnaissez pas ? Je suis Matelin Le Néour, je suis le propriétaire de cette maison !

La vieille lui répondit :

— Comment voulez-vous que je sache ? Je n'étais pas née quand il a disparu. On m'a raconté qu'il n'était pas revenu de la foire d'Hennebont. On avait retrouvé son cheval attaché à un arbre, non loin de Kernours, et depuis, on n'a jamais plus entendu parler de lui.

— Mais c'est moi, dit Matelin Le Néour, c'est moi, je vous dis. J'avais trente-cinq ans le jour où je suis allé à la foire d'Hennebont avec mon cheval et mon fils n'avait que six mois.

— Eh bien, dit la vieille, vous avez été absent d'ici pendant quatre-vingt-cinq ans. Que votre barbe est blanche ! vous avez cent vingt ans !

Matelin Le Néour entra dans la maison. Il y avait une glace dans la pièce. Il se regarda et vit qu'il avait une longue barbe toute blanche.

Riantec (Morbihan).

Il s'agit ici d'une des multiples variantes du récit concernant un être humain qui s'endort ou qui séjourne dans l'Autre-Monde pendant de nombreuses années alors qu'il croit n'y avoir passé que quelques heures ou quelques jours. Les Korrigans, appelés dans le pays vannetais les *ozegannñed*, sont des êtres qui appartiennent à cet Autre-Monde mystérieux. Ils ne sont pas hostiles aux humains, mais le temps qui régit leur monde n'est pas le même que celui qui s'écoule au-dessus de la surface de la terre.

LA NOIX DU KORRIGAN

Un jeune prince était allé à la guerre. Il avait laissé sa femme dans son château, en compagnie de la sœur de celle-ci. Très souvent, la princesse allait se promener sur la route. Et à chaque fois, elle rencontrait un petit homme vêtu de rouge qui surgissait des fourrés et qui passait devant elle avant de disparaître du côté d'un étang. Et la princesse se moquait du petit homme, trouvant sa démarche ridicule et sa taille vraiment trop petite. Et le petit homme, qui était un Korrigan, ne répondait rien. Il se contentait de passer devant elle.

Un jour, cependant, au lieu de disparaître du côté de l'étang, le Korrigan s'arrêta sur le bord de la route et étala devant lui des noix qu'il tirait d'un gros sac. Et il dit à la princesse :

— Princesse, veux-tu m'acheter des noix ?

La princesse, qui avait commencé à se moquer de lui,

regarda les noix que le Korrigan lui présentait. Elles étaient belles et appétissantes, et la princesse en eut envie.

— Pourquoi pas ? dit-elle.

Le Korrigan remit les noix dans le sac, mais il en tendit une à la princesse en disant :

— Il faut que tu manges celle-ci la première.

La princesse revint au château avec son sac de noix. Sur le chemin, elle cassa la coque de la noix et la mangea. Puis elle en mangea d'autres, car elle était gourmande de noix. Cependant, elle en garda une demi-douzaine pour sa sœur. Quand elle fut arrivée au château, elle alla trouver sa sœur.

— Tiens, lui dit-elle, voici des noix que j'ai achetées à un Korrigan, et j'en ai rapporté pour toi.

— Quel Korrigan ? demanda la sœur. Ne serait-ce pas celui dont tu te moques toujours ?

— Oui, répondit la princesse.

— J'ai peur qu'il ne t'arrive quelque chose, dit la sœur.

— Que veux-tu qu'il m'arrive ?

— Il n'est pas bon de se moquer des Korrigans.

Au bout d'un mois, la princesse tomba malade. On fit venir un médecin. Il examina la princesse et dit :

— Ce n'est pas bien grave, vous allez avoir un enfant.

— Comment ? dit la princesse. Mais ce n'est pas possible : il y a déjà plusieurs mois que mon mari est parti.

— Pourtant, c'est ainsi, dit le médecin, et ce n'est pas autre chose.

Quand le médecin fut parti, la princesse se mit à pleurer.

— Que va dire mon mari lorsqu'il reviendra ? Je suis perdue.

Sa sœur, qui était auprès d'elle, lui dit :

— Le Korrigan a fait une sorcellerie.

— Il m'a vendu des noix et m'a dit de manger la première.

— C'est sûr, dit la sœur, il a mis une sorcellerie dans la noix que tu as mangée.

— Oui, dit la princesse, mais ce n'est pas ma faute.

— Demain, dit la sœur, j'irai trouver le Korrigan et je l'insulterai plus vilainement qu'il ne l'a jamais été.

Le jour suivant, la sœur s'en alla sur la route. Le Korrigan était là et il avait étalé des noix.

— Veux-tu m'acheter des noix ? demanda-t-il.

— Que non ! dit-elle. Acheter du poison, certainement pas. Tu as déjà trompé ma sœur et tu t'en repentiras, maudit nain !

Le Korrigan se mit à rire :

— Voilà ce qui arrive quand on se moque des gens, dit-il.

Il ramassa ses noix dans un sac et il partit en disant :

— Quand viendra le moment, tu viendras me trouver, on trouvera peut-être moyen de s'entendre.

Et il disparut dans un fourré.

La princesse donna le jour à un garçon. Il était très beau et très fort. Sa mère ne pouvait s'empêcher de l'aimer et de le nourrir avec beaucoup de soin. Un jour, sa sœur, qui était allée se promener sur la route, aperçut au loin le prince qui revenait avec ses soldats. Elle retourna en hâte au château pour annoncer la nouvelle à la princesse. Puis elle prit les vêtements de sa sœur, et comme elles se ressemblaient beaucoup toutes les deux, elle s'avança à la rencontre du prince.

Le prince l'embrassa et dit :

— Tu portes les vêtements de la princesse, mais tu n'es pas elle. Je veux aller voir ma femme.

Il pénétra dans le château et s'en alla directement à la chambre de la princesse. Quand il la vit, il lui dit :

— Tu es bien changée. Tu as la fièvre.

— Oui, répondit la princesse, depuis neuf mois et demi.

— Je le savais bien, et pourtant, je ne suis pas sorcier. Je sais aussi que tu as eu un fils.

— Hélas ! oui ! dit-elle. Mais qui vous l'a dit ?

— Avant-hier, pendant la nuit, alors que j'étais à cheval sur la route qui mène au château, je passais dans une forêt. Tout à coup, j'ai vu sortir six korrigans des fourrés. Le sixième m'a averti que tu avais eu un fils. Cependant, je te laisserai en paix, car il m'a raconté comment cela s'était passé.

La princesse fut soulagée d'entendre son mari parler ainsi.

— Eh bien ! dit le prince, tu es contente maintenant de ton fils, mais il est venu par sorcellerie dans le monde, c'est le Korrigan qui me l'a dit. Demain, nous irons nous promener sur la route et nous verrons le Korrigan.

— Je l'ai vu bien assez souvent, dit-elle.

— Voilà ce que c'est de se moquer des gens. Tu ne savais pas qu'ils étaient bons et mauvais et que si on se moquait d'eux ils pouvaient jeter des sorts ?

Le lendemain, ils s'en allèrent sur la route. Arrivés auprès d'un bois touffu, ils aperçurent le Korrigan. Il venait au-devant d'eux.

— Bonjour à vous, dit-il. Voulez-vous venir avec moi et visiter ma maison ? Comme cela vous pourrez vous rendre compte s'il y a du poison ou de la boue.

Ils le suivirent à travers la forêt. Ils arrivèrent près

d'une grosse pierre et le Korrigan leur dit de le suivre à travers un trou qu'il y avait dans la pierre. Ils obéirent et se trouvèrent dans un immense couloir qui débouchait dans une salle décorée de belles statues et de grands lustres qui donnaient une lumière féerique. Le prince dit à sa femme :

— Il y a ici des choses plus précieuses que dans notre château.

Alors le Korrigan dit au prince :

— Ne sois pas fâché contre moi parce que j'ai fait une sorcellerie à ta femme. Elle méritait qu'on lui donnât une bonne leçon, car elle se moquait cruellement de moi. Certes, je ne suis pas beau et je suis de petite taille, mais je sais certaines choses que vous ne connaissez pas, vous les humains. Cependant, je ne veux pas que tu fasses des misères à ta femme : par les noix son fils est venu, par les noix il s'en ira.

— Tu es capable de faire cela ? demanda le prince.

— Bien sûr, dit le Korrigan. Devant toi, et tout de suite.

— Mais, dit la mère, il n'est pas ici. Il est resté au château avec ma sœur.

— Quand bien même il serait à cent lieues, dit le Korrigan, il arrivera jusqu'ici.

Deux heures plus tard, le petit garçon était là.

— Aimes-tu ta mère ? demanda le Korrigan.

— Oui, répondit l'enfant.

Le prince et la princesse s'étonnèrent que l'enfant pût ainsi parler, étant donné son jeune âge. Le Korrigan continua à l'interroger :

— Veux-tu rester avec elle, ou veux-tu t'en aller ?

— Je resterais bien avec elle, répondit l'enfant, mais il faut que je m'en aille.

— Pourquoi faut-il que tu t'en ailles ?

— Il y a quelqu'un qui m'attire.

— C'est moi qui t'attire, dit le Korrigan. A présent, dirige-toi vers l'arbre où je suis allé te chercher.

L'enfant se mit à s'éloigner. Mais avant de disparaître, il se retourna et dit :

— Adieu pour toujours. Ma mère est de nouveau une jeune princesse sans enfant, comme si elle ne m'avait jamais donné le jour. Quant à toi, Korrigan, ne fais plus de ces choses. Je sais bien qu'elle se moquait de toi, mais elle est jeune : il fallait lui pardonner.

Et l'enfant disparut dans l'ombre.

— Vois-tu, prince, dit le Korrigan, sans cela, tu aurais maltraité ta femme, car tu aurais cru qu'elle t'avait trompé. Or, elle est innocente, et je lui pardonne les méchancetés qu'elle m'a dites. Je vous souhaite à tous deux, chance et bonheur si vous avez de beaux enfants, et si aucun n'est comme moi, petit et laid. Car vous êtes grands et forts, et vous devez avoir des enfants qui vous ressembleront.

Il rit.

— Mais prends garde, princesse, de ne pas recommencer à te moquer des Korrigans. J'ai de nombreux frères, et si tu les insultes, ils ne te pardonneront pas, eux, et au lieu d'avoir des enfants comme toi, tu auras des Korrigans.

Port-Louis (Morbihan).

Ce conte est presque une histoire morale où il est démontré qu'on ne doit pas se moquer des gens laids ou petits. Mais le thème de la fécondation par un fruit, noix ou pomme, est très fréquent dans les récits légendaires bretons ainsi que dans la tradition littéraire ancienne du Pays de Galles et de l'Irlande. C'est donc un souvenir mythologique qui s'actualise ici dans un conte à tendances moralisatrices.

KOLLÉ PORH-EN-DRO

Sur la grève de Carnac, il y avait jadis une grotte profonde : c'est là que vivait Kollé Porh-en-Dro, le taureau de Porh-en-Dro, qui jouait de si vilains tours aux humains. On s'en souvient encore dans toutes les maisons de la côte, et ce n'est pas sans raison qu'on a donné son nom à une roche bien connue dans le pays. Demandez à quelqu'un s'il sait ce que signifie le nom de **Karreg Kollé Porh-en-Dro :** il se signera avant de vous répondre que c'est la Pierre du Taureau de Porh-en-Dro, l'endroit où il se trouvait le plus souvent, et d'où il partait pour ennuyer les hommes et les femmes qui s'attardaient sur la côte ou dans la campagne, les soirs où il n'y avait pas de lune.

Or, une certaine nuit d'automne, la tempête grondait : le bruit des vagues qui déferlaient sur la plage se mêlait sinistrement aux sifflements du vent. Au village de Légenesse, tout le monde dormait, et les bonnes gens se reposaient après une dure journée de labeur. Tout à coup, on entendit une grosse voix crier :

— Au goémon ! au goémon ! Il y a du goémon plein la côte !

Les habitants se réveillèrent au son de cette voix qu'ils reconnaissaient bien : c'était celle de Grégoire, le vagabond, qui avait coutume de passer au bord de la mer une bonne partie de ses nuits. Ils se levèrent donc en toute hâte, bien contents de l'aubaine, et s'en allèrent au rivage, leur fourche à la main. Effectivement, quand ils arrivèrent à la falaise, ils virent une grosse quantité de goémon. Ils attendaient cela depuis si longtemps qu'ils remercièrent Dieu de leur avoir apporté tant d'algues à la fois. Chacun se mit donc à l'œuvre. La besogne était facile : il n'y avait qu'à ramasser. A mesure que le goémon était entassé, une grosse vague arrivait, chargée de nouvelles algues.

Pendant trois quarts d'heure, tout alla pour le mieux. Les hommes n'en revenaient pas de cette moisson inespérée. Ils se réjouissaient d'avoir leur provision de goémon pour toute l'année. Mais soudain, sans qu'on pût savoir comment, le goémon qu'ils avaient amassé disparut.

Frappés de stupeur, les travailleurs se regardèrent. Puis ils se mirent à fouiller les rochers, au bas de la falaise. Rien, il n'y avait plus rien.

Alors, on entendit de formidables éclats de rire et des battements de mains. Debout sur un rocher, au milieu des lames, un homme d'une taille gigantesque frappait ses mains l'une contre l'autre. On ne distinguait pas très bien ses traits, mais on l'entendait rire. Et cela dura un bon bout de temps. Après quoi il disparut comme s'il s'était jeté dans la mer.

Et jamais plus on ne retrouva le goémon. C'est ainsi que Kollé Porh-en-Dro se fit connaître aux habitants de Légenesse.

Un autre soir, des jeunes gens se trouvaient, à onze heures du soir, près d'un gros rocher nommé **Karreg Vernardé.** Ils étaient occupés à pêcher au filet, pour se délasser de leur travail de la journée.

Ils tiraient tous leur filet en silence, par peur d'effrayer les poissons. Mais ils avaient beau tirer, rien ne venait et il semblait que les poissons, qu'ils remarquaient pourtant à travers les mailles, parvenaient à s'échapper et à retourner dans la mer. Ils tiraient, pleins de courage, espérant toujours retirer de quoi manger pendant plusieurs jours, mais plus ils tiraient, moins le filet venait. Bientôt tout effort fut inutile : le filet ne pouvait plus être retiré.

Croyant qu'il était accroché à une roche, l'un des pêcheurs, nommé Mikaël, se détacha du groupe et alla examiner ce qui se passait.

— Oh là ! cria-t-il à ses compagnons. Tirez dur, mes amis ! si nous tenons ce morceau, je crois que notre pêche est finie !

En effet, au fond du filet, il y avait un énorme poisson et il se débattait en vain. Les jeunes gens redoublèrent d'efforts, et bientôt ils purent voir le monstre qui se roulait sur le sable et qui soufflait avec violence. On décida qu'on l'emporterait sur une sorte de civière faite avec des filets repliés.

On se mit en marche, mais on n'avançait pas sans peine, tellement la charge était lourde. Et de plus, le poisson gigotait comme un forcené. On enfonçait dans le sable, et les pantalons mouillés mordaient dans la peau.

Enfin, au bout d'une demi-heure, après avoir fait plusieurs haltes, ils atteignirent le pont de Porh-en-Dro. Là, il y avait une brouette. On y mit le poisson, car il serait ainsi plus facile à transporter. On était sur la grande route, il n'y avait plus qu'à pousser la brouette. Ce fut donc avec un grand soupir de soulagement que les pêcheurs se débarrassèrent de leur fardeau qui devenait de plus en plus lourd.

Mais le poisson était encore bien vivant. A peine l'avaient-ils déposé à terre qu'il leur échappa des mains et se mit à trotter sur le pont. Ce n'était plus un poisson, c'était un homme de grande taille qui retournait en riant vers la côte. Alors les pêcheurs s'écrièrent :

— C'est Kollé Porh-en-Dro !

Et ils s'enfuirent dans toutes les directions, peu soucieux de rester auprès de celui qui jouait de si mauvais tours.

Un autre soir, en hiver, à Beaumer, toutes les lumières étaient déjà éteintes. Il y avait là autrefois une petite caserne où résidaient les douaniers qui surveillaient la côte. On n'entendait plus que le bruit sourd des vagues. Cependant tout le monde ne dormait pas. Deux hommes s'avançaient le long de la mer : c'étaient deux des douaniers qui, selon la règle, faisaient leur ronde pour voir si quelque bateau n'abordait pas, chargé de tabac et d'alcool.

Ils avaient déjà traversé la falaise nommée **En Iniseguen** (1), non loin de Beaumer, et marchaient tranquillement en devisant sur la belle plage de sable fin qui s'étend de Beaumer à Porh-en-Dro. Tout à coup, un cri de détresse vint frapper leurs oreilles.

— Noang ! Noang ! criait la voix.

L'un des douaniers s'appelait Noang. Quand il entendit son nom, il jeta bas ses armes et courut vers la mer pour aller porter secours au malheureux qui paraissait se noyer. Il était sur le point de se précipiter dans les flots quand son compagnon l'arrêta en disant :

— Attends ! attends qu'il y ait un second cri !

Noang attendit quelques instants. L'appel de détresse ne se renouvela pas. Noang et son compagnon avancèrent à la limite de l'eau. Tout à coup ils aperçurent un homme

(1) L'île blanche.

de grande taille qui marchait sur la mer et ils l'entendirent pousser de grands éclats de rire.

— Tu vois ! dit son compagnon à Noang. Un peu plus, tu devenais la victime de ce maudit Kollé Porh-en-Dro ! On m'a déjà parlé de lui, et c'est pourquoi je me suis méfié. Je suis sûr qu'il t'aurait tué en te noyant.

Et les deux douaniers se hâtèrent de rentrer à Beaumer.

Quelques jours plus tard, dans la maison des Guennek, tout le monde était dans la peine. On avait en effet perdu la vache noire, la plus belle de l'étable, et personne ne savait ce qu'elle était devenue. Pourtant chacun s'était mis en campagne. Mais les recherches avaient été vaines, et à neuf heures du soir, la vache n'était toujours pas rentrée à l'étable.

Désespéré, Guennek résolut de la chercher encore, dût-il y passer toute la nuit. Il allait et venait sur les landes lorsqu'enfin il aperçut une forme qui bougeait dans l'ombre. Il s'approcha. Oui, c'était bien elle ! il avait retrouvé sa vache noire, c'était bien la sienne. Elle broutait tranquillement au carrefour de trois chemins.

Il est inutile de dire combien Guennek fut heureux d'avoir retrouvé sa vache noire. Il regagna donc le village de Beaumer, et après avoir attaché la coureuse dans l'écurie, il s'en alla dormir.

Tout à coup, au milieu de la nuit, des meuglements horribles réveillèrent la famille en sursaut. On aurait dit que les vaches s'entretuaient. Guennek sauta rapidement au bas de son lit et se précipita dans l'étable. Mais dans l'étable, il n'y avait rien qui fût anormal : les vaches étaient paisiblement couchées sur la litière et elles semblaient étonnées de l'irruption de leur maître à une heure aussi avancée de la nuit.

Très surpris, Guennek, à la lueur de sa chandelle de résine, examina soigneusement tous les recoins, et, soudain, il remarqua que la place de la vache noire, qu'il avait ramenée après bien des efforts, était vide.

Il se demandait bien ce que cela voulait dire. Il ouvrit la porte de l'écurie, et dès que ses yeux se furent habitués aux ténèbres, il aperçut une vache, il n'y avait pas de doute, c'était la sienne, qui traversait tranquillement le village.

Il s'avança donc pour l'arrêter et la ramener. Mais il n'avait pas fait trois pas que la vache devint un homme très grand qui se mit à courir vers la mer en riant aux éclats. C'était Kollé Porh-en-Dro.

Une autre fois, ce fut le tour de Loeiz Rouzig de perdre son cheval. Il l'avait cherché toute la soirée et la nuit était tombée depuis longtemps, très sombre et froide, avec de grands nuages qui couraient dans le ciel. Dix heures venaient de sonner au clocher du bourg, et dans la lande parsemée de grosses pierres, Rouzig errait encore, désespérant de retrouver son cheval, et prêt à rebrousser chemin.

Or, devant lui, à quelque distance, il aperçut une forme blanche qui s'avançait le long d'une haie. Il n'osait pas approcher trop près et il écarquillait les yeux tant qu'il pouvait. Mais oui, c'était bien un cheval. Il s'approcha quand même, mais derrière le buisson. Il reconnut alors son cheval blanc.

Au comble de la joie, Rouzig prépara sa bride et appela doucement son cheval. La bête leva la tête, huma l'air, partit au trot et vint se placer un peu plus loin, le long d'une haie, dans un fossé assez profond où il ralentit le pas et commença à brouter l'herbe.

Rouzig, toujours en se cachant, fit un détour, et, brusquement, il sauta sur le dos du cheval, qu'il enfourcha avec vigueur.

Aussitôt le cheval, pris à l'improviste, partit au triple

galop, sauta plusieurs haies et parvint sur la route du Mének à Porh-en-Dro où il continua sa course. Rouzig essayait de ralentir son élan, il serrait la bride, il l'appelait par son nom, rien n'y faisait, et le cheval continuait à galoper comme un fou. On aurait dit que ses pieds ne touchaient même pas terre, tellement il allait vite. Rouzig voyait les pierres et les arbres passer à toute vitesse auprès de lui, et il eut peur que le cheval ne le fît tomber sur une roche où il se serait fracassé la tête.

Bientôt, ils arrivèrent à Porh-en-Dro. Alors le cheval ralentit son allure, comme s'il était fatigué. Rouzig n'attendit pas plus longtemps, il sauta à terre et prit l'animal par la bride. Mais la bête refusa de faire un pas, et faisant contre mauvaise fortune bon cœur, Rouzig se vit obligé de remonter sur le dos du cheval.

Il n'était pas plus tôt installé que le cheval repartit au triple galop. Mais cette fois, il se dirigeait tout droit vers la mer. Le pauvre Rouzig ne pouvait en croire ses yeux.

— Au secours ! cria-t-il.

Mais sa voix se perdit dans l'espace et sa monture galopait toujours à un train d'enfer. On arrivait à la mer et Rouzig se voyait déjà englouti par les flots. Il commença à réciter son acte de contrition, quand soudain, il sentit que le cheval se dérobait sous lui. Au bout de quelques instants, il y eut un choc et Rouzig se retrouva allongé sur le sable, à quelques pas de l'eau qui montait.

Il se releva, quelque peu ébahi. La première chose qu'il fit, ce fut de chercher son cheval. Mais il ne vit plus rien. Par contre, sur un gros rocher, il aperçut une forme humaine secouée de grands éclats de rire. Alors il comprit que c'était Kollé Porh-en-Dro qui lui avait joué ce mauvais tour.

Rentré chez lui, il raconta ce qui lui était arrivé. Son père, qui veillait encore, lui dit alors pourquoi ce diable-là était appelé Kollé Porh-en-Dro.

Il y avait longtemps déjà. C'était un dimanche soir. Les vêpres étaient finies et le père Nedeleg s'en revenait lentement chez lui, appuyé sur un grand bâton. C'est qu'il était vieux, le père Nedeleg, c'était sûrement le plus vieux de la paroisse : il avait quatre-vingts ans passés depuis un bon bout de temps. Mais cela ne l'empêchait pas d'aller tous les dimanches à la messe et aux vêpres, été comme hiver.

Ce soir-là, donc, il revenait du bourg, assez content et gai, car, avant de partir, il avait bu deux sous de goutte. Il faisait sombre et le ciel était couvert. La nuit serait dure, certainement. Au moment où il se détournait pour passer dans le grand marécage qui s'étend entre Légenesse et Kerlois, il aperçut un taureau, un beau taureau, ma foi, qui broutait le long d'un mur.

— Allons ! dit-il tout haut, on voit bien en quel temps nous vivons à présent ! tout va à la traîne et nos fils ont besoin de leurs vieux pères pour faire rentrer leurs animaux à l'écurie. Voilà un taureau qu'on a laissé dehors par imprévoyance ! Eh bien ! je vais le ramener chez moi.

Le bonhomme marcha vers le taureau. Au bruit que faisaient ses gros sabots, le taureau releva la tête et regarda le père Nedeleg avec ses gros yeux. Le père Nedeleg eut très peur, car que ferait-il si le taureau s'avisait d'engager la lutte avec lui ? Après tout, il n'était pas très vaillant. Il avait bien son bâton, mais l'autre avait des cornes redoutables. Pourtant, il approcha en criant :

— **Heuh ! gueah !**

Et il brandissait son bâton. Le taureau baissa la tête, mais il ne bougea pas. Le vieillard hésitait de plus en plus. Enfin, il s'enhardit, et de son gros bâton noueux, il frappa le dos du taureau.

Le bonhomme faillit en perdre connaissance : au moment où son bâton toucha le dos du taureau, celui-ci disparut avec un grand éclat de rire. Et il entendit le bruit d'un homme qui s'enfuyait à toutes jambes en direction de la mer. Et c'est lui qui donna au monstre le nom de **Kollé Porh-en-Dro**, c'est-à-dire le **Taureau de Porh-en-Dro.**

Carnac (Morbihan).

En Bretagne, ce ne sont pas les lutins qui sont des êtres malfaisants, mais des personnages capables de prendre l'aspect d'animaux, et qui jouent des tours cruels aux humains. Tous les fantasmes de la nuit, toutes les terreurs nocturnes semblent s'incarner dans Kollé Porh-en-Dro.

LE PORTEUR DE BORNE

Dans la paroisse de Lignol, deux hommes qui étaient beaux-frères, possédaient un champ magnifique. Il était très bien situé et comprenait plusieurs hectares d'une excellente terre qui produisait les plus belles récoltes du pays.

Or, un jour, les deux beaux-frères, qui avaient toujours vécu en bonne intelligence, décidèrent entre eux de partager le champ. Mais quand il fut question de le borner pour marquer la part de chacun, de graves dissentiments s'élevèrent entre eux, et ils se fâchèrent.

L'un d'eux vint à mourir en laissant une veuve et plusieurs enfants en bas âge. Quelque temps après, l'autre résolut de profiter de cette disparition : un soir qu'il faisait un beau clair de lune, il se rendit dans le champ, muni des outils nécessaires, et il déplaça la grosse borne de pierre qui se trouvait au milieu pour la remettre quelques sillons plus loin, dans la partie appartenant à ses neveux.

Sa belle-sœur, qui ignorait les arrangements qui avaient pu se conclure au sujet du partage du champ entre son beau-frère et feu son mari, et qui ne savait pas à quel endroit exact ils avaient borné, ne lui dit rien. Le beau-frère malhonnête avait donc réussi. Mais il ne profita pas longtemps du produit de son vol, car un jour, il tomba malade et il mourut à son tour.

Il s'en alla donc à la porte du Paradis, mais là, saint Pierre refusa de le laisser entrer.

— Comment oses-tu te présenter ici ? s'écria saint Pierre. Sache que le Seigneur t'a condamné au feu du Purgatoire, et cela jusqu'au jour où tu auras trouvé un homme qui te voit remettre à sa véritable place la borne que tu as déplacée lorsque tu étais encore sur la terre et qu'il faisait clair de lune. Ainsi donc, tu feras le tour du champ, avec la borne sur ton dos, chaque nuit où il fera clair de lune, en criant bien fort : « Où faut-il la mettre ? ». Le jour où tu entendras un homme te répondre, tu n'auras qu'à faire devant lui ce que je t'ai dit, et tu pourras entrer ici.

Après avoir prononcé ces paroles, saint Pierre se retira, et l'homme alla vers le Purgatoire. Là, il souffrait de cruels tourments, et chaque nuit où la lune brillait, il faisait le tour de son champ avec la borne sur le dos et en criant : « Où faut-il la mettre ? ». Mais il avait beau faire, personne ne lui répondait, et cela durait depuis des années et des années, et même peut-être depuis des siècles.

Dans le pays, pendant les longues soirées d'hiver, lorsqu'on faisait la veillée dans les écuries, parce qu'il y faisait plus chaud, les vieux racontaient aux jeunes l'histoire du crieur de nuit, car c'était ainsi qu'on l'appelait. Ils disaient avoir entendu cela de leurs ancêtres. Il y en a même qui assuraient l'avoir vu et entendu crier, mais ils ajoutaient que si quelqu'un venait à lui répondre, il lui arriverait sûrement malheur. Mais lorsque les jeunes demandaient qui était cet homme et pourquoi il se promenait autour du champ en portant une borne sur son dos, personne ne pouvait répondre, car personne, vous le pensez bien, n'avait eu l'audace d'aller le demander au crieur de nuit.

Un soir, un jeune homme, qui était sabotier de son état, revenait du bourg voisin où il était allé voir les filles. Il vit et entendit le crieur de nuit. Il comprit même ce qu'il demandait, mais au lieu d'aller de son côté, il s'enfuit à toutes jambes.

Le lendemain, tout en creusant des sabots, il raconta à ses camarades d'atelier ce qu'il avait vu et entendu. Un jeune homme d'une trentaine d'années, qui passait pour n'avoir point froid aux yeux, s'écria alors :

— Il y a assez longtemps qu'on me parle de cet animal-là ! puisque tu l'as vu, je voudrais bien le voir, moi aussi, et si tu n'as pas peur de m'accompagner, demain soir, nous irons tous les deux à l'endroit où tu m'assures l'avoir vu. S'il crie quelque chose, sois sûr que je lui répondrai !

L'autre accepta. Le lendemain, ils se rendirent à l'endroit indiqué. Ils se blottirent sous un buisson et attendirent. Ils y étaient depuis peu de temps quand ils virent venir l'homme qui criait d'une voix plaintive :

— Où faut-il la mettre ? Où faut-il la mettre ?

Alors le jeune homme qui passait à juste raison pour

n'être point peureux, dit à son compagnon :

— Le voici qui vient. Avant de lui répondre, il faut le laisser passer devant nous et voir exactement ce qu'il a sur le dos.

L'homme s'approchait. Il passa devant eux sans leur prêter attention, marchant d'un pas fatigué et répétant toujours sa même question.

— Tiens, dit l'un des jeunes gens. Il porte une borne.

— Oui, dit l'autre, c'est bien ce qu'on raconte : il porte une borne de pierre. Nous allons voir ce qu'il va en faire.

Pendant que les deux jeunes gens parlaient entre eux, l'homme poursuivait sa route autour du champ. Quand il eut fait le tour, ils le virent se diriger vers un endroit du champ et y déposer sa borne. Puis il disparut. Les jeunes gens quittèrent leur cachette en regrettant toutefois de n'avoir rien dit. Le lendemain, le moins peureux voulut encore emmener son compagnon, mais celui-ci, qui n'était pas des plus hardis, ne voulut pas y retourner une autre fois. Alors, il décida d'y aller seul.

Arrivé à l'endroit où il se trouvait la veille, il vit encore venir l'homme qui criait la même chose que la nuit précédente. Le jeune homme se dit : « Arrivera ce qui pourra, mais il faut absolument que je dise quelque chose ».

Il sortit de dessous son buisson, et quand l'homme passait devant lui en criant :

— Où faut-il la mettre ?

— Eh bien ! répondit-il, il faut la mettre où tu l'as prise !

L'homme s'arrêta net devant lui.

— Il y a longtemps que je cherchais un homme comme vous, dit-il. Je vous demande de me suivre.

— Qui que tu sois, dit le jeune homme, je te ferai remarquer que je n'ai aucun ordre à recevoir de toi. Tu me demandes de te suivre, mais où donc ? est-ce loin d'ici ?

— Si je vous dis de me suivre, reprit l'homme, ce n'est point un ordre que je vous donne, c'est un service que je vous demande. Si vous voulez me le rendre, cela ne vous dérangera pas beaucoup, car c'est juste au milieu de ce champ que je vous demande de m'accompagner.

Le jeune homme le suivit. Arrivé au milieu du champ, l'homme déposa sa borne à terre et lui dit :

— Voici l'endroit où je l'ai prise, aussi c'est à cet endroit que je la replace. Depuis des années et des années, peut-être même des siècles, je ne sais plus, je suis dans les flammes du Purgatoire, où j'endure des souffrances tellement rigoureuses que personne ne peut les comprendre. J'étais condamné à venir ici les nuits où il fait clair de lune afin de replacer cette borne à l'endroit où je l'avais prise, mais pour être sauvé, il fallait que quelqu'un me répondît et qu'il pût me voir remettre la pierre. J'ai attendu pendant tant de temps ma délivrance que je peux à peine croire que ce soit vrai. Tous ceux que j'ai rencontrés jusqu'à présent se sont enfuis dès que j'approchais. Vous seul avez eu le courage de me répondre, et en me parlant, vous m'avez sauvé. Merci et soyez sûr que le service que vous m'avez rendu vous portera bonheur. Adieu.

Et l'homme disparut. Le jeune homme s'en retourna chez lui, heureux et content de ce qu'il venait de faire. Il raconta son aventure à ses parents et à ses amis, il vécut très bien et eut beaucoup de chance dans sa vie. Quant au crieur de nuit, on ne l'entendit plus jamais.

Lignol (Morbihan).

Le thème développé ici est celui des « Conjurés », c'est-à-dire des gens condamnés à errer une partie de leur éternité, à cause d'une faute commise, jusqu'à ce qu'un homme courageux ou charitable leur vienne en aide. Ce conte est du même type que celui de *l'Homme de Glace*.

LES DEUX VOLEURS

Il était une fois un homme qui s'était mis dans l'idée d'aller voler des noix. Il savait où il y avait un grenier rempli de noix qui avaient été mises à sécher sur le plancher, il les avait vues et s'était bien promis d'aller en remplir son sac.

Un soir, après avoir fini son souper, il prit un grand sac et se mit en route pour accomplir ce qu'il avait projeté de faire. Il était sur le chemin quand il rencontra un autre homme.

— Où vas-tu, camarade ? demanda celui-ci.

— Mais, où vas-tu toi-même ?

— Moi, je m'en vais au bourg.

— Eh bien ! j'y vais également. Nous allons pouvoir faire le chemin ensemble, cela sera moins long.

Ils arrivèrent bientôt aux premières maisons du bourg.

— Au fond, dit l'homme qui avait décidé d'aller voler des noix, il serait plus agréable de revenir ensemble si nous le pouvons.

— Bien sûr, dit l'autre, à condition que ton affaire ne dure pas trop longtemps.

— Certainement. Je peux bien te le dire : je m'en vais chercher quelques noix dans un grenier retiré. Je vais y aller tout seul, ce sera facile et je n'en ai que pour un moment.

— Ah ! dit l'autre. Moi, j'avais décidé d'aller voler un mouton. C'est pourquoi j'ai attendu qu'il fasse nuit, car il faut que tous les habitants de la maison soient couchés. L'étable est si proche de la maison qu'ils pourraient bien entendre ce que je fais. Mais, peu importe, nous n'avons qu'à fixer un endroit pour nous attendre.

— Certainement. A quel endroit penses-tu ?

— Sous le porche de l'église.

— C'est entendu. Le premier arrivé y attendra l'autre.

Celui qui voulait aller voler des noix eut tôt fait de remplir son sac. Et il arriva très vite sous le porche de l'église afin d'attendre son camarade. Mais comme celui-ci, n'arrivait pas, histoire de faire passer le temps, il se mit à manger des noix. C'était l'heure pour le bedeau de sonner les cloches afin d'annoncer la fermeture des tavernes. Le bedeau arriva à l'église et il entendit le voleur briser les coques de noix.

Or, quelques jours auparavant, une vieille femme était morte : c'était la mère du recteur. Et le recteur devait la ramener dans son pays pour qu'elle y fût enterrée. Alors, comme il lui fallait la garder quelques jours et qu'il en avait assez de l'avoir à la maison, il l'avait fait mettre dans son cercueil et déposer à l'église. Et le bedeau fut effrayé en entendant le bruit des noix. Il crut que quelque chose était en train de se briser sur la bonne femme. Il se précipita chez le recteur pour le prévenir.

— Monsieur le Recteur ! je ne sais pas ce qui se

passe dans l'église, mais il y a quelque chose sûrement, en train de briser le cercueil, car j'entends le bois craquer !

— Ah ! dit le recteur. Eh bien, je vais y aller voir.

Mais le recteur était boiteux. Il dit au bedeau :

— Je ne peux pas courir, il faudra que tu me portes sur ton dos !

Le bedeau s'en alla avec sa charge sur la nuque. Pendant ce temps-là, le voleur de noix était toujours occupé à manger ses noix. Quand il vit le bedeau venir avec une chose noire sur le dos, il crut que c'était son camarade qui arrivait et qu'il portait le mouton qu'il avait projeté de voler. Il lui demanda :

— Est-il bien gras ?

Le bedeau, effrayé, jeta sa charge.

— Attends, dit le voleur à celui qu'il croyait son compère. J'ai mon grand couteau pour lui couper la gorge !

Voilà l'épouvante qui saisit le recteur et le bedeau. Le bedeau, qui était très alerte, s'enfuit à toutes jambes, mais le recteur qui gisait sur le sol se sentait perdu, car il ne pouvait se relever de lui-même. De son côté, le voleur de noix n'en menait pas large et croyait que les démons s'étaient donné rendez-vous sur la place de l'église : il chargea son sac sur son dos et se précipita bien loin. Or, par malheur, il n'avait pas eu le temps de nouer son sac et tout le contenu s'en répandit sur le chemin.

Le recteur, toujours à terre et tentant de se remettre sur pieds, hurlait à qui mieux mieux réveillant tous les échos du bourg. Des lumières apparurent aux fenêtres et on se demandait ce qui se passait. Quant à celui qui était allé voler le mouton, en entendant tout ce raffut, il préféra abandonner sa proie et rentrer chez lui à toutes jambes. Voilà comment nos deux voleurs en furent pour leurs frais et ne réussirent pas à prendre ce qu'ils avaient convoité.

Pont-Scorff (Morbihan).

Ce conte, recueilli en 1911, appartient au folklore universel : il rappelle le célèbre fabliau du Moyen Age intitulé *Estula* et qui met en scène deux voleurs et le curé du village. Mais dans le fabliau, les deux voleurs s'en vont avec leur butin, tandis que le conte breton respecte la morale.

LE SAC DE BELZIG

Il y avait une fois un petit garçon du nom de Belzig. Il avait une belle-mère qui le rendait très malheureux. Elle l'envoyait garder les moutons dans les landes, du matin au soir, sans autre nourriture qu'un morceau de pain noir tout sec. Lorsqu'il ramenait son troupeau, elle trouvait toujours un prétexte pour le gourmander, pour l'injurier et même pour le battre. Et elle le faisait coucher dans l'étable sur un peu de paille.

Un soir qu'il venait de ramasser une croûte qu'elle lui avait jetée comme à un chien, trois étrangers se présentèrent devant lui. Ils lui demandèrent l'hospitalité pour la nuit et un morceau de pain.

— Oui, répondit l'enfant. Prenez place sur ma paille et partageons cette croûte de pain.

Or, ces trois étrangers, c'étaient Jésus, saint Pierre

et saint Jean. Le lendemain matin, Jésus dit au jeune pâtre :

— Tu nous as accueillis avec bienveillance. En récompense, tu peux former un vœu : il sera accompli.

— Oh ! dit Belzig, pour si peu ! vous ne me devez rien du tout.

L'étranger — Belzig ne savait pas que c'était Jésus — insista, et le jeune pâtre était fort indécis.

— Demande le paradis, lui souffla le second personnage.

— Non, dit Belzig, celui qui le gagnera l'aura. Donnez-moi plutôt un biniou qui fasse danser tout le monde à ma volonté.

Immédiatement, il tint l'instrument dans ses mains. Le troisième étranger s'approcha et lui fit la même proposition. Le second lui souffla encore :

— Demande le paradis.

— Oh ! non ! dit Belzig. Je ne l'ai pas encore gagné. J'aimerais mieux un fusil qui tuerait de lui-même tout le gibier qu'il rencontrerait.

Le fusil lui fut donné. Vint le tour du second personnage, celui qui lui soufflait à l'oreille de demander le paradis.

— Je puis t'ouvrir le paradis, dit-il, le veux-tu ?

— Mais non, mais non, nous verrons plus tard, dit Belzig. Pour le moment, donnez-moi un sac dans lequel je pourrai enfermer tous ceux qui me déplairont.

Saint Pierre, car c'était lui qui conseillait de demander le paradis, soupira tristement, mais il lui donna le sac.

Le lendemain, le petit garçon abandonna ses moutons et s'en alla chasser. Le soir, quand le troupeau revint seul à l'étable, la belle-mère frémit de colère, mais quand elle eut aperçu Belzig chargé d'un lièvre, d'un lapin, de six perdrix et de deux cailles, sa surprise fut immense, et elle se calma après que le jeune pâtre les lui eut donnés. Elle eut aussitôt l'idée de préparer un grand dîner en l'honneur de son frère le prêtre, et d'y convier ses amis et ses connaissances. Belzig crut naturellement qu'il allait enfin se régaler une fois dans sa vie, mais, au moment du repas, on lui jeta, comme d'habitude une croûte de pain dans l'étable.

Belzig ne fut guère satisfait et il décida de se venger. Il se blottit dans un arbre en face de la salle à manger, et lorsqu'il vit par la fenêtre que le succulent dîner était servi, et que les bouteilles de vin étaient débouchées, il prit son biniou et se mit à jouer tout doucement. La belle-mère fut très surprise : elle soupçonna quelque maléfice et se leva de table. Elle aperçut le petit fripon dans son arbre et se dirigea vers lui. Alors il souffla plus fort. Elle se mit à esquisser des pas de danse. Son frère, le prêtre, scandalisé, se préparait à lui faire des remontrances, mais il ne put s'avancer qu'en cadence et en mesure. Cela fit bien rire toute l'assemblée. Belzig joua de plus en plus fort, tant et si bien que tous les invités, pris de vertige, s'assemblèrent dans une ronde folle qui renversa la table, piétina les plats, brisa les bouteilles et prit un bain de pied dans le bon vin. Tout le monde criait grâce, et l'enfant s'enfuit. Restés seuls, le frère et la sœur conclurent que Belzig était possédé du diable et qu'il fallait le lui livrer.

Le soir suivant, quand Belzig revint à son étable, le diable l'y attendait.

— Tu m'appartiens, dit le diable. Viens avec moi.

— Eh ! mon sac ! dit Belzig.

Aussitôt le diable fut enfermé dans le sac. Belzig le porta à l'église et le mit dans le bénitier. Le diable hurla et fit un raffut terrible. Puis il demanda grâce et jura qu'il allait rentrer dans son enfer d'où il ne sortirait plus. Alors Belzig le laissa partir.

Quant à Belzig, il s'en alla par le monde, avec son fusil qui tuait tout le gibier qu'il rencontrait, son biniou qui obligeait les gens à danser et son sac dans lequel il mettait les gens qu'il voulait. Il accomplit maintes prouesses et maintes sottises. Il commit beaucoup de péchés sans s'occuper de ce qui lui arriverait. Puis un jour, il mourut. Alors il se rappela qu'il avait refusé le paradis, et il fut bien ennuyé. Sûrement que saint Pierre ne le laisserait pas entrer maintenant.

Il s'en alla vers l'Enfer. Mais dès qu'il l'aperçut, le diable fit fermer les portes à double tour et se cacha lui-même au fond de son antre, tellement il avait peur de Belzig. Belzig, tout déconcerté, se décida à tenter sa chance vers le Paradis.

— Ah ! te voilà ! dit saint Pierre. Que veux-tu ?

— Entrer au Paradis, mon bon saint Pierre.

— Comment ? dit saint Pierre. Tu oses me demander cela alors qu'autrefois tu as préféré un sac pour y fourrer tous ceux que tu voudrais y mettre ! C'est un peu fort ! Tu n'as qu'à aller ailleurs.

— Mais personne ne veut de moi. Je ne sais pas où aller.

— Tu n'as qu'à te mettre dans ton sac, dit saint Pierre.

— C'est juste, dit Belzig, mais auparavant, j'aimerais jeter un coup d'œil sur ce qui se passe dans le Paradis.

— C'est vite dit. Pour que tu puisses jeter un coup d'œil il faudrait que j'ouvre la porte.

— Oh ! mon bon saint Pierre, seulement l'entrouvrir. Je veux simplement jeter un tout petit coup d'œil.

— Bon, dit saint Pierre, mais juste un petit coup d'œil...

Il entrouvrit la porte du Paradis. Belzig, qui tenait son sac à la main, le lança brusquement à travers l'entrebâillement de la porte. Et il dit :

— Sac ! reçois-moi !

Immédiatement Belzig se retrouva dans son sac, à l'intérieur du Paradis. Saint Pierre était un peu penaud et avait le sentiment d'avoir été joué.

— Veux-tu sortir ! s'écria-t-il à l'adresse de Belzig.

Mais Belzig répliqua :

— Je ne suis pas dans ton paradis, mais dans mon sac.

Et il y est encore.

Hennebont (Morbihan).

Il s'agit ici d'une variante du conte recueilli par Emile Souvestre et publié par lui sous le titre « le Bonnet de Moustache ». En fait, on y retrouve le thème des objets merveilleux venus de l'Autre-Monde et qui permettent au héros de surmonter toutes ses difficultés. Ce thème est entièrement païen à l'origine et il est ici christianisé avec discrétion.

LE TRÉSOR CACHÉ

Dans une paroisse des environs d'Auray, il y avait une croix sous laquelle, disait-on, un trésor avait été enfoui. Evidemment, on ignorait l'importance qu'il pouvait avoir et l'époque à laquelle il avait été caché. Les vieux qui racontaient cela aux plus jeunes l'avaient entendu eux-mêmes de leurs parents. Cependant, on parlait d'une barrique remplie de pièces d'or et on disait qu'elle se trouvait juste à l'endroit où la croix donnait l'ombre, de onze heures à minuit, lorsque c'était la pleine lune. Mais le trésor était gardé par le diable, et si l'on voulait s'en emparer, il fallait compter avec lui.

Trois hommes de la paroisse, forts et courageux, avaient, comme beaucoup d'autres, entendu parler de ce trésor. Ils passaient, un soir en chantant, auprès de la dite croix, en revenant du bourg où ils avaient goûté le cidre dans toutes les tavernes. Comme ils étaient quelque peu **fatigués**, c'est-à-dire légèrement pris de boisson, ils n'en étaient que plus hardis.

— C'est ici, dit l'un d'eux, que se trouve une barrique pleine d'or.

— Oui, dit le second. J'ai entendu raconter cela, mais ça doit être une farce.

— On pourrait toujours essayer de la découvrir, dit le troisième. Ainsi nous saurons si c'est une farce.

— En effet, dit le premier, on pourrait essayer, mais c'est dangereux, d'après ce que j'ai entendu raconter. Si vraiment c'est le diable qui garde ce trésor, nous courons un gros risque.

— Tant que je ne saurai pas ce qu'il y a exactement, je ne serai pas satisfait, reprit le troisième. Si vous voulez m'accompagner tous les deux, nous viendrons demain avec chacun notre pioche, et nous verrons ce qu'il en sera. Mais puisque nous sommes ici ce soir, il faut regarder à quel endroit exact la croix donne de l'ombre : c'est la pleine lune, c'est donc le moment qu'il faut.

A ce moment, l'horloge du bourg sonna onze heures.

Les trois compagnons attendirent, et quand il fut près de minuit, ils marquèrent l'emplacement parcouru par l'ombre. Puis ils s'en allèrent.

Tout en marchant, l'un d'eux dit :

— Pour mener à bonne fin notre entreprise, il faudrait que le recteur soit avec nous : c'est un homme fort instruit et un malin qui pourrait écarter mieux qu'aucun d'entre nous les méchants tours que le diable nous jouerait.

Cette idée parut très bonne et elle fut acceptée par les deux autres. Le lendemain, les trois compères se rendirent chez le recteur à qui ils exposèrent le sujet de leur visite.

Après les avoir écoutés, celui-ci leur dit :

— Il paraît en effet qu'il existe un trésor au pied de cette croix, juste à l'endroit dont vous parlez. Vous avez eu raison de venir me trouver, car si vous étiez allés le déterrer sans moi, vous n'auriez certainement pas réussi et il vous serait arrivé malheur. Voici ce qu'il faut faire : deux d'entre vous se muniront d'une pioche, l'autre prendra une pelle. Nous nous rendrons tous les quatre à l'endroit indiqué de façon à ce que nous soyons prêts à commencer le travail à dix heures. Pendant que vous creuserez, moi je lirai dans mon livre et j'en ferai encore plus que vous trois ensemble. Mais quoi que vous voyiez, quoi qu'on vous dise, ne répondez jamais rien, ne faites attention qu'à votre travail. A cette condition, tout ira bien.

Le soir venu, les trois hommes allèrent chercher le recteur, et tous quatre, ils se rendirent auprès de la croix. Ils y arrivèrent au moment où l'horloge du bourg sonnait dix heures.

— Il est temps, dit le recteur. Commencez.

Le recteur se tenait debout, près d'eux, et lisait dans son livre tant qu'il pouvait et aussi vite qu'il était possible.

Il y avait une demi-heure qu'ils étaient tous au travail quand ils virent un beau Monsieur venir vers eux. Il était tout de noir habillé et marchait d'un bon pas, mais quand il fut arrivé dans le voisinage immédiat, il ralentit son allure et leur dit :

— Bonsoir, les amis.

Aucun d'eux ne répondit. Le Monsieur reprit :

— Hé ! on travaille dur à ce qu'il paraît.

Les quatre hommes étaient muets.

— Ah, ça ! s'écria le Monsieur, voici des gens qui ne sont guère polis ! je m'en souviendrai !

Il poursuivit sa route. Les hommes continuèrent à travailler, toujours sans rien dire, et le recteur lisait son livre. Vers onze heures, ils virent venir à eux trois beaux cavaliers montés sur de superbes chevaux qui allaient bon train, aussi vite que le vent, mais ils disparurent rapidement.

Vers onze heures et demie, il arriva un petit bonhomme, le dos voûté, qui était monté sur un énorme bouc avec de grandes cornes. Ce bouc ne marchait que sur trois pattes. En arrivant, il dit aux travailleurs :

— Bonsoir, les amis. N'avez-vous pas vu trois cavaliers passer par ici ?

En voyant et en entendant ce singulier personnage leur parler ainsi, les trois hommes ne purent s'empêcher de rire, et l'un d'eux répondit :

— Si, nous les avons vus. Mais si vous avez la prétention de courir après, monté sur ce bouc, vous ne risquez pas de les tenir !

L'étrange petit bonhomme répondit :

— Vous non plus, vous ne tenez pas ce que vous cherchez !

Et il disparut avec un éclat de rire inquiétant.

A ce moment, la pioche de l'homme qui avait parlé arrivait juste sur la barrique en faisant entendre un bruit métallique, mais tout à coup la barrique sembla s'enfoncer davantage dans la terre. Les quatre hommes l'entendirent résonner comme si elle venait de tomber dans un puits d'une profondeur incroyable. En entendant le bruit de l'or, ils pensèrent que le trésor était perdu à tout jamais.

Tout cela s'était passé en moins de temps qu'il ne le faut pour le raconter. Le petit bonhomme avait à peine disparu que le recteur s'écria :

— Sauvons-nous ! il n'est que temps !

Les trois hommes ne prirent même pas le temps de ramasser leurs outils. Sans dire un mot, ils se précipitèrent loin de la croix, dans la direction que le recteur leur indiquait. Quand ils furent à une bonne distance, le recteur leur dit de s'arrêter et de regarder derrière eux. Ils regardèrent et virent des gerbes de feu s'élever de l'endroit où ils étaient à creuser quelques instants auparavant. Alors le recteur leur dit :

— Si vous aviez suivi mes conseils, ce trésor était à vous. Mais vous n'avez pas réussi à échapper à la tentation de parler. Désormais, personne ne pourra plus s'emparer de cet or. N'oubliez pas que l'argent tente beaucoup mais que le diable tente encore plus.

Puis les quatre compagnons se séparèrent et s'en allèrent chacun dans sa maison. Quant au trésor, personne n'a jamais pu le retrouver.

Auray (Morbihan).

Il s'agit d'un conte concernant la croyance dans des trésors enfouis au pied des croix ou des menhirs. Dans les versions chrétiennes, comme celle-ci, le trésor est gardé par le diable. Dans les versions païennes, il est gardé par un serpent ou un dragon. On notera aussi le fait qu'il est dangereux d'engager la conversation avec les êtres maléfiques.

LE « MARMINET »

La « Marionnette », qu'on appelle aussi le « Marminet », était un diable qui prenait la forme d'un gros chat noir. Quand le diable avait jeté son dévolu sur une famille, il arrivait dans la maison et se faisait adopter. Il dormait dans une corbeille, enveloppé de langes, comme un petit enfant. Ces langes ne pouvaient être lavés que les grands dimanches. Le soir, on demandait au marminet de chercher de l'argent, et il s'en allait rôder toute la nuit. Il s'arrangeait pour trouver de l'argent dans les endroits où on en avait caché en terre, et il rapportait à la maison, le matin, ce qu'il avait découvert pendant la nuit. Ceux qui avaient un marminet faisaient bientôt fortune, car le marminet sortait tous les soirs et marchait en criant **houic, houic,** comme une brouette, et ne rentrait jamais qu'avec sa charge d'argent. Seulement, pour faire travailler le marminet, il fallait lui promettre quelqu'un, ordinairement l'enfant que portait la maîtresse de maison.

Il arriva ainsi qu'un homme et une femme, qui avaient déjà beaucoup d'enfants, en attendirent un autre. Ils se demandèrent comment ils allaient pouvoir le nourrir et continuer à élever leurs autres enfants. Ils eurent alors l'idée de se procurer un marminet. Le diable vint voir le père et la mère et leur dit que l'argent ne leur manquerait pas, car il leur en procurerait sous forme de marminet. Mais il leur dit qu'il viendrait chercher l'enfant quand il aurait sept ans.

Le marminet fit son travail et apporta beaucoup d'argent. Mais quand l'enfant naquit, le père et la mère le firent baptiser. Le marminet fut si furieux qu'il disparut. Cependant, le père et la mère étaient très inquiets, car ils avaient promis au diable de donner l'enfant lorsqu'il aurait sept ans. Ils gardaient toujours l'enfant avec grand soin et ne permettaient pas aux étrangers de s'approcher de lui. Cela n'empêchait pas la mère de pleurer car elle savait que le diable viendrait réclamer son dû. L'enfant s'apercevait que sa mère pleurait, et plusieurs fois il lui demanda la raison de ses larmes. Mais la mère ne voulait pas répondre. A la fin, pourtant, elle dit à l'enfant qu'il avait été voué au diable et que celui-ci viendrait le chercher quand il aurait sept ans.

— Ce n'est que cela, dit l'enfant. Ce n'est pas bien grave. Donnez-moi un petit sac et je vais quitter le pays pour que le diable ne me trouve pas.

La mère donna un petit sac à son fils et celui-ci partit sur la route. Il vivait comme un mendiant. Il couchait dans les granges, et chaque fois qu'il pouvait rendre service quelque part, on lui donnait un morceau de pain.

Cependant le diable n'avait pas oublié qu'on lui avait promis l'enfant. Il alla chez les parents et réclama son dû.

— Hélas ! lui dit la mère. Mon fils a disparu et je ne sais pas où il est allé.

Le diable était furieux d'avoir perdu son temps lorsqu'il était sous la forme du marminet. Il se mit aussitôt en campagne pour retrouver l'enfant. Après avoir fait beaucoup de chemin, il le rencontra sur un chemin, où il allait, avec son petit sac. Il s'approcha de lui et engagea la conversation. L'enfant, qui avait reconnu le diable, lui dit :

— J'ai entendu parler de vous. On m'a dit que vous pouviez prendre la forme d'une souris.

— Bien sûr, c'est très facile, dit le diable.

Et pour prouver qu'il pouvait le faire, il se mit sous la forme d'une souris. Aussitôt l'enfant ouvrit son petit sac et fit entrer la souris dedans. Il ferma le sac et noua soigneusement les cordons. Le diable était maintenant prisonnier dans le sac.

Alors l'enfant alla trouver deux forgerons qui travaillaient dans le village voisin. Il mit le sac sur l'enclume et dit aux forgerons de taper dessus avec leurs marteaux. Les forgerons obéirent et le diable, au fond du sac, demandait pitié. L'enfant lui dit :

— Je veux bien te remettre en liberté, mais il faut que tu me promettes de n'avoir jamais aucun droit sur moi, ni sur les miens jusqu'à la septième génération.

— Je te le promets, dit le diable, remets-moi en liberté.

Et l'enfant relâcha le diable qui partit sans demander son reste.

Camors (Morbihan).

LES MÉSAVENTURES DU LOUP

Autrefois, à Camors, il y avait beaucoup de loups. Pour les prendre, on creusait dans les sentiers de la forêt des fosses profondes, plus larges par le bas que par le haut, et on les recouvrait de branches.

Un soir, au temps du carnaval, alors qu'on fait beaucoup de mariages dans le pays, un sonneur de biniou rentrait d'une noce à Bieuzy où il s'était attardé très tard dans la nuit. Comme il était un peu troublé par ce qu'il avait bu, il tomba dans une fosse où se trouvait déjà un loup. Celui-ci, qui n'était point allé à la noce, avait le ventre vide, et il eût volontiers rompu son jeûne en croquant le sonneur. Ses yeux brillaient comme deux tisons ardents dans cette prison ténébreuse. Le sonneur croyait sa dernière heure venue. Cependant, il eut une idée : il prit son biniou et se mit à en jouer. Le fauve, surpris par cette musique inconnue, recula le plus possible. Mais le sonneur se fatigua vite. Il s'arrêta de jouer. Alors, le loup, quelque peu rassuré, se rapprocha de lui dans l'intention de l'attaquer. Immédiatement, le biniou sonna un air de danse.

Il faut dire que ce ne fut pas une nuit de repos, aussi bien pour le sonneur que pour le loup.

Le lendemain matin, des chasseurs arrivèrent, étonnés d'entendre le son du biniou sortir d'une fosse. Ils délivrèrent le sonneur de sa fâcheuse situation, mais le loup en profita pour se sauver à travers la forêt.

Mais il y avait longtemps qu'il n'avait pas mangé, et il cherchait un moyen de se restaurer. C'est alors qu'il rencontra le renard qui était en train de lécher les derniers restes d'une motte de beurre qu'il venait de dérober à une fermière.

— Que fais-tu là ? demanda le loup à son compère.

— Tu le vois, répondit le renard, c'est du beurre que je mange, et c'est bien bon. Veux-tu en goûter, je sais où il y en a.

— Certainement, dit le loup qui sentait l'eau lui monter à la gueule.

— Eh bien, dit le renard, il y a, non loin d'ici, une fontaine dans laquelle la fermière a mis son beurre à durcir. Nous allons aller là-bas et nous nous régalerons avec la motte de beurre.

— Volontiers, dit le loup de plus en plus tiraillé par la faim.

Tous deux se dirigèrent vers la fontaine. Le soir tombait et la lune, qui venait d'apparaître dans le ciel, se reflétait dans l'eau claire et immobile. Le renard le savait bien, mais il voulait jouer un mauvais tour à son compère le loup.

— Vois-tu cette motte au fond de la fontaine ? elle est à nous. Il suffit que nous buvions l'eau et ensuite nous ferons un régal !

Sur ce, le renard plongea son museau dans la fontaine. Il faisait du bruit avec sa langue, mais il se gardait bien d'avaler une seule goutte d'eau. Quant au loup, sans méfiance, il buvait à grandes lampées, croyant que la fontaine allait être bientôt mise à sec. Mais plus il buvait, moins l'eau diminuait et le beurre restait toujours à la même profondeur.

A la fin, le loup comprit que le renard se moquait de lui. Il avait mal au ventre de toute l'eau qu'il avait bue, et il montra les dents au renard. Celui-ci se mit à rire à pleine gorge et se sauva dans les fourrés, laissant le loup à sa faim et à sa rage.

Cependant, le loup entendit du bruit dans les alentours. C'était l'heure où l'on rentrait les bêtes. Ne sachant pas quoi faire de mieux, le loup se mit à l'affût dans le coin d'une haie. Un troupeau de moutons passait sur le chemin. Les bêtes étaient grasses et elles venaient d'être tondues.

Le loup fit quatre bonds et se jeta sur une brebis toute jeune qui s'était écartée des autres. Il s'apprêtait à la manger, lorsque la mère de la brebis accourut et lui dit :

— Maître loup ! attendez quelques instants, je vous prie. La sœur de cette brebis est morte ce matin, et nous allons lui rendre les derniers devoirs. Laissez-nous l'enterrer : après quoi, vous pourrez manger cette brebis à votre aise.

Le loup se dit qu'il pouvait espérer s'emparer de plusieurs autres brebis et qu'il ne perdrait rien pour attendre, bien au contraire. Il suivit le troupeau, bien décidé à croquer quelques-unes des sœurs de la brebis qu'il venait d'attraper.

Quand le troupeau fut arrivé près de la bergerie, la mère brebis se mit à bêler tristement, et tous les jeunes moutons se mirent à faire de même, comme s'ils pleuraient la mort de quelqu'un. Le loup ne voulut pas être en reste, pour donner confiance à ses futures victimes. Lui aussi rendit les derniers devoirs à la défunte : il se mit à hurler **hou, hou, hou !** Mais à ces cris bien reconnaissables, le berger accourut, une trique à la main et se précipita sur le loup. Celui-ci, pour éviter d'être assommé n'eut qu'une seule chose à faire, il s'enfuit du plus vite qu'il put, ce qui mit les moutons au comble de la joie.

Le loup cependant, n'avait toujours rien dans le ventre. Après une nuit passée à chercher en vain quelque nourriture, il vit, au matin, une truie qui barbotait dans une mare, avec cinq petits cochons.

— Cette fois, se dit le loup, je ne raterai pas ces petits cochons. Ils doivent être bien tendres et je veux m'en rassasier.

Il s'approcha de la truie et dit :

— Donne-moi tes petits cochons, ou je me fâche !

— Comment ? dit la truie. Vous voudriez manger ces

petits ainsi couverts de boue. Attendez donc. On va les laver, ainsi ils seront plus appétissants et plus présentables.

Aussitôt, elle dit à ses enfants d'amasser du bois et de puiser de l'eau. Une chaudière fut remplie, et deux arbres abattus brûlèrent sous la marmite. L'eau bouillait sur le feu, mais les petits cochons se tenaient un peu à l'écart et laissaient faire leur mère. Le loup s'était assis devant le brasier. Il se passait la langue sur ses babines et n'avait d'yeux que pour son butin. Alors, quand la truie le vit ainsi occupé, elle renversa tout à coup la chaudière et l'eau toute bouillante se répandit sur la peau du loup. Le loup ne demanda pas son reste et s'enfuit dans la forêt. S'il n'est pas mort, il doit y être encore.

Camors (Morbihan).

Dans la région de Camors, il existe de nombreux contes sur les animaux et particulièrement sur les loups qui paraissent avoir été assez nombreux dans cette région. On notera que le ton est à peu près le même que dans le *Roman de Renart :* le loup est toujours victime de sa goinfrerie et de sa bêtise. Mais les épisodes ne sont pas les mêmes.

LE DIABLE QUI CHERCHAIT UN MÉTIER

Lorsqu'il était jeune, le Diable était plutôt sot. Il avait même conscience de sa bêtise et travaillait à s'instruire. C'est pourquoi il se mit en quête d'un métier.

Un matin, il rencontra un tailleur.

— Où vas-tu, tailleur ? demanda-t-il.

— Je vais à mon travail.

— Voudrais-tu m'enseigner ton métier ?

— Je le veux bien. Tu n'as qu'à venir avec moi.

Le Diable, tout content, accompagna le tailleur. Celui-ci lui donna de la toile déjà taillée pour faire une culotte, puis une aiguille et du fil. Mais il n'avait pas fait de nœud au fil.

— Regarde bien et fais comme moi, dit le tailleur.

Le Diable piqua son aiguille dans la toile, la tira ensuite par la pointe, mais le fil ne s'arrêta pas. Il eut beau recommencer, il lui fut impossible de faire comme le tailleur. Il commençait à se décourager.

L'heure du dîner arriva.

Tandis que le Diable mangeait son écuellée de crêpes au lait, le tailleur sortit de la maison et étendit un grand drap blanc sur l'orifice d'un puits qui était très profond. Puis, revenant trouver le Diable, il lui dit :

— Viens. Nous allons changer de place. Tu vas te mettre au milieu de ce drap. Je m'assiérai à côté de toi et je t'apprendrai à coudre comme moi et à faire de belles culottes de toile pour nos gars.

— J'ai compris, dit le Diable.

Il monta sur le puits, fit un pas en avant et, bien entendu, il tomba immédiatement au fond du puits, à la grande joie du tailleur qui s'empressa d'aller raconter partout la mésaventure du Diable.

Mais le Diable n'avait pas pour autant renoncé à trouver un métier. Il aperçut un jour un bûcheron qui émondait des arbres. Il s'approcha de lui et lui dit :

— Apprends-moi ton métier.

— Bien volontiers, dit le bûcheron. Tu verras, ce sera très facile. Prends ma hache et monte sur ce beau chêne que tu vois là. Tu vas t'asseoir sur la plus haute branche et tu la couperas le plus près possible du tronc. Tu feras de même pour la seconde, la troisième et ainsi de suite jusqu'au bas de l'arbre.

— J'ai compris, dit le Diable.

Il se mit immédiatement au travail, enchanté de faire quelque chose qu'il ne connaissait pas. Le chêne était haut et les branches étaient grosses comme des arbres ordinaires. Le Diable s'assit à califourchon sur la branche et commença à manœuvrer sa hache. Bientôt la branche fut coupée, mais le Diable qui était assis dessus tomba de cette hauteur vertigineuse et se rompit les os en atteignant le sol. Et pour comble de malheur, l'énorme branche lui arriva dessus. Il mit plusieurs mois à s'en remettre.

Cependant, quand il fut guéri, il se remit encore en campagne. Il fallait bien s'instruire.

Il fit la rencontre de deux scieurs de long. Il se dit que faire des planches, ce devait être intéressant. Il demanda aux deux hommes s'ils voulaient bien lui apprendre le métier. Ils acceptèrent bien volontiers. On le laissa choisir sa place, sous le chevalet ou au-dessus. Il se mit dessous et tira vigoureusement sur la scie. Mais une chose l'ennuyait : la sciure de bois lui tombait dans les yeux et l'aveuglait. Il changea donc de place et monta sur le chevalet. Alors, il vit une croix dans le haut de la monture de la scie.

— Je n'aime pas la croix, dit le Diable. Changeons de bout. Je prendrai celui où il n'y a pas de croix.

Ce qui fut dit fut fait. Mais le travail était pénible pour le Diable.

— Allons, dit le scieur, tire sur ta scie. Cela ne va pas, tu n'as pas de sciure.

Le Diable faisait tous ses efforts. Il suait à grosses

gouttes et n'en pouvait plus. Pourtant il n'arrivait à aucun résultat. Alors, pendant la nuit, il s'enfuit, dégoûté du métier de scieur de long.

Il entra dans une forge et examina attentivement, et non sans admiration, les belles choses que fait un forgeron.

— Quel beau métier, dit-il, je veux l'apprendre !

— Eh bien, dit le forgeron, prends-moi ce gros marteau et quand le fer que j'ai dans la forge sera rouge, je le mettrai sur l'enclume et tu taperas dessus vigoureusement, mais en alternant les coups de marteau avec les miens.

— J'ai compris, dit le Diable.

Il frappait très fort. Mais les étincelles sautaient autour de l'enclume. Mais si le forgeron avait un tablier de cuir pour protéger son ventre, il n'en était pas de même pour le Diable. Il n'avait pas de tablier, il n'avait que son poil de bouc. Aussi les étincelles le mordirent-elles cruellement. De plus, le forgeron, par inadvertance probablement, laissa le fer rouge tomber sur les jambes du Diable. Celui-ci se crut de nouveau dans son enfer et poussa un horrible cri. Lâchant son marteau, il s'enfuit à toute vitesse, bien décidé à ne pas devenir forgeron.

Il s'embaucha chez un tailleur de pierre, se disant que là au moins, il n'aurait pas de flammes à redouter. Avec son compagnon, il avait une belle et grande pierre à tailler. Il était convenu que celui des deux qui aurait fini sa tâche le premier aurait tout l'argent. Le tailleur de pierre avait donné au Diable un maillet en bois. Le Diable avait beau travailler, il n'arrivait à aucun résultat, tandis que le compagnon, muni d'une bonne pioche à la pointe d'acier, travaillait sa pierre comme il le voulait. En voyant cela, le Diable se fâcha tout rouge, jeta son maillet de bois dans l'étang et s'en alla.

Il rencontra un sonneur de biniou.

— Comme c'est joli, dit le Diable. Apprends-moi donc à jouer de cette musique.

— Pour cela, dit le sonneur, il faut entrer dans la poche de mon biniou. Fais-toi donc tout petit, aussi petit qu'un pois, et entre là-dedans. Tu en sauras bientôt autant que moi.

Le Diable se fit aussi petit qu'un pois et entra dans la poche du binou. Le sonneur rencontra une compagnie de tailleurs. Il leur dit :

— Voudriez-vous coudre tous les trois ma poche de biniou afin que rien ne puisse en sortir ?

Les tailleurs étaient adroits. Le travail fut vite fait.

— Le Diable est dedans, leur dit alors le sonneur. Piquez-le maintenant avec vos aiguilles.

Les tailleurs prirent leurs aiguilles et se firent une joie de piquer le Diable. Celui-ci pleurait, hurlait, demandait grâce, mais les aiguilles n'en travaillaient pas moins. A la fin, le sonneur remercia les tailleurs, prit son biniou et s'en alla. Il passa près d'un lavoir où il y avait un grand nombre de jeunes lavandières au fort poignet.

— Dites donc ! leur dit le sonneur, mon sac de biniou est un peu dur. Voudriez-vous le battre pour le ramollir ?

— Certainement, dirent les filles. Donne-le ici et on va lui faire son affaire.

— Mais frappez fort, dit le sonneur, car le Diable est dedans.

Quand les filles surent que le Diable était dans le sac du biniou, elles se mirent à rire comme des folles. Elles se moquaient du Diable, et elles lui donnaient des coups de battoir de toutes leurs forces. Lorsque l'une d'elles était fatiguée de le battre, elle le passait à sa voisine qui continuait consciencieusement le travail.

Le Diable avait été fort humilié d'avoir été cousu dans la poche du biniou et piqué par les tailleurs qui sont moins que des hommes. Mais il ne pouvait supporter de se voir tourné en ridicule et battu par des filles. De rage et de dépit, il lui arriva un accident. Cela lui rendit service, car le biniou sentait si mauvais que les filles le jetèrent au sonneur en le priant de s'en aller.

Le sonneur arriva à une aire où de nombreux jeunes gens battaient le blé.

— Hé ! les amis ! dit le sonneur, voudriez-vous battre mon sac de biniou pour le ramollir un peu, car il est bien dur ?

Et il le jeta au milieu des batteurs.

— Frappez fort, dit-il encore, car le Diable est dedans.

A ces mots, les gars recueillirent toutes leurs forces et frappèrent en cadence. Le martyre du Diable était affreux. Il avait beau crier, pleurer, rager, rien n'y faisait. Dame ! le Diable a bien peu d'amis ! Quand les batteurs eurent déchargé leur rage sur le dos du Diable, le sonneur ramassa son biniou et reprit son chemin.

Il arriva à une forge où deux gaillards frappaient sur le fer rouge avec deux marteaux très lourds.

— Mon sac est dur, dit le sonneur. Frappez dessus pour le ramollir.

Il posa son biniou sur l'enclume.

A ces mots, les deux forgerons crachèrent sur leurs mains, grincèrent des dents et frappèrent très fort sur le sac du biniou. Dans la forge, il y avait un vacarme infernal. Tous les forgerons du pays frappant ensemble sur leurs enclumes n'auraient pas fait un tel bruit.

Alors le sonneur s'adressa au Diable :

— Eh bien ! Es-tu satisfait ?

— Grâce ! supplia le Diable.

— Je veux bien te faire grâce, dit le sonneur, mais il faut que tu me promettes que tu ne feras jamais de mal, ni à moi, ni aux miens jusqu'à la septième génération.

— Oui, oui, dit le Diable, je te le promets.

Alors le sonneur le remit en liberté.

Mais il fallut brûler le biniou, car il sentait trop mauvais.

Camors (Morbihan).

Ces mésaventures du Diable sont fréquentes dans la tradition populaire : elles témoignent d'une sorte d'exorcisme vis-à-vis des dangers représentés par Satan. Si le Diable guette les humains pour les emmener avec lui en enfer, les humains se vengent en infligeant au Diable des tours de leur façon et en profitent pour lui faire jurer de les laisser en paix. La région de Camors est particulièrement riche en récits de ce genre.

L'OZEGAN SECOURABLE

Une femme faisait le tour du monde en mendiant pour gagner sa vie. Un jour, elle rencontra un homme qui lui dit :

— Venez avec moi dans ma maison et vous ne verrez que de l'argent.

La femme lui répondit :

— En quoi serais-je plus avancée d'aller chez vous pour voir votre or et votre argent ? Ce qui m'intéresse, c'est qu'on me donne quelque chose pour que je puisse manger.

— Venez toujours, et vous verrez bien ce que je vous donnerai.

La femme le suivit jusqu'à sa maison. Il lui fit voir ce qu'il avait dit. Il y avait beaucoup de richesses en or et en argent. Elle en fut émerveillée. L'homme lui dit :

— Serez-vous contente de ce que je vous donnerai ?

— Oui, certainement.

Or les poches de son jupon étaient déjà pleines d'une quantité de choses. On ne pouvait plus rien y mettre. Il lui remplit son tablier de pièces de cinq francs.

— Etes-vous contente, maintenant ?

— Je suis contente, mais j'aurai de la peine à les porter.

— Non pas. Allez donc chez vous. Vous verrez bien.

Elle prit la direction de sa demeure et marcha sur la route. A un moment, les attaches de son tablier cassèrent et les pièces tombèrent sur le sol. Elle les ramassa soigneusement, et elle venait à peine de finir quand elle vit un homme qui conduisait une voiture et qui lui dit :

— Vous êtes bien chargée.

— Oui, dit-elle. Mais si vous vouliez bien me laisser monter dans votre voiture, j'arriverais plus vite chez moi, et sans me fatiguer.

— Où habitez-vous ?

— Ce n'est pas loin d'ici.

— Qu'avez-vous dans votre tablier ?

— De l'argent.

— Alors, vous m'en donnerez un peu.

La femme monta dans la voiture. L'homme fouetta le cheval et ils partirent sur la route.

— Je ne suis pas curieux, reprit l'homme, mais j'aimerais bien savoir d'où vous venez avec cet argent.

— C'est un homme charitable qui me l'a donné.

— Vous m'en donnerez une partie.

— Mon brave homme, je vous donnerai deux pièces de cinq francs.

— Deux seulement ! répondit l'homme. Ce n'est pas beaucoup ! Pourtant votre tablier en est plein. Si j'étais mauvais, je vous tuerais et j'aurais de quoi vivre.

Ils poursuivaient leur chemin. A un moment, un homme qui marchait demanda à monter dans la voiture, et on lui dit de le faire. Il s'assit entre l'homme et la femme, et en regardant la femme, il vit bien qu'elle portait de l'argent dans son tablier.

— Je me demande, pensa-t-il, combien elle peut avoir d'argent. Si elle ne va pas en voiture jusque chez elle, je l'aurai sûrement.

Ils arrivèrent à un bois de sapins. C'est par là que la femme devait passer pour arriver à sa maison. Elle fit arrêter la voiture, descendit et s'en alla sous le bois. Elle se retourna pour voir si personne ne venait après elle et elle vit celui qui était monté le dernier dans la voiture. Il s'approcha d'elle, regarda autour de lui pour s'assurer qu'il n'y avait personne, puis il lui dit brutalement :

— La bourse ou la vie !

— C'est dur de vous donner mon argent, dit la femme, mais ce serait encore plus dur de vous donner ma vie.

— Allons ! trêve de paroles ! je n'ai pas le temps.

A ce moment, on entendit une voix qui venait du

haut d'un arbre. Et cette voix disait :

— Attends un peu ! je descends et tu sauras lequel des deux perdra la vie !

Quelqu'un descendit de l'arbre. C'était un **ozegan** (1). Il se plaça entre les deux. Puis il dit à l'homme :

— N'as-tu pas honte de menacer cette pauvre femme ? Cela fait quatre ans qu'elle court le monde et qu'elle n'est pas revenue chez elle. Elle a de nombreux enfants et il est juste qu'elle rapporte l'argent qu'elle a pu avoir au cours de son voyage. Que vais-je faire maintenant pour te punir ?

L'homme demandait pardon à la femme et à l'**ozegan.**

— Je ne te pardonnerai pas, dit l'**ozegan,** car dès que j'aurai le dos tourné, tu la suivras et tu la surveilleras pour savoir où elle habite. Et je suis sûr qu'une nuit ou l'autre, tu iras jusqu'à sa maison pour la tuer et lui prendre son argent. Je vais donc te pendre à un arbre et t'enlever les ongles des pieds et des mains. Tu n'as pas d'autre métier que celui de voleur, mais tu ne pourras plus l'exercer. De toutes façons, demain, si tu n'es pas mort, je te fouetterai jusqu'à ce que ton corps s'en aille en lambeaux.

Il fit comme il avait dit. L'homme se mit à hurler. L'**ozegan** dit encore :

— Hurle tant que tu voudras. Tu es très bien comme cela !

Puis il se tourna vers la femme :

— Rentrez chez vous, puisque l'argent ne vous manque pas. Et ne vous faites plus de souci. Celui que j'ai pendu à l'arbre est le chef d'une bande de voleurs. Je

---

(1) C'est l'appellation donnée aux Korrigans, ces lutins qui habitent le monde féerique, dans une partie du Morbihan.

vais vous conduire, car il est possible que quelqu'un de la bande ne soit pas loin. Chez vous, vous serez en sûreté. Je demeure dans le bois. Je vais toujours sur un arbre pour surveiller ce qui se passe, et vous n'avez rien à craindre, car je vous protégerai si vous en avez besoin.

Quand elle arriva à sa maison, aucun de ses enfants ne s'y trouvait. Elle dit à l'**ozegan** :

— Mon brave homme, c'est vous qui m'avez sauvée, car sans vous j'étais certainement tuée. Je serais bien contente de vous donner la moitié de mon argent.

— Non, ma brave femme, répondit l'**ozegan**. Je vous remercie, mais je possède vingt fois plus que ce que vous avez dans votre tablier. Je vais rester un peu avec vous jusqu'à ce que vos enfants arrivent et je leur dirai quelques mots.

La nuit tombait et les enfants n'arrivaient pas. Une demi-heure après, on frappa à la porte. L'**ozegan** alla ouvrir : c'étaient les trois filles de la femme. Elles semblaient fort effrayées et il leur demanda :

— Que vous est-il arrivé, mes enfants ?

— Nous avons eu peur, monsieur.

— Qu'avez-vous vu ?

— Dans le bois, il y a deux hommes avec de grands couteaux !

Alors la mère dit :

— Où sont vos trois frères ?

— Ils vont arriver tout à l'heure.

Dix minutes après, les trois frères arrivèrent. L'**ozegan** leur dit de ne plus aller courir au-dehors, de rester tranquilles chez eux et surtout, lorsqu'ils iraient faire les commissions de leur mère, d'éviter de passer par le bois

— Si vous allez dans le bois, vous rencontrerez un homme qui vous demandera où vous habitez et si vous avez de l'argent. Or, je sais que les enfants disent tout.

Un des garçons dit à l'**ozegan** :

— Dans le bois, il y avait un homme pendu à un arbre, et quatre hommes étaient en train de le détacher pour l'emmener. Il a dit aux autres qu'une femme chargée d'argent était passée par là et qu'elle ne devait pas habiter très loin.

— Eh bien, dit l'**ozegan**, c'était donc cela. Mais ne vous faites plus de souci. Dans deux mois, il n'y aura plus personne de la bande, car je les tuerai tous les uns après les autres. Alors, vous pourrez vous promener n'importe où en toute sécurité. Pensez à moi, car j'ai fait le bonheur de votre mère, et je ferais de même pour vous si vous aviez des difficultés. Je m'en vais. Bonne nuit et bonne chance à tous.

Et l'**ozegan** disparut dans la nuit.

Camors (Morbihan).

Ce conte caractéristique du Morbihan traduit la hantise des voleurs mais montre les Korrigans sous un aspect bénéfique.

LA CROIX DE LA PESTE

Le long de la route tortueuse qui mène, par landes et taillis, d'Auray à Pluvigner, un paysan de Camors cheminait, conduisant sa charrette. Il faisait un gros temps d'après-midi de décembre. Le ciel triste et endeuillé pleurait d'épaisses gouttes d'eau. De lourds nuages couraient au ras du sol, comme des linceuls en lambeaux, déchirés et soulevés par les rafales de vent.

Le paysan n'était plus très loin de la sinistre plaine de Tréauray, qui jadis, à l'époque où les Bretons se battaient entre eux, vit la mort de milliers d'hommes, lorsqu'il aperçut devant lui une pauvre vieille, l'air épuisé et la démarche incertaine. Elle avait la main appuyée sur un bâton et elle se traînait plutôt qu'elle ne marchait le long de la chaussée.

C'était vraiment une étrange figure : sa peau parcheminée, coupée de mille rides, ses joues creuses, sa large bouche édentée, ses yeux éteints, qui parfois s'allumaient d'un éclair de méchanceté, tout cela contribuait à inspirer à la fois de la pitié et une instinctive répulsion. Sous le manteau, dont la forme était indécise tellement il était rapé, usé et déchiré, son corps apparaissait, maigre et décharné, et il semblait au paysan, quand elle remuait, qu'il entendait un bruit d'ossements entrechoqués.

— Pour sûr, pensa-t-il, ce doit être une de ces sorcières que l'Esprit malin entraîne avec lui, le soir, pour danser la ronde autour de la pierre branlante de Brech, en compagnie des **ozegañned.** Elle se sera trop attardée cette nuit.

Mais le paysan était bon chrétien. Il eut quand même pitié de cette misérable créature.

— Femme, lui dit-il, si vous allez à Pluvigner, la route est encore longue et vous semblez bien fatiguée. Montez dans ma charrette.

— Volontiers, répondit-elle.

Et, la figure grimaçante, appuyant son corps perclus

sur son bâton, elle se hissa dans la voiture, sans un geste de remerciement.

Le paysan fouetta son cheval. L'animal partit au galop comme s'il avait la mère du Diable sur son dos.

Assise à l'arrière de la voiture, la vieille femme ne bronchait pas et demeurait muette, mais ses lèvres dessinaient un mauvais sourire, et, à travers son capuchon, ses yeux brillaient ainsi que des tisons. Le paysan l'observait par-dessous son large chapeau, et ce n'était pas sans une certaine inquiétude. Il se demandait si ce n'était pas un revenant, ou bien l'**Ankou** lui-même, bien qu'il sût que l'**Ankou** était un homme.

L'attelage parvint au sommet d'une colline d'où l'on domine tout le pays. Là-bas, au bout de l'horizon, pointant parmi les nuées sombres, la flèche de l'église de Pluvigner se dressait, élancée et fière.

— Qu'est-ce donc cela ? demanda la vieille subitement revenue de sa torpeur.

— Le clocher de Monsieur Saint Guigner, maître et souverain patron du pays, répondit le paysan. L'église qui est à côté est le sanctuaire de Madame Marie, reine des Orties (1).

— Vraiment, dit la vieille, Pluvigner me semble bien protégé.

De nouveau, elle retomba dans son silence glacial. Mais sous son ample suaire, il parut à son compagnon que ses membres s'agitaient dans un tremblement nerveux.

La voiture, emportée par un galop rapide, atteignit bientôt le Hirello. C'était une agglomération de chau-

---

(1) **Itron Varia er Linad**, Notre Dame des Orties.

mières d'aspect minable qui formaient l'avant-bourg de Pluvigner. A côté, près du carrefour des routes d'Auray et de Landévant, s'élevait une croix rustique en granit recouvert de mousse.

En l'apercevant, la vieille sursauta, les yeux pleins d'épouvante.

— Arrête, paysan ! cria-t-elle. Il faut que je descende. Cette croix m'interdit de passer. En vérité, Pluvigner est trop bien gardé. Je ne saurais réussir ici. Tu me retrouveras de l'autre côté du bourg.

Ils se séparèrent, elle pour prendre à travers champs, lui pour passer au pied de la tour. Il n'y avait personne dans la rue. Mais à peine était-il engagé sur la route qui mène à Camors, le long de la pente du Strakenno, qu'il vit accourir la vieille par des chemins détournés, l'air très pressée, comme si elle fuyait un danger.

Toujours clopinante et grimaçante, elle se hissa de nouveau dans la voiture. Là, elle esquissa un geste de défi dans la direction de Pluvigner et dit à son compagnon en se tournant vers lui :

— A Camors !

Le cheval repartit au galop. Or, comme ils gravissaient la colline sur les flancs de laquelle s'allonge la forêt qui servit de repaire au cruel Konomor, la nuit approchait, la pluie tombait plus fort et le vent soufflait en rafales plus terribles. Le paysan n'était pas à son aise. Son visage était couvert d'une sueur froide. Il pressait son cheval car il avait hâte de se débarrasser de sa mystérieuse compagne de voyage.

Enfin, au tournant de la route, il aperçut le clocher de Camors, et devant lui les murs du cimetière. La vieille poussa une exclamation de joie.

— C'est ici, dit-elle, que je m'arrête. Aide-moi à monter les marches de ce cimetière. Il y pousse de l'herbe, et les tombes n'y sont guère entretenues. D'ailleurs, il y a encore beaucoup de place. Je me charge de détruire cette verdure et de remuer cette terre. Quand ma besogne sera terminée, les tombes seront tellement nombreuses qu'on ne trouvera plus un coin où ensevelir les cadavres. C'est la Peste, paysan, que tu viens d'amener à Camors !

Le pauvre homme la contemplait, les yeux hagards en murmurant une prière à Notre-Dame, à sainte Anne et à saint Matelin. Il tremblait d'épouvante. Mais pendant ce temps, la vieille grimpait sur la dernière marche, et parvenue là, sa maigre échine redressée, son manteau rejeté en arrière, elle décrivit avec sa béquille un arc de cercle sur l'horizon. Et elle dit :

— Regarde-moi bien. De quelque côté que je me tournerai, j'emporterai tout avec moi.

Elle n'avait pas menti, la maudite. Elle était vraiment la Peste. Elle arrivait de ravager les terres d'Hennebont et d'Auray, et gorgée de sang, elle venait là chercher de nouvelles victimes. Les paroisses vers lesquelles ses yeux s'étaient portés étaient Camors, La Chapelle-Neuve et Plumelin.

Or, à quelque temps de là, à Plumelin, à La Chapelle-Neuve et à Camors, il y eut tant de cadavres qu'on ne trouva plus de fossoyeurs pour les ensevelir, ni de prêtres pour bénir les tombes.

Pluvigner seul fut préservé. C'est pourquoi l'on vénère l'humble croix de granit qui se trouve au carrefour des routes d'Auray et de Landévant. C'est elle qui empêcha la Peste de pénétrer dans le bourg. Et depuis, on l'appelle la Croix de la Peste.

Pluvigner (Morbihan).

Ce conte, recueilli en 1914, témoigne de la terreur dont les campagnes bretonnes faisaient montre à propos de la peste, qui, au cours des siècles, avait fait tant de ravages. Il y a bien sûr une intention édifiante dans le schéma de ce récit, et également une sorte de condamnation des habitants de Camors qui passaient, aux yeux des habitants de Pluvigner, pour des mécréants.

L'AMOUREUX SANS SCRUPULE

Yann était garçon meunier à Cravial, un petit village de la commune de Lignol. Il était fort sérieux et n'approuvait pas toujours son patron quand celui-ci mettait de côté un peu trop de farine, mais après tout, quel est le meunier qui n'a pas trompé ses clients ? Pourtant Yann ne rechignait pas à l'ouvrage : il aurait travaillé plus que les autres, pourvu qu'on ne pût dire quoi que ce fût contre lui. En vrai, c'était un brave garçon qui n'avait pas de défauts, et cela devient rare dans nos campagnes.

Si, à la réflexion, il avait un petit défaut. Il était amoureux. Vous me direz que ce n'est pas un défaut et que c'est le sort imparti à chacun d'entre nous. Il faut bien que cela nous arrive un jour ou l'autre. Mais le problème, c'est qu'il était amoureux de la fille d'un aubergiste du Guéméné et que celui-ci, qui était fort riche — on le soupçonnait de mouiller quelque peu son vin ! —, avait des prétentions concernant sa fille. Il voulait la marier à quelqu'un qui eût, sinon de la fortune, ça il en avait pour tout le monde, du moins un état social qui fût honorable. Le pauvre garçon meunier de Cravial avait fort peu de chances à côté des riches héritiers de Lignol. Pourtant, il savait que Janed, c'était le nom de la fille, l'aimait de tout son cœur. Ils s'étaient rencontrés à une noce, et depuis, chaque fois que Yann passait sur la route, près de l'auberge, et qu'il avait la chance d'apercevoir la fille, celle-ci lui faisait un signe discret pour bien lui faire comprendre qu'elle l'agréait et qu'elle ne demandait pas mieux que de l'épouser.

Alors, un jour, Yann se décida. Il envoya un de ses amis chez l'aubergiste, histoire de tâter un peu les volontés du père. Mais l'ami revint bien vite, la tête basse. Il n'était pas question pour l'aubergiste du Guéméné de marier sa fille à un garçon meunier, un va-nu-pieds, et qui plus est un débauché, un qui avait la réputation de fréquenter les bals et autres endroits où le Diable règne en maître. Si Yann voulait se marier, il n'avait qu'à le faire avec une de ces créatures qu'on rencontre dans ces endroits-là et qui sont prêtes à donner leur corps au premier venu pourvu que le premier venu ait quelque argent à lui offrir pour la récompenser de sa gentillesse.

Yann fut très mortifié d'apprendre ce que pensait de lui l'aubergiste du Guéméné. Et il était encore plus triste parce qu'il s'apercevait qu'il aimait de plus en plus Janed et qu'il ne pouvait pas vivre sans elle. On le vit, les jours suivants, errer lamentablement dans les rues du Guéméné, avec l'espoir d'apercevoir, ne fût-ce qu'un instant, sa bien-aimée, sortir de chez elle pour aller faire quelque course dans le bourg. Mais il ne la vit pas. Il est probable que son père, ne voulant pas risquer une rencontre possible entre elle et son soupirant, la tenait enfermée chez lui.

— Par le diable ! s'écria Yann, il faut absolument que j'épouse Janed et je ferai n'importe quoi pour l'avoir.

Il se mit en route pour Lignol. Là résidait un vieillard qui était renommé pour sa sagesse. On racontait même qu'il était capable de faire des « tours de physique » et qu'il pouvait résoudre les problèmes les plus difficiles. Yann alla le trouver et lui exposa son cas en long et en large.

— J'aime cette fille, dit-il, et je veux l'épouser.

— Ne t'inquiète pas, dit le vieillard, je vais t'enseigner un moyen infaillible. Mais pour cela, il faut que tu me jures de suivre mes instructions à la lettre, et surtout que tu n'aies aucun scrupule de conscience. Qui veut la fin veut les moyens.

Et il se pencha à l'oreille de Yann et il lui murmura certaines choses que personne ne put entendre.

Yann, en sortant de chez le vieillard qui avait la réputation d'être un peu sorcier, se précipita chez sa mère. Ce qu'il dit à sa mère, nul ne le sait, mais il est certain que la personne qui ressortit de la maison n'était pas un garçon. C'était une fille du plus bel aspect. Elle portait un beau vêtement de fête, avec un châle de soie et une coiffe comme on en porte au Guéméné. Ne soyez pas impatient, je vous dirai qui était cette personne : c'était Yann, sous un déguisement de fille. Et en fait, on l'aurait pris vraiment pour une fille tant sa mise était soignée, tant sa démarche était souple, tant son comportement était distingué. Qui aurait pu reconnaître le garçon meunier de Cravial ?

Vers le soir, Yann entra dans l'auberge du Guéméné. Quand le maître de la maison vit cette jeune fille s'avancer dans la salle à une heure aussi tardive, il fut un peu étonné.

— Bonjour à vous, gens de cette maison, dit Yann. N'y a-t-il pas moyen de loger ici ?

— Certainement, répondit l'aubergiste, nous pouvons vous loger. Mais dites-nous d'où vous venez.

— Je ne viens ni de la foire, ni du marché, mais je me suis un peu attardée et je ne veux pas revenir chez moi dans la nuit.

— Approchez et asseyez-vous près du feu, nous allons vous apporter de quoi souper, dit l'aubergiste.

— Je n'ai ni faim, ni soif, je vous remercie. J'ai seulement besoin de dormir.

— Comme vous voudrez. Nous allons vous conduire à notre plus belle chambre. Vous y serez très bien.

— C'est que, dit Yann, je suis un peu chagrinée de vous le dire, mais je ne peux pas dormir toute seule dans une chambre. J'ai bien trop peur et je ne pourrai pas trouver le sommeil.

— Qu'à cela ne tienne, dit l'aubergiste, il ne faut pas que vous soyez chagrinée. Je ne laisserai pas une demoiselle dans l'embarras. Vous irez coucher avec ma fille Janed, ainsi vous ne serez pas seule.

Ainsi fut dit, ainsi fut fait. Janed, la fille de l'aubergiste, accepta bien volontiers de partager son lit avec cette jeune fille qui avait peur d'être seule. En vérité, elle était tout heureuse de pouvoir bavarder avec quelqu'un car son père la surveillait un peu trop à son goût. Elle mena la jeune fille jusqu'à sa chambre et toutes les deux s'y enfermèrent. Mais à peine s'étaient-elles mises au lit que Janed entendit sa compagne lui parler mariage.

— Comment ? dit Janed. Quelle drôle de femme êtes-vous pour me proposer le mariage ?

— Il ne faut pas m'en vouloir, dit la fausse jeune fille. C'était le seul moyen pour vous approcher et pour vous faire ma demande.

Et Yann raconta à Janed qui il était et pourquoi il avait pris ce déguisement. Janed rit beaucoup du bon tour que Yann avait joué à son père, mais elle tint cependant à préciser qu'elle ne se marierait jamais sans le consentement de son père.

— N'ayez crainte, belle Janed, dit Yann, demain, j'irai demander votre main à votre père, et je suis sûr qu'il ne me la refusera pas.

Et la nuit se passa sans que le conte précise ce que firent les deux jeunes gens. Mais au matin, Yann se faufila dehors et il revint quelque temps après, sous son aspect de garçon meunier.

— Bonjour à vous, gens de cette maison.

— Comment, dit l'aubergiste, c'est encore toi ? Je croyais pourtant t'avoir dit de ne jamais remettre les pieds ici.

— Alors, pourquoi m'avez-vous hébergé cette nuit ? demanda Yann.

— Je ne comprends pas, dit l'aubergiste.

— C'est simple, dit Yann, je vais vous expliquer. Hier soir, la jeune fille que vous avez fait coucher avec votre fille, c'était moi. Vous pouvez aller vérifier dans la chambre, et aussi demander à votre fille si je vous dis la vérité.

L'aubergiste faillit s'étrangler de rage. Son premier geste fut de prendre Yann par les épaules et de le jeter dehors. Mais Yann lui dit :

— Attention, mon maître, si vous me jetez dehors, j'irai dire partout que j'ai passé la nuit avec votre fille.

Et c'est ainsi que Yann, le garçon meunier de Cravial, épousa la jeune Janed, la fille de l'aubergiste du Guéméné, et cela malgré la mauvaise volonté du père, grâce aux bons conseils d'un homme qui passait pour être un peu sorcier.

Lignol (Morbihan).

Ce conte, recueilli sous forme de chanson très tronquée, représente le fonds « gaulois » de la tradition bretonne, toujours à la limite de la bienséance, mais témoignant de la bonne humeur populaire toujours prête à railler la prétention des pères de famille « arrivés ».

TABLE DES MATIÈRES

2. Basse-Bretagne

Achevé d'imprimer par
Normandie Roto Impression s.a.s., Lonrai (61)
N° d'éditeur : 5459.05.1,5.03.11
Dépôt légal : avril 2007
ISBN : 978-2-7373-4274-5
N° d'impression : 110583

Imprimé en France
www.editionsouestfrance.fr